World as a Perspective
世界作為一種視野

MAKING CHINA MODERN

FROM THE GREAT QING TO XI JINPING

Klaus Mühlhahn

從清帝國到習近平

中國現代化四百年（下）

余凱思 著
黃中憲 譯

獻給

Sophia, Clara, and Julius

我們的國家是新的，同時又非常古老；現代且繁榮，同時又封建專制；西化，但骨子裡還是亞洲。世界正在改變這個國家，同時這個國家正在改變世界，在此過程中，這個國家的創新之處在於利用無法摸透的現實，挑戰人類想像力的極限。於是，這個國家具備了某種不願正視現實的現實、不存在的存在、不可能的可能，簡而言之，這個國家擁有了一套看不見、摸不著的規則和規定。

——

閻連科，《炸裂志》

——

目次

推薦序

歷史學家眼中的中國崛起及其危機

羅士傑（國立臺灣大學歷史系副教授）

我念大學的時候，還有一門必修課叫中國現代史。若我記得不錯，那門課竟然剛好跟軍訓課接在一起，那學期軍訓課的主題還是所謂的國共關係史，主講的自然就是軍訓教官。因為是緊挨著的兩門課，我們很自然地會把兩門課的內容做連結與比較。記得我的中現老師除了教自己編的課程講義外，還會指定大家讀新近離世的史景遷（Jonathan Spence, 1936-2021）寫的 *The Search for Modern China*（中譯本：《追尋現代中國》）。如此一來，每週二下午上完中國現代史後，我們都會捧著那本暗紅色書皮的原文書去上軍訓課。兩相對照，這兩堂看似不相干的課，卻討論一樣的主題，但詮釋的角度完全不同，意外地成為了我們理解與實踐史學方法的契機。處在一九九〇年代中期的大學校園，政治改革與民主化的呼聲正高，白色恐怖的氛圍已經是很淡了，雖然偶爾還是會出現「你被記一筆了！」的不知名警告。史景遷那種可以挑戰或者揶揄教官宣導的歷史書寫，成為我們一起上軍訓課的重要動力。當時也沒想這樣多，只是覺得能拿著史景遷寫的那厚厚一本原文書去挑戰教官，平靜地跟他說「報告教官，你講的跟這本書的內容寫的不一樣喔！」是一件非常酷的事情。我也還記得我的中現老師總會不經意地說：「史景遷的英文文筆真的很好，同學應該多花點時間去模仿。」雖說書中大多數史實都是已經知道的，只是詮釋觀點不同，但想一窺深受莎士比亞影響的史學書寫之美，倒是成為我當時去讀那本教科書的最主要動力。多年之後想起來，也還記得那種在閱讀時發現「原來也可以這樣寫」的悸動，那個感覺也讓我們在面對中文歷史書寫時，產生了更多的疑問。

幾年後負笈美國，有機會自己去開課，開始在想自己要教給美國學生哪些東西的時候，我向我的指導教授問起這件事，熱心的老師溫暖微笑著跟我說：我跟你分享我的祕訣，就是你得找到兩本教科書，一本是給學生讀的，另一本則是你自己用的。我也還記得第一次把我設計好的中國現代史課綱，給一位同為本書作者余凱思（Klaus Mühlhahn）教授在上海的友人指正。我們的那位共同朋友仔細讀過後，抬起頭嚴肅地對我說：「這樣從鴉片戰爭講起，再講不同革命與民族主義興起的內容，請問你這樣的設計跟國共兩黨過去鋪天蓋地講的有何不同？這不是一門政治課，而是一門歷史課，繼續這樣做還能有什麼意思？」來自多年前這兩位師友的指正，到今天還是如暮鼓晨鐘般提醒著我。經過這幾年的研究與教學經驗下來，特別是面對一門歷史課，我們總是想讓學生透過大量的文獻與資料的閱讀去建立自己比對不同看法的能力，卻也苦於學生一下子消化不了。所以我們也希望可以有一本提供學生或社會大眾框架性解釋的通史，若是能配合扎實豐富的描述則更理想。然後，我們在課堂上，就更能針對一些個案或是變遷的歷程及其所引發的關於人性的提問與思考，進行更進一步的延伸。

余凱思教授的《從清帝國到習近平：中國現代化四百年》就是這樣一本書。原書於二〇一九年由夙負盛名的美國哈佛大學出版社出版，出版之後，各界好評不斷。本書討論的時間斷限從清帝國的建立一路到今日的習近平時代，內容廣且深，原文書頁數高達七三六頁。翻開這厚厚的大書，我料想很多讀者會跟我一樣驚喜地發現，余凱思在卷首就引用了當代中國著名小說家閻連科（1958-）的《炸裂志》（二〇一三年），去開啟他對清帝國以降至今中國歷史的討論，如此的開場，畫龍點睛般點出我們這一時代的人對中國何以變化成今天這個狀態的不解與疑惑。就如自稱是「上天和生活選定的那個感受黑暗的人」的閻連科所說：「這個國家具備了某種不願正視現實的現實、不存在的存在、不可能的可能，簡而言之，這個國家擁有一套看不見、摸不著的規矩和規定。」讀畢全書，我想我讀到了余凱思的學術野心和引用閻連科的深意——他正是想藉由本書去理清十七世紀迄今，中國身上那些「不願正視現實的現實、不存在的存在、不可能的可能」以及「看不見、摸不著的規矩和規定」。

余凱思目前為德國齊柏林大學校長，在返回德國任職前，他在美國印第安納大學伯明頓分校任教。他二〇〇九年出版的第一本書是關於中國刑事制度的歷史，並獲得了二〇〇九年美國東亞研究學界的最重要獎項之一：費正清獎（John K. Fairbank Prize）。《從清帝國到習近平》乃是他將近十年後出版的另一本大作。這本書依時序分成以下四個部分討論：清朝中國的興亡、中國革命、改造中國與中國崛起，關心並討論了中國是如何走向現代化的。但是，若說現代化是目前看到的最後結果，許多類似主題的書往往會流露出「倒放電影」的宿命論窠臼而不自知。而閱讀余凱思這一本大書的最重要價值就在於，他對於「現代中國具體形成的過程」這一個問題，既敏銳地感知到了文學家筆觸下所傳達出的那帶著情感的概括觀察，也能善用當行本色以歷史研究方法來細膩且深入地回答這一個問題。也就是說，小說家直指存在於人心中的模糊感受，歷史學家則能運用史料編織、論證的功力具體鋪陳感受背後的長遠脈絡。許多人相信歷史是必須知道的事實，因為這些事實可提供是非成敗之鑑。但事實上，歷史也可以是個人從所處時代下生活經驗的情感出發，去結合證據與理性邏輯辯證的一種呈現。對此，出身德國，但熟悉美國學界運作的余凱思，兼採美國東亞區域研究看重社會科學問題意識與歐洲漢學重視資料傳統的優點，並且運用歐洲年鑑學派推崇的「長時段」敘述方式，透過對制度與社會變遷過程的強調，去重新討論十七世紀中迄今的中國歷史。所提及的史實多為中文世界的我們所熟悉，容易進入，但最特出的還是余凱思在本書中的觀察角度，亦即著眼於制度（institutions）。書中，他對於制度有定義如下：制度使一個群體裡的成員可以順利合作，而這建立在因為擁有共同規則、假設、期待和價值觀而來的互信上。他也進一步指出，制度史的研究也在探究人如何合作，探究人利用何種安排來達成共同的目標。

在本書中，他以制度發展為脈絡去具體地勾勒出十七世紀以來中國在政治、社會與文化上的持續性與斷裂性的交織。我尤其想點出的是，作者處理的一些主題，過往雖已有學者注意到，但對當時與後世所造成的衝擊乃至於非預期的效應，仍亟待開展研究，特別像是科舉廢除與十九世紀末清帝國所推動的新政對日後的影響，在本書中都有很清楚的討論。另外一個亮點就是，本書對一九八九年後的歷史發展，除了展現出勾勒的能力外，更展現出思想的深度。第三，本書的「中國中心觀」，所強調的並不是以中國為中心去看待周邊世界及定義何為中國，而是強調以過去幾個世紀以來中國社會發展的制度性脈絡去讓讀者瞭解一個大問題：為何中國今天會變成這樣？所以可以說，這一本書無論就內容的完整與連貫，以及所呈現出的歷史複雜性，都符合一本理想通史著作的標準，作者的掌握能力之佳顯而易見。更值得一提的是，也許是因為這是一本以德國人的觀點出發，用英文寫成的中國近現代史，我想很多讀者也會跟我一樣，感知到較少的主觀情緒，更多是那種想要透過距離的拉遠去呈現出的對歷史的不同見識。我特別喜歡在閱讀此書時，因為作者的冷靜筆觸，不時出現的那種恍然大悟的感覺。

本書在美國出版後，廣受好評。我非常開心看到繁體中文版能這樣快地問世，除了思考如何將這一本書的內容列入我關於十九世紀以來的中國史課程閱讀外，頃讀此書，我也在想以臺灣為主體要如何看待這一段中國史？或者更進一步地說，臺灣的中國現代史學者對中國歷史研究又該有怎樣的野心？我想現在臺灣的學生已經不用再像當年的我們一樣，把這本書當成跟殘餘黨國權威對抗的武器。但顯然不同的時代，產生了不同的問題。當今這世界所面臨的一個很值得思索的問題，乃是中國崛起對人類社會所代表的意義。如同作者在本書結論中所點出的「當中國成為全球舞臺上無所不在的龐大勢力後，也正在把風險輸出到世界各地」。對於這樣的風險的管控，除了圍堵與忽視之外，基於臺灣的優勢可以進行哪些思考以及可以在哪些面向上努力，乃是吾輩閱讀此書時所應思索的時代任務。

最後，我想指出的是，「長時段」歷史的書寫的確有非常多的優點，但也往往會因此而過度強調既存結構的合理性，從而低估了人的心志力量，特別是對尊嚴與自由的追求，在歷史發展中所可能發揮的角色。臺灣雖小，但過去半個世紀以來，臺灣經歷了華人社會僅見的和平政治改革，並已證明了公民社會、法治精神為基石的民主制度是可以在華人社會中生長與茁壯。這等於也是為中國未來政治改革的方向，提供了一個清楚的指引。雖說中國過去近半世紀經濟改革的成果，引起舉世注目，然而所謂的美好生活，應該是除了經濟的富足外，還有對個人乃至於群體的生存尊嚴與自由意志的尊重。透過本書繁體中文譯本的發行與閱讀，我由衷地希望能有更多臺灣人體認到中國與臺灣以及其他華人社會其實都還是處在一個制度面上的競爭，藉由對中國近現代史的回顧與反思，吾輩應更能深刻意識到臺灣民主生活經驗對華人社會所能產生的影響力及其獨特性。

中文版序

欣聞拙著《從清帝國到習近平：中國現代化四百年》繁體中文版出版，非常感謝所有使此書得以問世的人，尤其要感謝譯者。

我往往利用晚上或大清早在柏林伏案撰寫此書，因為行政工作纏身，正常工作期間騰不出多少時間。而在本書漫長撰寫期間，我常常在想，東亞讀者對我筆下的中國史會有何反應？對於我理解和呈現中國史的方式，他們會做何想法？有一點我很肯定：對中國史的理解必然因地方不同而有很大差異。從歐洲角度所看到的中國史，會不同於從臺灣角度所看到的，或在中國大陸所呈現的。當然，沒有哪種理解中國史的方式才是對的、才是正確的。無論哪種看法，不管來自何處，只要言之成理，持之有故，有研究成果為依據，就有其價值，都應當被認真討論。每個國家的歷史都會受到來自不同視角的解讀和討論，而且應該受到這樣的解讀和討論，沒有必要定於一尊。其實，只有讓不同的觀點各自提出足以服人的論點一較高下，歷史領域才會生氣盎然，具有意義。

就這部中國現代史來說，我盡量將中文、西文領域的最重要研究成果納入考量。但撰寫本書，不只是為了將各家的看法熔於一爐。把歷史變化、人物或事件放在更大的時空脈絡裡審視並予以解讀時，我並不怯於表達明確的想法和見解，其中許多是我自己的想法和見解。總有人不認同，而且我必須承認有時候我是有意要質疑既有的歷史敘述。我的目的是在關於今日中國及其晚近歷史的討論上盡一份力，甚至催化出進一步的熱烈討論。書中若有任何疏漏，則全歸咎於我的學識不足。

當今之世，我們都必須接受中國的巨大影響力存在於眾多領域這個事實。我們得學著和現在這個樣子的中國並存，而非和我們所希望的中國並存。因此，中國大陸之外的每個人都需要研究中國，需要投注精力在相關的專業知識和學術知識上。我認為，無可替代的上佳之策仍是盡可能與中國協力前行，同時努力增進我們對中國內部發展與情況的理解。在全球化的世界裡，彼此的命運緊繫相連，密不可分。我相信，對於隔著窄窄的臺灣海峽與中國大陸相望的臺灣來說，更是如此。

我漫長且至今未停的中國史研究生涯，始於一九八八年到臺灣時。跟其他許多歐洲學生一樣，我在臺灣師範大學的國語教學中心學中文。第二年在臺期間，我也去國立臺灣大學學習中國史。我很懷念在臺灣的那段美好時光，也一直深深感激臺灣的求學生涯為我在中國史研究方面打下深厚的基本功。因此，這個中譯本於臺灣問世（而且出於誰都明白的理由，很可能是唯一的中譯本），似乎是再適合也不過的事。

年表

中國，一九四九～二〇一七年

一九四九年十月一日	中華人民共和國建國
一九四九年十二月	國民黨政府撤退到臺灣
一九五〇～一九五二年	土地改革和鎮壓反革命運動
一九五〇年	人民解放軍占領西藏
一九五〇年二月十四日	中國與蘇聯簽署《中俄友好同盟互助條約》
一九五〇～一九五三年	韓戰
一九五三～一九五七年	第一個五年計畫；私營企業收歸國有；農業集中化開始

一九五六～一九五七年◆施行「百花齊放、百家爭鳴」雙百方針，繼之以反右運動，迫害知識分子。

一九五八～一九六〇年◆大躍進，導致大饑荒，奪走約三千萬條人命。

一九五九年◆鎮壓西藏起事；達賴喇嘛流亡印度

一九六〇年◆中蘇交惡

一九六二年◆中印戰爭

一九六四年◆核彈試爆成功；周恩來擬定「四個現代化」

一九六六年◆文化大革命開始

一九六八年◆出動軍隊恢復秩序

一九六九～一九七四年◆鄧小平被貶下鄉

一九七一年◆林彪出逃未果，死於墜機；季辛吉祕訪北京

一九七二年◆尼克森在北京與毛澤東會晤

一九七六年◆周恩來去世；毛澤東去世；四人幫被捕

一九七七年十二月 ◆ 全國大學入學考試（高考）恢復

一九七八年 ◆ 中共第十一屆三中全會決定改革開放；「四個現代化」再度獲採納；北京出現民主牆

一九七九年 ◆ 中華人民共和國與美國建交

一九八〇年 ◆ 設立四個經濟特區；趙紫陽出任總理；施行一胎化政策

一九八三年 ◆ 反精神汙染運動

一九八四年 ◆ 在城市鄉村皆加速推動改革；再開放十四個沿海城市允許外國直接投資

一九八七年 ◆ 反資產階級自由化運動

一九八八年 ◆ 電視系列節目《河殤》標誌著「文化熱」運動走到高點

一九八九年 ◆ 胡耀邦去世；政府暴力鎮壓天安門廣場示威，結束了民主運動；趙紫陽遭軟禁

一九九二年 ◆ 鄧小平南巡，代表經濟改革政策不變。

一九九三年◆江澤民出任國家主席

一九九四年◆稅改

一九九五年◆小型國有企業大規模民營化

一九九七年◆鄧小平去世；香港主權移交

一九九八年◆朱鎔基出任總理

一九九九年◆澳門主權移交；法輪功示威

二〇〇一年◆中國加入世界貿易組織；與俄國簽訂《中俄睦鄰友好合作條約》

二〇〇二年◆胡錦濤成為中國共產黨領導人

二〇〇三年◆胡錦濤出任國家主席，溫家寶出任總理。

二〇〇四年◆修憲，通過了十三個憲法修正案。

二〇〇八年◆北京奧運；西藏發生大規模暴力衝突；知識分子提出《零八憲章》

二〇一〇年◆中國成為世界上第二大經濟體，僅次於美國。

二〇一二～二〇一三年 ◆ 習近平成為中國共產黨領導人，宣布「中國夢」；反腐運動展開；第一艘航空母艦下水服役

二〇一三年 ◆ 習近平出任國家主席，李克強出任總理

二〇一五年 ◆ 歐巴馬和習近平簽署《巴黎氣候協定》；人民幣成為正式儲備貨幣

二〇一六年 ◆ 中國對外投資首度多於接收的外資

第三部

改造中國

一九四九年十月一日，北京，晴朗宜人的秋日。數日來，內城封鎖，忙著為新中國——中華人民共和國——開國大典做準備。早上五點起，群眾愈聚愈多，早上十點整，黨內領導階層出現在天安門城樓上。毛澤東向廣大群眾講話時，醫生李志綏（1919-1995）就站在他旁邊。後來，李志綏在回憶錄裡寫道：

> 雖然毛湖南口音很重，但語音清晰，語調很富感染力。「中國人民站起來了。」他大聲宣布。隨即廣場上人群歡呼「中華人民共和國萬歲」、「中國共產黨萬歲」。我的兩眼充滿了眼淚，無限的民族自豪感湧上心頭。中國、中國人受外人欺凌侵略的日子一去不復返了。[1]

當時許多人跟李志綏一樣，認為新時代就要降臨，而且這個新時代會完全由所有正在翻新的事物來定義。「新中國」就要誕生，藉由消滅剝削、貧富不均、戰爭和過去的其他弊病，徹底改頭換面。新中國的特色是沒有階級的新社會、為普通人而生產的新文化，以及會讓中國社會各階層都受惠的一波新發展。新做法受到提倡之際，對種種「新」事物的熱情也會受到細心培養。新曆法會施行，新國際聯盟會形成。雄心勃勃的官方行動會重新配置企業所有權、土地持有權、婚姻、工作與日常生活的安排，以及人對自身、自身所屬群體和自身過去的認知。這一渴望重新開始的心態或許並非此時才有；其實在二十世紀初，尤其在五四運動時，就已出現。但中國在此之前從未有運動得到政府和人民如此熱烈、如此堅決的支持。被戰爭與破壞折磨得疲累不堪的中國人民，渴望重新開始。

三十年後毛澤東去世時，這股想要重新開始的希望會徹底破滅。文化大革命就是嘗試創造新中國，卻以混亂、內鬥、騷亂、孤立及破壞戲劇性收場的故事。於是，中華人民共和國頭三十年的歷史，是一段抱負與背叛的歷史，是新開端與受重創的歷史，是實驗與失敗的歷史。建設期過後，破壞期隨之而來。雄心和信心遭到根深蒂固的焦慮不安削弱，導致政策頻頻更動，也往往招來暴力且痛苦的過程、領導階層鬥爭、政策重新安排，以及體制危機。

一如其他共黨，中國共產黨不把自己的體制和社會冠上共產主義之名，而是使用社會主義一詞。對黨來說，共產主義是中國社會日後才會走到的階段，即國家建制「消失」的最終階段。共產主義階段是最理想的階段，屆時中國人民不只豐衣足食，更生活在民主、和諧、自己當家作主、沒有社會階級、沒有剝削、沒有戰爭的完美社會裡。共產主義也是合理的體制，會經由歷史發展法則產生。社會主義是通往此美好社會途中的過渡階段。在此階段，共產黨是獨占社會支配權的先鋒，透過被稱作「民主集中制」的新體制治國。民主集中制的意思是，共產黨的中央機構和政府在諮詢過社會裡的諸多團體後做出最終決定。透過這個新體制，黨能對黨員——尤其是被稱作「幹部」的領導人——以及整個社會的文化活動和知識活動，施以嚴格且偶爾苛刻的紀律約束。黨也把經濟收歸國有，並且將所有經濟組織納入黨國的控制與規畫。

中國採用社會主義體制，從而成為東歐社會主義國家所組成之國際網絡的一部分。密集的合作出現。中國社會受全球連結與全球局勢影響的程度超乎以往。除了分享知識和技術，還有一件特別重要的事要做，即全面傳播一整套新的制度藍圖。要改造中國就代表要針對傳遞和建立新規則及新組織，制定雄心勃勃的大計畫。一九四九年後，中共在從政府到社會秩序、經濟、公共文化的幾乎所有社會領域，都做了這樣的事。

毛澤東時代的決定和政策，大致以實現共產主義目標為原則，並且深受由蘇聯傳遞過來的觀念影響，但社會主義的打造並非在歷史真空裡進行。革命旨在全面改造政治與社會面貌並完全實現共產主義，但中共從在邊區的經驗體認到，要實現此目標，必須讓社會和中國人民共襄盛舉。中共領導人一般來說以俄國革命為師，但他們也深信必須調整、更動蘇聯模式，使其配合中國國情，以贏得廣大民心支持。

建立在一九四九年以前各種實踐之上的中華人民共和國，以獨特的方式重新組織。來自黨最高層的指示，經由官僚科層政府的龐大線路，傳到綿密的基層社會組織網。這樣一個體系的存在必要在一九五〇年代獲得認可，從而由此衍生出種種新制度：開始推行黨國體制、計畫經濟，以國家和黨的力量控制文化領域、進行社會階級分類，以及建立大量基層社會組織。若不提這些別出心裁的制度，就無法談毛澤東時代的歷史。

本書第三部各章探討早期中華人民共和國的性質，以及中共欲將中國社會「改造」為通往共產主義路上必經的社會主義社會一事。不擇手段追求國家特權，民國時代已在進行，在毛澤東主政下則持續下去且猶有過之。中共創立了後來成為中華人民共和國政府機構的龐大基礎設施，在權衡中央利益與地方利益的輕重時，明顯倒向中央政府這一側。隨著中共改造實體空間、舉辦公共慶祝活動、重新設想文學與藝術，上述一切便都因他們的作為而改頭換面。

一九五〇年代初的成果相當豐碩。新國家投資建設基礎設施、教育、醫療服務，也創立許多政府機構。但是改造性質的政策，例如土地改革和國有化，其效果往往模糊如霧裡看花。等級分明、中央集權的黨國體制和多變的基層運動是力量來源，但也充斥著含糊不清之處和易遭攻擊的弱點。以這些新制度為基礎執行政策，最後證實比規劃者預期的要困難且棘手得多。許多政策後來轉向、妥協或遭扭曲，有些則招來反效果。但這些問題只是刺激黨捲土重來、加倍努力。

改造中國的力度增加，促成了兩個極具野心的全國性急速轉型運動：大躍進和文化大革命。這兩項運動都聲稱要重振改造中國的動力，把中國推進新時代，然而實際上都帶來大規模的破壞和損失，使一九五〇年代初的許多成就化為泡影。大躍進（一九五八至一九六〇年）這個政策旨在使中國更快過渡到共產主義，是毛澤東看到東歐爆發反共黨統治抗議、中蘇衝突升高、國內經濟危機就要爆發而擬出來的。他逼政府大量動員工人和農民，目標是在收成和產量上大躍進。大躍進未能如願，反倒加劇危機；一九五九至一九六一年那場奪走鄉村數百萬條人命的饑荒，至少有一部分要歸咎於此。大躍進也導致一九六〇年中蘇決裂，使中國在國際上陷入孤立，中國因此不再能倚賴外援。一九六〇年代初的重新調整收回了許多政策，並將這場經濟災難怪罪於毛澤東，削弱其勢力。

意欲反擊的毛澤東在一九六六年直接找上城市青年當幫手。他繞過黨，號召紅衛兵挺身反抗黨國，消滅他宣稱已蔓延全黨和整個社會的修正主義。這次的鬥爭號召，顛覆了中國社會所有的重要制度，其中許多在遭紅衛兵攻擊後停擺。被稱作文化大革命的這十年間（一九六六至一九七六年），整個社會充滿激烈的政治鬥爭。許多人受傷或死於文革暴力。高層領導人忙於搞對抗，總是在爭權。一九七六年毛澤東去世時，共產主義的烏托邦似乎和一九四九年時一樣遙不可及。數十年的運動和鬥爭耗盡全國人民的精力，未信守的諾言和未實現的願景，使人民大失所望。

第七章

CHAPTER 7

社會主義式改造

一九四九～一九五五年

一九四九、五〇年中共以武力拿下中國大陸後，漸漸轉向文人統治。一九五〇年代初期，這個新政權忙於建立新制度來把中國改造為社會主義國家，並為此同時展開數個重大作為。一九五〇年中國與蘇聯結盟，內戰結束才一年即再度動員軍隊介入韓戰（一九五〇至一九五三年），支援新盟友北韓。這場代價高昂且慘烈的戰爭，中共領導人最初拿捏不定要不要插手，但此戰迫使中共政府加快鞏固對中國的統治。一九五〇年底，全國性群眾運動啟動，矛頭指向國內反對勢力和前政府的殘餘勢力。與此同時，新行政體系建立，農村也實施土地改革。媒體和出版業歸黨控制。這些過程成功建立了新社會主義制度，而這些制度的目的旨在於中華人民共和國初年改造全國的經濟關係、日常生活與社會習俗。

政權更替

中國共產黨並非靠群眾運動拿下勝利，他們的勝利是在戰場上達成，是二十餘年不斷用武力擊敗眾多敵人的結果——而且他們必須揚棄共產主義革命的某些原始目標和核心價值觀才得以獲勝。一九四〇年代，毛澤東和他的政黨放鬆了以激進改造為目標的政策。延安的中共不再追求廢除私有財產、集體化、共產黨專政，以及一切要嚴格由中央規劃，而是喊出「新民主主義」，表示他們會在這條路線上和其他政治勢力合作，不會走激進改革路線。中共也開始擁抱民族主義，提倡抗日民族統一戰線。這一切意味著激進改造退居後位，國家統一與抗日則躍居為中共的首要任務。因此，一九四九年掌權時的中共相當務實，頭幾年對改造性質濃厚的政策興趣不大。

因此，蘇聯領導階層開始懷疑中共為共產主義大業獻身的決心，也就不足為奇。一九四九年十二月，史達林稱中國的共產主義「具民族主義性質」，指責毛澤東「倒向民族主義」。[1]史達林經過一番遲疑才承認這個新政府。早在一九四八年，他就預言：「得勝後，中國政府將是一個民族革命民主政府，而非共產主義政府。」[2]

史達林和蘇聯顧問認為中共可能得不到人民接受，於是不斷敦促中共與中國的第三勢力或民主政黨組成聯合政府，在既有的政治結構及制度裡運作。中共勝利既是靠蘇聯援助，也得益於國民黨勢力的迅速解體。一九四九年十月中華人民共和國建立時，中共有四百五十萬黨員，構成即將統治五億四千一百萬人民的新政權核心。[3]不管中共在民間某些群體裡受到怎樣的認同，他們在革命前夕並未獲得普遍的支持或接受。[4]中共的統治從一開始就缺乏根本的正當性。政府需要人民一致同意、社會普遍接受，還要有信用，才能以穩定且自信的方式順利施政。根據當時的報導，大半人民看待中共，似乎僅止於好奇。[5]都市工人、大學生和自由派知識分子，或許支持中共，但這些群體在人口中所占比例甚小。迫使蔣介石政府流亡臺灣，並未讓中國就此成為共產主義國家。二十世紀中期，中國這個不僅龐大、還非常多樣的國家，面臨了一些巨大難題。平順過渡到共產主義的機會渺茫。中共在戰場上打敗國民黨政府，卻為自己帶來一個比國民黨大上許多的挑戰：他們需要治理中國及其邊疆地區。中國全境與中共和紅軍均無關係的武裝分子（其中可能包含女性），據估計仍有兩百萬。農村經濟已因戰火摧殘和基礎設施遭破壞而崩毀。都市經濟則因通膨失控和糧食、建材供給不足而受創。大批人民流離失所。政府必須創建新的行政體系。

從一九四九至一九五一年，中國大陸實質上處於戒嚴狀態。頭兩年期間，成立軍事管制委員會（軍管會）治理中國。在多數省分，由軍官和軍隊政委負責平定亂象，從一開始這就被視為暫時性作為。中國分成六大區，不含以另一套方式治理的內蒙古和西藏。其中四區——中南部、東部、西北部、西南部——由軍政委員會掌理，而北部和東北則因軍事整訓成功而由文人的人民政府治理。

接管城市被列為第一要務，因為城市在經濟和政治上很重要。中共運用一個三段式策略達成這個目標。首先，褫奪國民黨政權機關如政府部會和官署、警察、軍隊、稅務局等等的權力，並解散這些機關，以中共領導的新機關取代。第二，工廠、商店、電廠、運輸公司等經濟單位維持現狀，以盡快恢復生產。第三，建立並強化社會秩序。[6]

過渡到中共完全控制的這段期間，不可避免會發生許多衝突；政界、商界、知識界的諸多檯面人物之間必須展開許多協商，達成無數妥協。中共事前培訓了政治幹部以順利接管。他們進抵任何一座城市時，都已掌握狀況，知道該做什麼。他們的大目標是平定亂象、解除武裝、復員，而他們當下採取的措施，旨在從政權更替前就已存在的混亂中，迅速找出先前政權留下來的一堆爛攤子裡最顯而易見的部分，例如散兵游勇、難民、流離失所者、無家可歸的乞丐。這些嘗試從一開始就遭遇中共始料未及的一個問題。要消除都市混亂，不只要修復內戰帶來的重創，還得應付貧窮與弱勢社會群體對革命正義和社會補償的期望。都市窮人欣然接受中共的翻身號召，把這個口號解讀為他們理應跟較富裕的都市居民享有同樣的食物和金錢。有時候，眼紅的基層幹部甚至積極鼓動身無分文者要求立即實現社會正義，並與窮人聯手對付比他們有錢的鄰居。[7]都市窮人、乞丐和離鄉背井的鄉下人，受到革命言語和政權更替的鼓舞，開始用愈來愈具侵略性的手段向富人強索食物或金錢，手段從站在商店和企業門前高聲彈奏樂器、阻止客入進入，到在店家門面抹糞、砸破窗子，乃至對不願施捨的店家老闆亮出刀子，形形色色不一而足。這類行動打斷生意，使許多店家老闆不得不歇業，從而妨礙了都市經濟的復甦。新的市政領導人往往只能無助地看著他們為安定社會和促進經濟發展而付出的努力一再化為泡影。緊張氣氛隨著都市經濟持續惡化，升高。

接管要順利，就得想辦法解決在天津和其他已被中共控制的華北城市裡，這些剛萌發的問題。為此，劉少奇（1898-1969）在一九四九年四月下旬被派去天津調查情況，擬定策略。[8]劉少奇曾於一九二一年留學莫斯科，也支持延安整風運動。自延安整風之後，他一直是中共的二把手。他看出不可能既要維持生產，又要實行社會革命，至少眼前辦不到，所以判斷黨必須大幅縮小革命的範圍。他也建議共黨與前政府公務員、地方生意人、專門技術人員合作，以確保公用事業服務不中斷。他的做法比地方幹部提倡的激進想法更受歡迎，而那些地方幹部往往來自較貧窮的鄉村地區。劉少奇也力主強化政府機關（例如國家安全局）的作用。為防出現中央無法控制的政治動員，劉少奇想要將社會改造的目標推遲。此後，中共在執行新政策上便開始走相當務實的路線。

為解決接管難題，中共必須在統治的頭幾年（一九五三年止）開發出對症下藥的治理方式。他們調整策略，轉而配合既有結構和制度，同時在基層進行組織與掌控，並呼籲「群眾」積極參與。此政治策略使黨發展出特定的治理形式。它設想城市治理為一進行改變、管理衝突、不斷試驗與權宜調整的過程。黨在中央集權官僚體系的架構內鼓勵地方的基層運動，同時又削弱地方掌權者的權力，不斷集權於中央。

自一九三〇、四〇年代的革命以來，試驗一直是毛澤東式決策方法的主要特色之一。[9]黨從經驗中汲取了教訓，開始逐步將自己融入傳統的社會和經濟結構裡，只以漸進的方式、在恰當的時機、出於特定考量來改造這些結構，而且改造的步伐因地區不同而快慢有別。黨倚賴試驗來前進，先在幾個選定的縣測試政策，再實行於全國。甚至連土地改革計畫的施行都以此為基礎，因為這些計畫的用意是要找出大部分受苦農民的需要，並根據這些需要行事。農村共產主義基層組織是建立在既有村落、村落的工作合作社與債務合作社、乃至宗教宮廟的信徒團體上。在商業化的都市環境裡，共產黨的組織人員與市場和運輸組織合作，先是提升產品的獲利能力，再致力於將商人的注意力轉向改善生產者與消費者之間的關係。

這一新策略較富彈性、較務實，因此成效良好。在城市，新當局很快就得以恢復當地秩序。新當局有許多刻不容緩的任務。幹部受命執行交通法規、管理街頭商販、對付輕微罪行。為達成這些目標，中共既強調宣傳工作，也著重於在基層找支持者組成志願性組織。舉例來說，為了管理街頭商販，黨鼓勵沿街叫賣的小販、店家老闆及三輪車夫加入地方街道組織。所有小販都必須登記，才能取得營業許可。地方商販也接受勸說，定期開會並檢討本地情況。小販的總數變少了，組織也提出計畫來管理和減少城市人行道上的非法販售亭，並加以實行。

接管市政時，黨必須處理兩個大型群體：難民和乞丐，他們象徵著一個更加複雜的問題。中共想先處理乞丐，便要求各區公安隊把找到的乞丐一律羈押，藉以落實禁止乞討的規定。居民中的貧困族群長久以來都被描繪成黨的當然盟友，有些幹部最初並不願意羈押他們，於是黨首先在內部召開一次「思想動員」，其中包含大量會議，所有幹部都要參與。第一波真正的乞丐拘捕行動，作為「冬令救濟計畫」的一部分展開——該計畫旨在將難民遣返原籍。乞丐先是被帶到城中各處的臨時「乞丐收容所」，在那裡，他們會被登記身分，接受調查，然後當局會決定每個被收容者是否應該要轉送到幼兒園的托管中心、訓練單位、民間慈善組織經營的收容所或其他地方。

官方禁令和搜捕，使在城裡乞討突然變得危險且困難。原本倚賴乞討為生的人，這時樂得前往乞丐拘留所，因為有得吃又有得住。其他人則是心不甘情不願地被迫進入拘留所，同時擔心會被送去臺灣打仗或去東北墾荒。才幾週時間，街上乞丐就被驅離得差不多了。乞丐在收容所接受思想教育，主題包括：一、勞動光榮，寄生可恥；二、為了翻身，乞丐必須勞動；三、行乞的根源；四、共產黨和國民黨對待乞丐的態度差異。[10]有工作能力的被收容人，被送去加入負責開墾荒地與清除街道、運河及河床垃圾的工作隊。許多市民對這些活動和其他類似活動大加稱讚。改過自新的乞丐在街上演唱歌曲時，當地居民據說對中共政策的成功大為驚訝。店家老闆拿香菸、糖果招待乞丐。有些企業主注意到中共施政績效與先前國民黨的無能形成對比，不禁有感而發：「舊社會把人變成乞丐，而新社會要把乞丐變成有用的人。」[11]

難民問題更為棘手。對黨來說，要處理好難民危機，關鍵在於加強宣導，並說服都市居民分擔責任。城市居民必須體認到他們經濟的榮枯與周圍鄉村脫離不了關係，因此他們應幫忙分攤將難民送回鄉的開銷，讓難民回鄉從事有生產效益的活動。但有的難民回鄉後未必能從事具生產力之勞動，他們也必須接受為這些難民分擔一部分城市和郊區的公共工程經費。

儘管施予援助和救濟，難民還是繼續湧入城市。一九四九年夏季大雨，導致大範圍淹水，摧毀了江蘇北部、安徽北部與山東中部的收成，鄉村生活無以為繼，大批災民湧入城市。先前遣回原籍的難民，往往在走投無路下回到城市。當局的回應，是要求將所有進城的「地主與富農」、四處流浪的「寄生災民」及「敵特嫌疑人」強制遣回原籍。

中共一恢復基本秩序，即開始調查既有的組織和社會團體。例如有一份〈關於天津市慈善團體的調查工作綜合報告〉即根據該市救濟團體的角色和得到的社會支持，將這些團體分為四類：有益於人民福祉的機構、具封建特色的救濟機構、十足反動的封建和迷信機構、推廣宗教宣傳的慈善團體。報告總結道：「統治階級的救濟團體天生反動虛偽，但它們的工作和部門的某些部分，如果經我們接管並改造，能用於造福人民，而反動、落伍、迷信、有害於社會的部分，則必須徹底廢除。我們這個政策的意思，不是要通通廢除，也不是要毫無分別一律保留。我們採行逐案處理的原則。」[12] 對既有組織的改革和拆除，採區別對待且漸進的做法。凡被視為有益於人民的協會或組織，例如學校、孤兒院、老殘收容所，都予以保留。由政府引導這些組織的走向，並逐步予以改造。反之，「散播封建迷信思想」和「堅持進行反革命活動」的「會道門」（即迷信的教派）和祕密會社，則要予以解散，毫無例外。中共決心消滅都市祕密會社，說這些會社「靠人民的需求壯大，置身社會最低層，不受政府管束」。這些祕密會社，連同諸多「準宗教會社」，其成員占了天津成年人口約四成。[13] 在中國其他城市，也存在類似情況。

大部分外國組織也必須停止運作，離開中國。凡是有外國人持有部分所有權的組織或事業，都遭處大筆罰鍰，而且連續受罰，直到與外籍所有人斷絕關係為止。有些由外國人持有的慈善組織或企業遭直接沒收充公，或是被控戰時與日本人勾結而遭查封。絕大部分外國人主動離華，剩下的外國人則於一九五〇至一九五一年陸續遭遣送出境。[14]

在敏感的出版領域，採行了類似的政策。中共的政策把刊物和報刊業分成兩類，一類是原本受國民黨控制者，一類是原本不受國民黨控制者。[15]先前受國民黨控制的通俗小報，面臨遭接收或停業的命運。針對不受國民黨控制的刊物，中共的方針則是逐案調查處理。短時間裡，許多刊物停刊，但有些刊物保住一命，獲准繼續發行。中共想要拉攏都市居民，因此需要讓某些報紙繼續發行。他們可以透過這些報紙，把資訊和新內容傳達給用其他方法難以接觸到的群體。與此同時，也有新報社在中共的掌控下創立。

針對眾多在都市社會頗有影響力的職業協會、專業協會，中共也採用類似做法。官方明文宣告工人為「國家的主人」和理應「當家作主」的「領導階級」。[16]中共當局接管都市工廠後，立即在工廠裡成立工會。根據新民主主義的規定，工會作為工人階級的正式代表，（一時之間）享有很大的特權和影響力。工會甚至獲准自行成立武裝巡邏隊，以保衛廠區、執行檢查。一九五〇年六月，許多獨立工會被併入中華全國總工會。但也有許多工人不隸屬於任何工會，包括人力車夫、三輪車夫（三輪車用來運送重物）、挑糞工，還有醫師、商人、律師等行業較為體面的執業者。這些群體也需要接受再教育、組織，以及分類。這也引發當既存行業和職業無法根據馬克思主義予以清楚歸類時，要如何處置的問題。在中國城市地區，只有少數職業能確切歸類為無產階級。儘管如此，三輪車夫仍被歸類為工人（三輪車是這些城市裡最重要的交通工具），並據此組織起來。

新的當權者還找到別的辦法遏制傳統惡習，他們強迫娼妓、賭徒、吸毒者接受再教育，以成為社會裡有用的一員。[17]抽鴉片毒害社會且是中國承受殖民之辱的長久象徵，因此中共矢志打擊此惡習，將此事列為施政要務之一。在這點上，第一步也是把相關人士分門別類——鴉片批發商、街頭販子、鴉片館老闆、吸鴉片成癮者——以便分別處理。大鴉片販子遭迅速處決；小鴉片販子則遭逮捕，接受再教育。吸食成癮者和娼妓一樣被送至拘留所，在那裡接受治療並透過工作接受再教育，以成為新社會有用的一員。不到兩年，鴉片絕跡，賣淫也遭到嚴厲抑制。

針對都市犯罪活動，中共施以重手。一九四九年後，警察在羈押罪犯和判決上，擁有不受限的權力。他們搜捕小偷、皮條客、鴉片販子、遊民，其中許多人接受了「非犯罪的矯正。新政府也積極處理金融資本家與詐欺犯投機買賣、操作市場的問題。政府大力掃蕩貨幣詐騙，尤其是印製偽鈔。

簡而言之，新政府在一九四九、五〇年的接管行動，尤其在接管城市方面，展現出相對較高程度的規畫和緊鑼密鼓的準備，以及有系統的執行。一般情況下，黨偏好漸進式的改變和細膩的回應，而不採取激烈、突然的干預，然而政權受到威脅時，政府也能果斷行動。黨仔細調查城市地區既有的機構、組織、協會，將它們分門別類，據此判定要與哪些合作來提供居民基本服務，同時也判定哪些是敵人必須關閉。中共的政策以動員群眾為目標，但也強調人民參與和自發參與。伴隨接管而來的是對教育及宣傳的大舉投入。大部分城市很快就恢復秩序，公開抵抗新政權的現象極少，也極短暫。但是讓許多較早的機構和組織完整不變，是有風險的。不久，其中有些機構和組織就被視為新政府的潛在挑戰。

治理中國

這個國家自十九世紀後期開始，中央政府就已解體，民心普遍希望中央集權、民族獨立。以民國時期的發展為基礎，這個新國家希望成為一個現代民族國家。但隨著官僚機構遍及最偏遠的村落，國家也遠比過去更加深入社會。因此，這個新國家所能行使的權力，就比先前中華民國或十九世紀晚清還要大得多。

中共建國後頭幾年（至一九五三年）據以治理中國的原則，毛澤東已在一九四〇年的講話〈新民主主義的政治與新民主主義的文化〉中清楚闡明。[18] 毛澤東主張，中國革命的歷史進程要分為兩個步驟：民主主義和社會主義。現在中國的民主主義是中國特有的民主主義，即新民主主義。在社會主義建立前的這個階段，新政府必須設法促成四股進步（或「民主」）社會力量結成聯盟。這四股力量和構成延安統一戰線的力量一樣，包括無產階級、農民階級、城市小資產階級和民族資產階級，但之後這個社會階級聯盟要由共黨領導。此政策背後的考量是，中共與地方或全國資本家（不含反革命分子和漢奸）結盟，能避免經濟垮掉，而且得以利用城市居民的支持辦事。

掌權後，考慮到維持政治穩定的現實需要，中共最初拉攏中間派政治勢力，建一個形式上的聯合政府，由中共領導。這個形式稱為人民民主專政，中共的解釋和宣揚說法是，此為由黨領導各個革命階級聯合專政。一九四九年六月三十日，為紀念中共建黨二十八週年，毛澤東發表了極具影響力且重要的演說〈論人民民主專政〉，並且詳細說明新中國剛出現的政治秩序和社會秩序。[19] 在中國的新秩序下，人民會對人民的敵人實行專政：

人民是什麼？在中國，在現階段，是工人階級，農民階級，城市小資產階級和民族資產階級。這些階級在工人階級和共產黨的領導之下，團結起來，組成自己的國家，選舉自己的政府，向著帝國主義的走狗即地主階級和官僚資產階級以及代表這些階級的國民黨反動派及其幫凶們實行專政，實行獨裁，壓迫這些人，只許他們規規矩矩，不許他們亂說亂動。如要亂說亂動，立即取締，予以制裁。對於人民內部，則實行民主制度，人民有言論集會結社等項的自由權。選舉權，只給人民，不給反動派。這兩方面，對人民內部的民主方面和對反動派的專政方面，互相結合起來，就是人民民主專政……[20]

這篇談話置入了幾個關鍵且影響深遠的概念。以法律作為工具、有系統地區別人民和人民的敵人、人民自我改造的必要、以暴力對付敵人屬正當合理、對人民態度和緩並加以勸說（但可能有個案需要嚴懲，甚至處死）——這些基本概念是社會主義中國政治制度的重要形塑力量。毛澤東清楚指明新中國的專政職能，卻完全未提到「人民」可透過什麼制度來行使民主權利。

中共欠缺正式文件可作為新中國的法律基礎，於是成立了中國人民政治協商會議（簡稱「政協」），並於一九四九年九月在北京開會。六六二位出席會議的代表反映出中共有意廣納各界人士，所以裡面不僅有支配會議程序的中共代表，還包含幾個國民黨的左派黨員，以及一些中國人民救國會代表和較小「第三方」民主團體的代表。一九四九年九月，中華人民共和國建國前夕，政協通過《中國人民政治協商會議共同綱領》、《中國人民政治協商會議組織法》、《中華人民共和國中央人民政府組織法》三文件。一九四九至一九五三年間，《共同綱領》為中華人民共和國的法律發展提供了基礎架構，兩部《組織法》則具體勾勒出未來中國政府的正式結構。總的來說，《共同綱領》旨在制定漸進改變計畫，同時保護中國免受「帝國主義、封建主義、官僚資本主義」之害。第七條特別強調必須鎮壓反對者和懲罰反革命分子。政協任命毛澤東為新國家元首，並決定中央政府委員會的成員。憲法生效之前，中央政府委員會為中國的最高權力機關。毛澤東這時其實已經黨政軍一把抓，也因人民對他的個人崇拜日漸增長而極受擁戴。

黨首先致力於打造可獨立自足的國家統治機器和培訓幹部與幕僚，以執行重要政策。中華人民共和國採取蘇聯式治理體系，讓中共可以將所有權力一把抓。[21]黨組織是新國家的核心。黨創建並控制新的文官行政體系，手法跟在革命期間控制軍隊如出一轍。在每個政府層級，都是黨（中共）說了算。位在最頂端的機關是中共中央政治局，由約二十名委員和幾名候補委員組成（成員人數隨著時間而有些微變動）。中央政治局設常務委員會，通常有常委五至九人，這是中共最重要的決策機構，可能一週開會一次。中央政治局隸屬於更大的中央委員會，中央委員會的正式委員及候補委員人數，從第七屆中央委員會（一九四五至一九五六年）的七十七人，增加為第十屆（一九七三至一九七七年）的約三百人。按照規定，中央委員會每年至少須開會一次，但他們並未時時奉行這條規定：一九五一至一九五三年、一九六〇年、一九六三至一九六五年、一九六七年都未召開會議。中央委員會開會是為了討論政策，但通常不在會議上做出決定，因而這些會議對日常決策的直接影響甚小。中央委員會成員由中國共產黨全國代表大會選出，理論上全國代表大會是黨的最高權力機關，但由於與會人數眾多且五年才召開一次，因而比較像是宣布政策和高層人事案的平臺。全國代表大會並非總是準時召開，在毛澤東時代只開了三次會，分別是一九五六／一九五八年（兩個會期）、一九六九年、一九七三年。全國代表大會召開期間會選出中央委員會成員，其任期最終可長達十年。

省級黨委員會（簡稱「省委會」）向北京中央黨部負責。省委書記，即中共在各省的第一領導人，主持省委會並定期與人數較少的省級常務委員會開會。由此往下直至基層，每個層級的政府都套用此結構，於是有市委會、州委會、縣委會、區委會。黨委也存在於每個農村、大學、工廠、居住區裡。遍布全國的黨委監督並控制每個層級的行政，簡而言之涵蓋所有社會制度和經濟事業。

一九五四年，中共的統治地位顯然已經穩固，全國人民代表大會（簡稱「全國人大」）通過了《中華人民共和國憲法》，確認中國共產黨的最高政治地位，並且實質上將中華人民共和國的一黨專政體制合法化。這部憲法以史達林統治下採用的一九三六年蘇聯憲法為本。黨政正式分離。在黨的方面，有全國代表大會和中央委員會；在政府方面，有全國人民代表大會和國務院。全國人大類似立法機關，是與全國代表大會對等的政府機構。全國人大代表最初為一二二六人，一九六四年時可能已增加至三千人。全國人大每四年改選一次，也選出最高行政機關國務院的成員。國務院由國務總理領導，為類似內閣的行政機關，下設數個部會。總理、各委員會主委及部會首長組成國務院。國家元首是國家主席，其職責大多屬儀式性質，包括簽署法律使其生效、正式任命政府領導職位、接待來做國是訪問的外國元首。一九五〇年代，毛澤東是中國共產黨黨主席和中華人民共和國國家主席；劉少奇是全國人大常務委員會主席；周恩來是國務總理。他們三人是最高領導人。

但黨政分離實際上頗無意義，因為歷來的政府領導人幾乎都同時在黨與政府裡擔任要職。[22] 黨機關和政府機構密不可分，因此共產政權常被稱作黨國。中國以等級分明的單一制度性結構為基礎，該結構聽命於北京最高領導人，忠實執行最高層的指示。

而官方的共產主義教義，對黨政分離的態度往往模稜兩可。一方面，黨被授予「無產階級專政」政治權力的獨占代表權，或者照後來較謙遜的說法，黨在體制裡扮演「領導角色」。另一方面，照官方理論，黨是社會組織，而非國家權力機關。因此，黨理應要代表並捍衛工人或農民等社會團體的利益，使其不受政府傷害。政府和黨本質上緊密相連，但仍各自獨立。黨打入地方社會，與地方社會深入互動。[23] 黨為

圖7.1　毛澤東、劉少奇和周恩來（由左至右）。場合可能是1956年9月於北京召開的第八屆中國共產黨全國代表大會。

來源：hrchina.org

滿目瘡痍的國家提出遵奉毛澤東思想的政治願景和挽救計畫，從而也贏得大部分人民的順從。這個願景以科學社會主義和黨的指導為基礎，要讓中國有能力解決數百年來貧弱不振的問題。這個黨不只建立了威權主義政府；它所打造出來的共同體，社會團結與穩定的程度更是前所未見。中共若無法透過制度來取得順從和穩定，就不可能打造出它所需要的發展型強國。憑藉順從和穩定，中共能調動龐大的人力物力來改造國家、實現工業現代化。

在地方層級，中共除了留任前政權的大部分官吏，幾乎沒別的路走。國事如麻，中共已疲於應付，無法找到夠多的新人取代中國整個政府結構的現任職員。但這些留任的職員必須接受政治再教育，上「新民主主義」課——此過程也稱作思想改造或教育重建。建國的頭幾年，中共無力蒐羅到大量的新菁英來創造並穩定新的政治制度，反倒有很長一段時間不得不倚賴既有的菁英。

黨最關心的事是建立新且有效的治理方式，而這方面它大致以蘇聯為師。但正式的官僚行政程序，卻和群眾運動及由下而上的倡議這類非正式治理手段互爭短長；如前所述，這些非正式治理手段在中共接管前非常盛行。領導人謹慎保衛他們對戰略政策還有國家與經濟大方向的決定權，卻也持續倚賴地方基層的參與。我們從這裡看到兩件事在運作：地方參與者試行新做法，並被中央看在眼裡或最終被中央注意到；以及中央透過由上而下的官僚行政程序控制大局，並吸納或調整來自下層的某些想法和行動。

中國和冷戰

自近代早期的歐洲擴張開始，中國就在世界上占有重要的戰略位置。全球強權都曾想要影響和控制中國，但終究未能如願。[24]中國守住其獨立地位，即使在二次大戰期間受到侵略時亦然。與此同時，中國無法不和外界往來；外援對經濟發展和國家安全至關重要，因此中國需要不斷與國際夥伴和支持者結盟。冷戰期間，此事變得棘手許多。世界大國之間的競爭，尤其是美蘇對抗，顯然不只大大影響中國的國際地位，還有國內局勢。[25]其結果是，與中國相隔遙遠之地的情勢，開始與中國休戚相關，會立即影響中國國內政局。對內與對外的政策於是密不可分。

一九四九年六月，中華人民共和國建國前不久，毛澤東表示，「中國人不是倒向帝國主義一邊，就是倒向社會主義一邊，絕無例外。騎牆是不行的，第三條道路是沒有的。」[26]他發出此言，出於一個明確且迫切的理由，那就是在國共內戰結束前，美國已開始採取圍堵和孤立共黨政府的策略，中國必須予以反制。美國對中共日益敵視，對國民黨卻是出手積極力挺。因此，中共想要和西方決裂、與蘇聯正式結盟，儘管中共在一九三〇及四〇年代與莫斯科的關係並不好。一九四九至一九五〇年，雙方決定捐棄前嫌，從新的基礎來發展中蘇關係。一九五〇年二月十四日，中國與蘇聯簽訂《中蘇友好同盟互助條約》，蘇聯保證協助中國抵禦來自「日本及其盟國」（即美國）的攻擊，並提供軍事與民間援助。他們也同意把一九四五年在中國東北取得的特權還給中國；作為交換，中國接受外蒙古獨立，並承諾不會讓蘇聯以外的國家在東北和新疆從事經營活動。雙方也決定成立多家合股公司，產業領域從罐頭食品製作到航空都有。毛澤東赴莫斯科商談此條約期間，史達林更同意中國的要求，給予為期五年的三億美元貸款。這筆錢被用來投入五十項關鍵的工業與基礎設施建設，而這些建設旨在加快中國重工業、國防工業發展，以及能源生產。

「一邊倒」影響深遠，重要性大到難以估量。中國被納入更廣大的合作關係網，社會主義集團的所有「兄弟國」都是其合作對象。在諸多方面——包括都市規劃、農業改革、高等教育、勞改營、民族主義政策、經濟模式、宣傳、情蒐——中國新政權緊緊以東歐經驗為師，尤其是蘇聯經驗。對中共政權來說，蘇聯和國家社會主義陣營代表了令人心動的另一種現代性。社會主義模式冀求取得工業發展，同時不讓剝削、貧富不均、帝國主義這些西方現代性的弊病上身。要找到有效辦法解決種種迫切的內政、經濟與社會難題，社會主義模式是最顯而易見的選擇。這並不表示蘇聯模式毫無細部差異。蘇聯和其他社會主義國家提供了數種範例，從務實溫和的列寧新經濟政策（一九二一至一九二七年），到全面推動農業集體化、強力加速工業化及都市化的革命性史達林主義模式（一九二九至一九三四年），到強調中央規劃和由中央集中管理經濟、國家的官僚制史達林主義都有。[27]況且，蘇聯模式在一九五〇年代前半俯拾可得，並不表示中國領導人必須如法炮製。中國的領導人深知中國國情在幾個重要方面不同於蘇聯，因此，關於該把哪些模式搬來中國，以及實施後是否要修改，他們有自己的看法。

但毋庸置疑的是，中國與東方集團諸國以及與蘇聯的關係，促成了中國現代史上最有系統的知識與技術轉移，而「這個結盟對中國的衝擊，會比其他任何結盟更加深遠」[28]。《中蘇友好同盟互助條約》簽訂後，約一萬名俄國人來到中國擔任專家顧問，其中大多於一九五三至一九五七年在華，不少人一直待到一九六〇年赫魯雪夫（1894-1971）突然撤回他們為止。所有部級機關、地區政府和省政府及重要的工業企業，都有蘇聯籍顧問駐點。[29]中國在許多領域師從蘇聯，包括如何成立以治理天下而非征戰天下為目標的中央黨機關；如何管理政府部級機關；如何創立由法院、檢察官、警察及監獄構成的一套體系；如何在工廠、大學、辦事處等單位做好政治安全工作；如何成立蘇聯式群眾組織。新人民解放軍的編制，刻意且直接仿效蘇聯軍隊編制。蘇聯教育學者也設計了中國的高等教育體系。除土地改革和教育外，新政權也制定了確實令市貌改觀的都市計畫政策。透過借鑑蘇聯成就來重建中國城市，新中國打造了具體表現出現代形式的城市中心。這些新城市被規劃成具有功能性、生產力的中心，而非傳統、未受規制的資本主義消費與剝削區域——舊中國的城市就被說成是這樣的區域。[30]

在外交政策上，中國也致力於緊緊追隨東方集團的政策。中共深信自己正與帝國主義、資本主義激戰，而其安全有賴於在軍事和政治上與蘇聯所領導的共產主義陣營緊密結盟。如果黨領導人偶爾迫於某種影響或壓力而偏離原本的道路，那是因為他們熱切渴望與他們的社會主義戰友靠攏，團結在一塊。中國出兵朝鮮半島就是個鮮明的例子，此舉導致中國與美國正面對峙，死傷慘重，隨後兩國敵對超過二十年。[31]

中華人民共和國本身的國力，根本不夠格插手世界兩大超級強權的對抗，但由於韓戰就在中國近旁，中國無法閃避。早在一九五〇年一月，毛澤東在莫斯科見史達林時，兩人就強調雙方都決心援助北韓共黨政權。[32]一九五〇年五月中旬，北韓領導人金日成在北京會晤毛澤東；當時金日成告訴中共領導階層，蘇聯領導人史達林已同意一項揮師南下、一統朝鮮的軍事計畫。雖然毛澤東力促金日成謹慎行事，也表示希望勿把美國捲進這場軍事衝突，但他也承諾全力支持北韓，並宣布美國若插手，中國就會出兵。

一九五〇年六月二十五日，共產北韓的部隊（在史達林同意、甚至鼓勵下）越過已被劃定為南北韓邊界的三十八度線，入侵有美國當靠山的南韓。北韓軍往南挺進，攻勢迅疾，南韓軍和美軍不得不退到東南部的釜山周邊區域。兩天後的六月二十七日，聯合國同意援助敗退的南韓軍隊，美國隨之命令第七艦隊巡弋臺灣海峽。整個一九五〇年夏，北韓軍勢如破竹，幾乎占領朝鮮半島全境。聯合國部隊登陸南韓（其中約一半是美軍），中國要美國勿插手，美國置之不理。聯合國部隊連戰皆捷，往北推進到三十八度線，然後，美國軍事領導人五星上將麥克阿瑟（1880-1964）決定越過該線，逼近中朝鴨綠江邊界。麥克阿瑟有自己雄心勃勃的大計畫，想要把韓戰擴大為攻打中國。他覺得可以趁著近來美軍在朝鮮半島上的幾場勝利和進展擴大戰果，藉由對中國領導階層升高壓力，打倒中國境內共產主義勢力。

此舉促使北京投入韓戰，而且師出有名。中國的回應先是再度發出警告，也開始動員部隊。但毛澤東等中國領導人猶豫不決，經中共領導階層內部辯論數週，才把部隊送上戰場。中共領導階層有許多人認為應以還在進行的攻臺戰役為優先，涉入韓戰則是其次。十月二日，毛澤東一反先前意向，告知史達林中國無法派足夠的兵力到朝鮮半島。史達林的回覆語氣嚴厲，警告他中國若不出手，會有何嚴重後果。他告誡道，未來中國可是必須對付美國人在中國國界附近的朝鮮及在臺灣設的兩個基地，會時時擺脫不掉威脅。他也暗示中國若不出兵就別再指望蘇聯援助。三天後的十月五日，中國又一次出人意表地改變立場，中共中央政治局決定原則上遵照史達林的政策，派遣數個所謂的志願師解救北韓。但十月中旬，中共領導階層仍未下令出兵。猶豫數週後，由著名軍事戰略家彭德懷率領的中國人民志願軍在一九五〇年十月二十五日於朝鮮半島發動其第一場戰役。他們攻擊了雲山地區的南韓部隊，令美軍將領大吃一驚。

中國志願軍孤軍奮戰了六天。俄國空軍到十一月一日才第一次派飛機支援志願軍，中國領導人為此相當惱怒，因為俄羅斯原本答應會出動空軍大力支援中國地面作戰部隊。但到了第十二天，南韓軍已從靠近鴨綠江的區域被逼退到清川江。據中國方面的統計資料，約一萬五千名南韓軍人在此役中喪命。於是，在成千上萬中國士兵助陣下，北韓人把聯合國部隊一路逼回首爾。一月中旬，聯合國部隊開始反攻，這次打得中國志願軍領導階層措手不及。毛澤東命令彭德懷猛力反擊；這場戰略性賭博導致志願軍在朝鮮半島吃下第一場大敗仗。兩軍掘壕固守，接下來的幾場仗，志願軍有勝有負。一九五一年四月，韓戰打得最激烈時，美國總統杜魯門決定撤換他口中獨斷獨行、升高戰局的麥克阿瑟，震撼了美國政壇，也震驚了全世界。停火協議在一九五一年夏天簽訂，但零星戰事直到一九五三年六月才全數停止。一九五三年史達林去世，蘇聯幾乎立即改弦易轍。蘇聯新領導階層不像史達林那樣堅不妥協，力促中國正式結束韓戰。六月二十三日美、中、北韓簽訂停戰協定，南北韓跟先前一樣以三十八度線為界。

中國當然向國民說中國打贏了韓戰，但為此付出的代價甚大。約六十萬中國人喪命，大概還有四十萬人受傷。中國重建所需的資源本就稀少，又被挪去打這場戰爭，無法用於其他亟需政府投資的重建計畫。一九五一年，軍事支出占政府總支出五成五。[33]從一九五〇年後期起，可以在依舊沒落的中國城市提供地方救助的資源，以及可用於社會福利的資源，都因為韓戰帶來的沉重需求而嚴重緊縮。穀物、肉、棉花都需要供應給在朝鮮半島打仗的中國志願軍。韓戰也讓毛澤東本人失去至親，其長子毛岸英便是死於這場戰爭。每一方都傷亡甚鉅。據估計，有超過三萬六千名美國人、五十二萬北韓人與四十萬南韓人戰死。從喪命人數來看，這是二十世紀第三慘烈的戰爭，僅次於兩次世界大戰。

毛澤東等中國領導人並未急於參戰。其實，中國最初意向猶豫不定。史達林施壓，中國才出兵。中國領導階層不想失去他們認為不可缺少的蘇聯支持，因而屈服於它的要求。[34]但中國一插手，對戰爭的投入也帶來三個重大且有些始料未及的後果。第一，中國確立了自己新興國際強權的地位，有能力與占盡上風的美軍對抗。中國以行動展現保衛自己領土和鄰近共產主義盟國的決心，在東方集團裡的威望和影響力跟著大大提升。蘇聯領導階層不再把中國看成是依附蘇聯的衛星國，這大概是蘇聯首度這麼看待中國。第二，中國強化了自己保護及捍衛非西方國家的作用；這個作用源自一次與二次大戰。中國在越盟對法國的戰爭中支持越盟，後來又對北韓與北越共黨政府伸出援手，另外還與非洲、拉丁美洲境內的反政府勢力合作。第三，參戰也讓中共鞏固了統治權，這樣才能動員中國人民來全面改造中國社會。

韓戰也影響了臺海情勢。一九四九年底，蔣介石和國民黨政府已逃到臺灣，並於一九四九年九月成功抵制人民解放軍對臺灣的進犯。國民黨還建立了新政府。蔣介石談到新的開始，說要為臺灣「創造新歷史」。[35]但蔣介石在國際上處境甚為孤立，因為美國政府對他依然非常不滿。中華人民共和國一再表明要統一臺灣，不願接受臺灣和中國永久分家，因此臺灣隨時有可能遭人民解放軍攻擊。蔣介石和他的情報機關推斷，幾個月後，人民解放軍就會在蘇聯飛機、甚至蘇聯人駕駛的轟炸機支援下大舉攻臺。緊張情勢逐漸攀升。然而，韓戰爆發讓情勢有了出乎意料的改變。毛澤東必須把中國的資源集中在朝

圖7.2　韓戰長津湖戰役中，中國人民志願軍某連排殘部向美國海軍陸戰隊投降。攝於1950年12月9日。

來源：Wikimedia Commons

鮮半島，只能延後攻臺。此外，朝鮮半島上的戰事促使美國迅速和蔣介石及國民黨政府重修舊好。一九五〇年代美臺關係更為密切，從而有了一九五四年的《中美共同防禦條約》，不只使國民黨在臺灣安全無虞，也為後來在臺灣重建與發展上極具分量的美國經濟援助奠定基礎。雖於北韓取得勝利，卻讓中華人民共和國付出極大代價：臺海兩岸的分裂加深，而且由於美國決心介入，統一幾乎是不可能了。

除了出兵朝鮮半島，一九五〇年後期中共還開始了一場激進改革運動，至一九五三年才結束。毛澤東決定派志願軍插手韓戰兩天後，中共中央委員會發布〈關於鎮壓反革命活動的指示〉，就此展開一連串都市運動，目的是將潛在反對者納入完全控制，並且對他們進行再教育，尤其是仍然抱持親美或親國民黨觀點的知識分子。決定在朝鮮半島上與美國帝國主義正面交手和宣布內部階級鬥爭開打，幾乎同時發生，這絕非巧合。

圖7.3　紀念中國人民志願軍往赴朝鮮半島作戰的郵票，1952年發行。

來源：重製自Scott Catalogue, #173

韓戰也使中共覺得必須趕緊加快土改，從農村經濟榨取更多資源。於是，中國投入韓戰一事，促成了經濟政策的變動。在一九五〇年十一月的第二次全國財政會議上，陳雲指出，「把明年的財經工作方針放在抗美援朝戰爭的基礎上，與今年（一九五〇年）放在和平的恢復經濟的基礎上完全不同，表現在財政上就是要增加軍費及與軍事有關的支出……應該反覆考慮這樣兩個問題：在農民那裡多取幾十億斤糧食行不行？農民是否負擔得起？」[36]一九五〇年後期啟動土改的主要原因之一，是國家需要增加從鄉村取得的資源。一九五〇年十一月二十二日，毛澤東發了封電報給中共的地區分支機構，他說：「在時局緊張的情況下，必須限期剿沒股匪（大批土匪），加速進行土改，發展地方武裝和堅決鎮壓反革命活動，我黨我軍方能取得主動，否則有陷入被動的危險。」[37]上述言談顯示，中國社會與經濟的社會主義改造、打擊國內敵人、全球冷戰期間的國際衝突，這三個不同的關懷，變得環環相扣。也代表韓戰促使激進改革進一步大幅深入中國社會。

清洗

如同在鄉村所做的，中共也想要在城市打造「新社會」。中共大方針的核心，是「增加生產，實現經濟繁榮」。例如上海原本長期是「帝國主義的橋頭堡」、「資產階級墮落生活方式」的象徵——上海妓院、賭館及比之更汙穢的娛樂事業就是明證——而針對上海所擬的計畫，就是要使上海成為「人民的大上海」。為達成這樣的轉型，中國開始「淨化社會」的工作，以「減少該市的寄生人口」，把消費城市改造為生產城市。[38]為擴大對人民的控制，中共擬出辦法來監督或移除人口中被新當局視為不可靠或有敵意的人。

把國民黨趕出中國大陸後，中共仍擔心國民黨人的反革命活動和外人干預。而這樣的擔心有其根據。剛以武力推翻國民黨政權後，中共認為一旦國民黨殘部與地方社會裡的敵對團體在中國各地造反，中共政權仍可能不保。即使一九四九年十月中華人民共和國建國後，大陸上仍有至少六十萬國民黨後衛部隊，中國各地仍藏著國民政府祕密警察單位留下的許多特務。事實上，中共直到一九五〇年底才完全控制住大陸局勢。新當權者嚴厲警告道，這些國民黨殘餘分子可能會和幫派、罪犯聯手破壞新秩序。從某種程度上說，一九五〇年十月決定出兵朝鮮半島，迫使政府加緊內部安全掌控，因為擔心美國和在臺灣的國民黨一起趁韓戰之機在大陸添亂。

公安局這個由共產黨領導的新機關成立後，軍事管制委員會立即宣布：反動組織違法；所有特務單位解散；其成員要接受登記；其非法持有的武器和無線電發射機要沒收。[39]一九五〇年七月的《政務院、最高人民法院關於鎮壓反革命活動的指示》和一九五一年二月《懲治反革命條例》第二十一條，界定了何謂「反革命」罪。[40]後一條例的目的，是「鎮壓反革命活動，鞏固人民民主專政」（第一條）。許多中國國民被依一九五一年《懲治反革命條例》判刑。「反革命活動」一詞被定義為「任何以推翻或破壞人民民主專政和社會主義制度為目的，從而危害中華人民共和國的活動」。一九五一年條例所列的具體罪行包羅廣泛，而且每條罪都與安全問題有關。此條例所列的罪行，幾乎全部（九成五）至少可處以定期刑，有許多罪行可處以終身監禁，乃至死刑。此外，審判機關在量刑上有很大的自由裁量權，可以透過類推原則量刑（也就是參考被認為有類似衝擊的罪行，藉此確立原本從未被明確宣告違法之行為的刑罰），也可追溯既往，以便懲罰一九四九年前所犯的反革命罪行。

就在這戰雲密布、充滿恐懼與猜疑的混沌未明氣氛下，為了肅清社會中不可靠分子、或心懷敵意的分子、或「反革命分子」，中共展開全國性的鎮壓反革命運動，簡稱「鎮反」。此運動從一九五〇年進行至一九五三年，主要用意是強化並捍衛中共的支配地位。鎮反運動命令有前國民黨員或前國民黨組織成員嫌疑者、被指控是國民黨特務者、曾是國民黨軍人或祕密警察者，向居住地的警察辦理登記。此運動也把幫派頭子、毒品走私販、教派領導人列為打擊對象。大部分「反革命」疑犯得到悔過自新的機會，能透過辛苦的勞動洗心革面，重做「新人」。毛澤東也把此過程說成「廢物利用」。但在某些案例裡，反革命分子非殺不可，因為，用毛澤東的話說，他們「是老百姓非常仇恨的、血債累累的反革命分子」。於是，「民憤之大者」和「血債」，讓行使暴力變得正當合理。「血債」一詞常出現於毛澤東的口中和筆下。他用「血債」概念來說明黨為何不得不向共產主義敵人早先所犯的罪行施以懲罰和報復。他也表明反革命分子在中國不會絕跡，因此未來仍會需要鎮反。社會主義國家必須提高警覺，禁不起宣告不用暴力的後果：「我們還不能宣布一個不殺，不能廢除死刑……假使有人丟個炸彈，把這個屋子裡的人都炸死了，或者一半，或者三分之一，你說殺不殺？那就一定要殺。」[41] 因此，鎮反非常凶狠也是意料中事：不到一年，鎮反就造成七十一萬兩千人死亡、一百三十萬人被定罪、一百二十萬人被處以強制勞動，另有三十八萬人遭到逮捕並接受再教育。[42]

有則記述描述了一九五一年五月二十日舉行的一場控訴會，從中可看到鎮壓反革命運動所激起的熱情。那一天，北京市人民政府召集大批群眾見證對約五百名反革命分子的指控。第一個對激動群眾講話的是公安部長羅瑞卿（1906-1978），他描述被告涉及的罪行並建議將大概兩百二十名的被告處以死刑。接著市長彭真（1902-1997）上臺，以高昂的語調講述接下來必然要發生的事：

各位代表、各位同志：

羅局長的報告和許多代表、苦主們的控訴，我們都聽過了。我們對於這些罪大惡極的惡霸、土匪、漢奸、特務這一群野獸們，應該怎麼辦呢？（全場高呼：「槍斃！」）對！應該槍斃！如果不把他們槍斃，那樣就毫無道理了……我們要消滅他們，像剛才大家所控訴的那些惡霸、土匪、漢奸、特務，應該是有多少，就消滅多少，有幾個，就槍斃幾個。（全場大鼓掌，全場高呼：「毛主席萬歲！」「擁護人民政府！」「擁護我們的彭市長！」）……明天判決，後天就執行。（全體大歡呼，全體大鼓掌。）[43]

類似的公審和控訴會，在每個城市地區和許多村子舉行。主辦這類活動是為了團結民心支持政府、擴大使用革命型國家的正式與非正式強制性手段，以及建立一個能夠持續控制所有層級的縱向編制官僚體系。[44] 大量人員和財政資源被撥去執行鎮反，顯示政府把鎮反列為首務。

過了第一階段後，此運動擴大其鎮壓範圍：原本自認安全的黨政官員突然也成了目標。政府官員裡有許多被新政府懷疑想搞破壞的國民黨殘餘勢力。其中有些人甚至堅持保留黨籍。他們也被捕，必須接受勞動改造——或者更慘，遭到處決。這波鎮壓雷厲風行，直到一九五三年運動終於消退時才結束。

鎮壓反革命運動被賦予極寬泛的權力來依法對付疑似為敵人者，執行時重度倚賴人民法庭或軍事法庭。群眾法庭源自一九四九年之前的革命時期，當時此類法庭是中共打擊敵人的一大幫手。人民法庭於一九五〇年問世，與人民法院並存，但屬臨時性質，僅於特定運動期間設立。[45]中華人民共和國建國初年，人民法庭是新政府用以行使公權力的最重要工具之一。[46]一九五〇年七月二十日，《人民法庭組織通則》頒布，人民法庭依此通則運作，由省或省以上的人民政府成立，任務結束即解散。其主要職責為「運用司法程序，懲治危害人民與國家利益、陰謀暴亂、破壞社會治安的惡霸、土匪、特務、反革命分子及違抗土地改革法令的罪犯」。[47]人民法庭獲准逮捕、羈押疑犯，可對犯人判處從監禁到死刑的種種刑罰。[48]獲遴選出任審判長、審判員者，大多來自地方的黨組織；在人民法庭接受司法訓練後，許多人會被指派到正規法院任職。人民法庭繞過正式的法院體系，與公安機關、黨組織合作，常常執行大規模清洗任務。

人民法庭運用公審、控訴會之類的工具鎮壓反革命。在這過程中普遍祭出三種手段：

控訴會、宣判大會、公審。每種手段所調動的人都可能多達數萬。這類活動在組織時，力求盡可能動員民眾，透過負面樣板以儆效尤，透過公開懲罰達到威嚇效果。控訴會、公審、群眾運動都致力於讓民眾參與。要「發動群眾」，邀他們加入政府的行動，從而集體再次確立政府為民心之所向。過程裡群眾密切且直接的參與，都經過精心的指示安排。充當重要證人者不但會徹底排練過要講的話和發言的時機，而且這些人都是根據他們能激起的群眾同情程度所精心挑選出來的。主辦者特別愛找很老的、很年輕的或是女性證人，這些人的證言和訴苦更可能激起強烈情緒反應。

一九五〇年代初，除了反革命分子，還有數個社會群體被全國性運動列為打擊對象。例如，許多從鄉村來到城市的黨官或政府官員，出任具影響力的職務，讓他們有機會取得稀有資源。中共接管大陸後不久，貪汙、浪費之風即在官場蔓延，政府官員私吞重要資源。中央政府開始體認到這個問題很嚴重、不處理不行之際，毛澤東深信這是殘餘國民黨員的行為與外國影響所致。不久，政府中斷鎮壓反革命運動，轉而發動「三反」，即反貪汙、反浪費、反官僚主義。每個組織和部門都被要求找出內部的「資本主義分子」。官員奉命列出他們的社會關係和家人的社會關係，特別著重於曾在資本主義國家住過或原為國民黨效力的親友。這些資料被交到公安人員手上，用來鬥爭反革命。

一九五二年，政府的採購承包制為行賄、詐欺等不當行為創造了許多機會，黨試圖藉由發動「五反」來管束中國的資本家和私人企業主。五反指的是反行賄、反偷稅漏稅、反盜騙國家財產、反偷工減料、反盜竊國家經濟情報。「三反五反」旨在強化黨國紀律及鞏固中央對都市經濟領域的統一領導地位，發動後甚得民心，廣受肯定。三反五反也甚有成效。據報導，三反揭露約一百二十萬起官員貪汙案件，[49]其中只有二十萬件涉及黨員，顯示三反五反的打擊對象中，殘餘國民黨員遠多於中共黨員。這兩個運動在範圍和強度上有別，但都以人民法庭為處理打擊對象的主要工具。政府在一九五〇年代後半期也推行了其他運動。

上海市副市長暨中共前情報頭子潘漢年（1906-1977），一九五五年春天被公開指控過往罪行，令認識他的人都大感意外。據稱，一九四〇年代他尋求與日本特務機關合作，「與大漢奸汪精衛勾結」。他與作家胡風（1902-1985）等人，被控組織反革命集團。這些消息揭露後，引發了另一場更廣泛的整肅反革命分子運動。這場運動稱作「肅反運動」，持續了五年；工廠、居住單位、政府機關裡約有兩千萬人遭到揭發與批評。光是頭兩年，就有一百八十萬人因過去的過錯受調查，其中兩成被裁定有罪。其中五成被宣告為反革命分子或「壞分子」。[50]

警方、軍隊或代表黨行事者逮捕數百萬人，過程完全沒有正規法院參與。數十萬「階級敵人」或「人民的敵人」在這些運動中遭判死刑並處決。毛澤東親自訂立了處決定額，認為該處死的反革命分子占全人口的〇．一至〇．二％（即五十萬至一百萬人）。[51]據公安部報告，一九五〇至一九六二這十二年，將近一千萬人遭中央機關以反革命或壞分子罪名逮捕，其中約一百六十萬人遭處決。另有許多人被有權執法判刑的地方當局、工廠、縣政府和公社送去勞改營。一九六二年時，已有至少四百萬反革命分子或壞分子被判處勞動改造，意即送到勞改營、再教育營或受監視的工作地點。餓死、病死者超過五十萬，而這些還只是因政治罪受罰的人。另有許多人因涉及賭博、賣淫、毒品、偷竊或非法遷徙的罪行而被送去勞改營。[52]

由於這些運動逮捕的人太多，打造更廣大的勞改營體系便成了政府當務之急。[53]中華人民共和國的勞改營體系，於一九五一年五月鎮反運動開始後不久建立。在第三次全國公安會議上，才終於有系統地討論囚犯待遇問題，並就被逮捕者的管理和安置提出辦法。中華人民共和國最重要的幾位領導人都出席了這場會議，由此可見這個問題有多重要。一九五二年全國已有六百四十個勞改營，其中五十六個大到足以容納千餘名囚犯。另外二一七個勞改單位屬於工業部門，其中二十九個關了超過五百人。此外，政府還營運至少八五七個規模較小的定址勞改營，以及為建造鐵路、運河而設的機動勞改營。一九五四年時，全中國已有超過四千六百個勞改營，包括由縣、市政府營運的許多較小單位。這時有超過八成三的勞改營囚犯從事強制勞動，勞動地點大多是農場、礦場、煉鋼廠、運河、鐵路工地。三年後的一九五七年，公安部第十一局宣布整併勞改營，總數減至略多於兩千，規模比以往都大很多。其中一三二三個是工業企業，六一九個是農場，七十一個投入基礎建設。經濟重心已明顯從農業轉至工業。勞改慢慢扮演起吃重的經濟角色，造福社會主義國家，而且此趨勢無可阻擋。政府需要農民、工人支持，而政府要勞改犯從事危險、困難、累人的工程，減輕了工農的負擔。政府打造出一群為數可觀的反革命分子和其他人民敵人，相對襯托出新獲特權的工農群體地位高人一等，從而進一步鞏固工農對政府的支持。政府壓榨犯人勞動力，減少了支出，而不聽話就會送勞改的威脅也有助於使民間勞動人口守規矩。遊蕩是犯法的，可能招來牢獄之災，和從事破壞活動一樣。一九五〇年底有多少人在服刑不得而知，但從逮捕人數看，服刑者可能在兩千萬人左右。[54]

死刑往往在宣判後立即執行或隔日執行。[55]處決大多公開示眾。把如此殘忍之事示眾，對社會影響甚大。此舉清楚展現「階級鬥爭」會有怎樣的結果。在對付反對者的運動中，不管反對者是真的反對，還是有反對嫌疑，中國以行動證明政府不惜動用暴力和恐怖手段對付人民，如有必要還會大幅更動或無視自己所制定的薄弱社會主義法律重要條款。政府的用意非常清楚，即運用刻意的暴力行為肅清反對勢力，消滅潛在的異議巢穴。但逮捕、處決的雷厲風行和地方幹部樂於投入運動的表現，似乎令黨領導階層感到意外。不顧後果的逮人和處決經常出現，不管是否有明確的犯錯證據。隨著這些運動不斷推行，行刑場上死的人愈來愈多，黨中央更加三令五申要地方單位有所收斂。[56]明眼人都看得出，許多地方人士和團體（例如幹部和民兵隊）利用這些運動向鄰居公報私仇，在長期的地方衝突中打擊對手。

一場又一場的審判和運動吸引社會各領域的人加入，並且動員基層幹部，讓他們集結支持政府所制定的目標。[57]中央政府必須贏得地方幹部與市級幹部支持，以利於落實其指示。因此，這些運動和法庭大有助於政府強加和執行規範；它們在思想和道德上提供了一套有力的誘因，使低層幹部、官員及廣大人民願意順從和回應。司法體系依舊是懲罰過程的核心組織，公審和運動則扮演靈活、非正式的機制，用來有效、快速、直接地傳達社會政治規範，以及集結到廣大民意支持這些規範的落實。

居民委員會這個新制度又稱里弄委員會，是一九五〇年代推行群眾運動的主要工具之一。一九四九年十二月，杭州市創立第一個居民委員會作為「新式民主組織」，取代保甲制。[58]後來，透過區街民主建政運動，全國所有居住區都成立了這類委員會；到了一九五〇年代中期，委員會優秀的基層工作和在居住區的積極作風，徹底重整了政治與社會生活。

居住委員會的幹部由居民選出，工作受地方政府指導。[59]居委會在各自的居住區管理本區事務，向居民提供重要服務。居委會把人分為「好」（例如革命積極分子或工人）與「壞」（例如罪犯、國民黨員、宗教積極分子或其他具威脅性的人）兩類。「壞」的家庭受當地公安人員「特別控制」和監視。[60]居委會是群眾自治機構，非治理機關，也利用監控犯罪和解決衝突或醫療服務幫助居民，照顧人民的福祉。居委員公布新法和黨的政策，動員居民支持政府倡議，也把居民意見傳達給基層政府，並組織讀報班，說明涉外事務，拓展居民的知識和政治意識。社會救濟之職也由地方警察局轉移到居委會。居委會下設社會福利委員會，由該委員會接掌向急難者提供吃住的事務。例如韓戰期間，作為「抗美援朝運動」的一分子，居民被要求捐款造飛機大炮。在鎮壓反革命運動和三反五反運動時，居委會成員被要求通報有浪費、侵吞公款或貪汙嫌疑的鄰居、友人及親戚的動靜。居委會還有從事一些其他運動，矛頭不指向人，而是指向害蟲。例如除四害運動（一九五八至一九六二年），要人民殺掉四種最普見的害蟲：蒼蠅、蚊子、麻雀、老鼠。民眾熱烈響應，但就跟其他某些早期政策一樣，考慮有欠周詳。人民奮力撲殺麻雀，使麻雀數量大減，昆蟲因此少了一個天敵，大肆繁殖，作物隨之遭殃。

一九五三年鎮反運動結束時，政府已創立十七萬個居委會或工作單位安全委員會，擁有總數超過兩百萬的基層積極分子。[61] 這些積極分子可以說助了數量上居於劣勢的公共單位一臂之力，解決掉自一九四九年以來一直困擾政府的一個問題。這些積極分子在地方公安機關、工作單位、村、鎮的領導下行事，得益於數股力量共同襄助，使他們得以觸及生活各層面，保護往下直至街道和工作單位層級的社會秩序。他們接觸範圍之深廣，也使他們得以協助警方，有效率地監控他們工作與生活空間裡任何有嫌疑或不顯眼的反革命分子。居委會有兩個看起來互相矛盾的功能：一是促進基層民主，二是作為「維穩」和動員群眾的工具。居委會與地方公安局、地方黨組織密切合作，因此會中的居住區積極分子能把政府政策轉化為無所不在且強有力的公共壓力。

城市居民被編入兩層式組織網裡，若非居住單位一員，就是工作單位一員。居委會與工作單位並存，會設法把未被納入工作單位體系的人口組織起來。居委會原則上包含大工作單位員工的家眷、小生意的雇員、退休人士、家庭主婦、失業者。工作單位的成員通常不參加居委會的活動。政府認為隨著工業化、經濟成長、社會主義轉型完成，工作單位體系會涵蓋城市裡的所有個人，居委會最終會消失。眼下仍需要居委會把全國人民全面且徹底地組織起來。

於是，居委會與同樣經由運動建立並擴大的工作單位體系相似。政府組織和黨組織、國營企業、金融機構、教育機構都被稱作單位或包括不同單位。一般來講，單位照顧其職員的幾乎每個生活層面。住房提供、醫療服務、娛樂活動、糧食配給、養老金，都透過單位搞定。以單位為基礎的福利救濟體系，一九五一年二月隨著《勞動保險條例》通過而正式確立。[62]此條例載明單位體系的任務和責任，以及為單位籌得經費的方法。根據此條例，工人有資格使用單位所提供的種種集體性福利救濟設施，例如療養院、幼稚園、養老院、孤兒院、殘障人士收容所、度假設施。單位的員工有資格享有終身僱用，但不得任意更換單位。每個單位有數個行政部門，包括財務部、安全部、黨委之類。單位也是人事檔案的保管機關，人事檔案從小學起跟著人一輩子，記載內容包括在學成績、黨員身分、升遷和工作考評、家族史，以及不利於當事人的資料，例如上司的負評、書面批評、告誡。[63]人事檔案也記載階級成分，標明家庭出身和個人身分地位。單位裡的安全部保存著專門記錄犯罪和懲戒活動的檔案。這類檔案包括犯罪檔案、再教育檔案（勞教或勞改檔案）、公安檔案。這些檔案的內容往往令人毛骨悚然，包含未在任何地方公開披露的書面資料。單位也在黨的領導及監督下從事多種政治活動。最重要的是，單位必須舉辦大會、討論政策、動員成員，藉以貫徹中央所推出的政治運動。透過單位，中央能將政策落實到地方層級——此前沒任何政權做得到這件事。

中共也創立數個有助於落實中央政策的群眾組織。例如官方創辦的婦女聯合會，有助於落實禁止賣淫運動；這個運動能成功，婦女聯合會的協助居功甚大。幾個青年組織也有類似的貢獻。群眾組織是提升經濟生產力、減輕社會問題的重要工具，可濟助難民與戰爭離散家庭，並打擊貧窮、賣淫、吸毒、販賣兒童等事。

政治群眾運動的凶狠和雷厲風行，成功摧毀了轉入地下的大部分國民黨殘餘勢力。新中國反對者所嘗試發動的武裝叛亂、攻擊或蓄意破壞，幾乎全都胎死腹中。因此，中共這些運動不僅成功實現其首要目標，同時更打造出一個能有效動員基層民眾的體系，建立起一套新制度來恢復社會和政治生活。中共政府排除萬難，顯著鞏固其統治地位，建設了毛主義時代的重要制度，包括把工業勞動力組織起來的工作單位，以及標記國民政治成分之「好」或「壞」的人事檔案。政府也確立了階級成分，後來到一九六〇年代，階級成分會更加精細區別，把好人分成「紅五類」，把壞人分成「黑五類」。黑五類合而簡稱為「地富反壞右」，即地主、富農、反革命分子、壞分子、右派。[64]中共鎮壓住反抗勢力後，這些新制度就被用來劃分社會，即根據國家創造的分類，把國民劃歸至享有不同權利的類別。

文化翻新

一九四九年後中國共產黨致力於建立新社會，旨在使中國的文化面貌改頭換面。靠武力得勢後，毛澤東和共黨領導人需要取得並保住大多數民心。軍事征服和鞏固政權之後，中共展開全國性的文化更新。[65]

在中共眼中，一九四九年前在中國蓬勃發展的文化與知識活動屬於已過時且即將消失的世界；得天獨厚的家庭教養、高等教育和奢侈的生活，嚴重汙染了知識分子、作家、藝術家及教授的工作、信念、習慣與生活方式，使他們瞧不起工人和農民，並且抱有自由主義等資產階級的政治觀、極度親美的價值觀和敵視蘇聯的心態。由於自身的政治立場，有些人甚至暗地支持國民黨或其他政黨，扯中共統治後腿。就連那些不關心政治、不願加入政治運動團體的人，在中共看來，都是打造社會主義社會的障礙。一九四九年後，新當權者極欲打擊並改造讓這個「落伍」舊文化得以繼續存在的機構和人。為創造合乎共產主義的新文化，必須整頓整個文化界，以便將藝術深度政治化。新文化機構會動員文藝界來實現中共的政治目標，並且創造及擴大民眾對政府的支持。一九四九年後，知識分子、藝術家、文化機構愈來愈難不參與黨的文化政策。

一九四九年後，軍事管制委員會逐步成立由數個處構成的文化教育管理委員會。這幾個處要共同做好文化和教育領域的接管工作，包括戲院、電影公司、廣播業、傳播媒體、印刷出版業、中小學、大學。舉例來說，新聞出版處就是負責新聞與出版領域。該處的第一個作為是讓整個國營出版和經銷業迅速擺脫國民黨控制，但接管相關私人企業一事花了較長時間才完成。一般情況下，所有私人企業按規定都要向軍事管制委員會的新聞出版處登記，才能繼續營運。它們必須呈報企業沿革、財務、經營管理方面的資料、企業老闆和總編輯過去及現在的政治立場與經歷、他們與其他黨和組織的關係。核准與登記的主要衡量標準是政治背景。親中共的機構都得到放行，政治背景「中性」或不明的機構至少必須暫時停業，被視為反動的機構則禁止營運或不准登記。

儘管新聞業、出版業、經銷業收歸國有的程序在中國諸城市以不同方式進行，且國有化程度不一，但始終強調符合國家指導方針，而且一直把這一點看得比地區差異重要。

總的來說，一九五〇至一九五二年，民營出版業繼續營運，甚至成長。新民主主義觀允許多種出版公司和經銷商同時存在，包括國營公司、書籍期刊合作社、個別書報攤和零售商，以及民營的出版社、印刷廠與經銷商，還有官民合營企業。但一九五三年起，民營出版社面臨的限制日益嚴格。中央政府的新聞出版總署和政務院文化教育委員會接管新聞出版業，規定一九五三年一月起報社、雜誌社、出版社都得申請執照才能繼續營業。[66]在此過程中，政府祭出種種辦法來管理和約束這些產業，包括強迫民營出版業者停業或轉業、把民營出版業者併入官民合營企業、核准或阻撓業者申請營業執照，以及取消某些出版業者的執照，直到他們照規定做出改變才恢復。雖有部分民營出版商在一九五三年後繼續營業，但已經沒有民營報社了。

一九五三年後，整個印刷出版業的國有化漸漸實現。官員被派去領導官民合營出版社，幫助這類出版社吸併其他民營出版社。民營出版社被吸併後，大部分員工轉為國營事業員工，私人股份則轉讓給別家官民合營出版社。[67]另有一些民營出版社被改制為國家資本主義出版社。一九五六年時，中華人民共和國民營出版業者的國有化和嚴密管制已全國完成。民國時代，上海是中國民營出版與經銷業的重鎮，此時只剩下少數出版業者，而且都受官方控制。

中共建立了由上而下的等級結構，以連結中央政府和地方的國營新聞出版體系，牢牢控制地方的新聞出版業。首先，中國文學藝術界聯合會把既有的全國性與地方性文藝期刊分級（地方性期刊即省市期刊）。地方性期刊會把重點擺在群眾文藝上，發表可供群眾用作文化活動參考的文章。全國性刊物的目標則是包羅要更廣，發表較高品質的文章，為地方推動群眾文化指引方向。全國性文藝期刊要構成全國文藝創作與批評的核心，並且組織與監督作家、引導大眾閱讀。這些期刊包括《文藝報》、《人民文學》、《說說唱唱》。

第二，由陸定一（1906-1996）領導的中央政府文化部和中共中央委員會宣傳部（中宣部），提出並宣導新的文化表現形式。文化政策的拍板定案權在文化部手上，但中宣部扮演極重要的角色。兩機關都致力於描繪美好未來，鼓勵群眾堅信黨的願景。它們監控負責領導地方出版業者的全國性出版社。這種遍及全國的嚴密管制，使得上海在一九五五年後不再是新聞出版業中心，被北京取而代之。

與此同時，國營的印刷品經銷商壟斷經銷事業，其中首屈一指者是在全國各地作為出版品集散地的新華連鎖書店。只有政府許可的書才會在新華書店門市銷售。從一九五五年至一九五六年中期，文化部執行一項嚴厲的大規模計畫，要讓「反動、淫穢與荒誕的舊書」在市場上消失。政府強迫既有的書商、民營租書攤登記營業，在這個過程中消滅了上述圖書。一九五五年，文化部表示，在上海舊租書攤找到的小說，八成是帶有色情淫穢成分的言情小說、荒誕的武俠小說和描寫特務間諜等的反動小說。這些書傳播「反動腐朽思想和墮落無恥的生活方式」，因此必須移除或換掉。出版商必須把許多書從舊書目錄上移除並停止流通。文化部也編定清單，讓地方機關知道哪些書該更換或查禁。任何新買的書都必須來自公營的新華書店。新的通俗文藝形式被用來達成兩個目的：把黨的敵人妖魔化和肯定新社會主義政權。共黨藝術家大多利用漫畫和連環畫來譴責共黨敵人（蔣介石和美帝），但也用傳統年畫讚揚政府政策、頌揚中華人民共和國的成就。

於是，民營的新聞業、出版業、傳播媒體轉為公營，整個領域由官方牢牢控制，但更重要的是出版、報導的內容和過去不同了。在文藝出版品方面，政府鼓勵創作和出版為工農軍人服務的新文學。大部分出版品帶有政治性，並且遵循發揚共產主義理想這條編輯原則。就連詩作都離不開黨的政治立場；一九五五年發表的詩作中，將近一半在歌頌軍人和工人。上海報紙《解放日報》的文學副刊，恪守黨的文化政策，主要發表工人、軍人、農民的短篇作品，通常以政治運動為題材。報紙的文學副刊開始只連載出自著名中共領導人或與中共關係密切藝術家之手的作品。

新文學作者採用一種可說是「結合革命浪漫主義和革命寫實主義」的風格。[68] 新文學意在以充滿熱情和想像力的方式描述現實，行文中帶有對未來美好社會的願景。革命浪漫主義意指透過文學想像，生動表現出能讓讀者產生共鳴的未來世界願景，並且鼓舞讀者朝這個願景奮鬥。這種文學的使命是把現在置於從黑暗過去朝光明未來前進的軌道上。許多左派作家明確且自發地接下呈現共黨未來願景的任務，也樂於以同情和翔實的筆觸描繪農民、工人、軍人的生活——他們的生活被認為有資格獨立成為一個創作主題。許多作品不只從抽象的國家目標角度描寫鄉村或工廠裡的日常工作情形，也從得到尊嚴和滿足的角度。這些作家自認心理上貼近工農，而且這種貼近往往與親身接觸有關。極受歡迎的作家浩然（本名梁金廣，1932-2008）曾描述他筆下的某些短篇小說如何寫成：那是收割時節，我們幹部輪流在夜裡和公社社員一起看著打穀場，「當深夜，我披著月光，漫步在寂靜清爽、飄著米穀香味的場邊上，許多激動過我的事情都展現在眼前，許多話語都湧到唇邊，急不可待要向別人傾訴。於是我把糞簍翻扣在場上，在上面鋪一條麻袋，把保險燈捻亮，就趴在這個『桌子』上寫開了。」[69]

與此同時，那些不願配合新政策、新指導方針的作家眼看著自己提交的作品遭退回，其中有些人甚至原是大名鼎鼎的國民政府批評者。如果新政府認為他們未照規定改造思想、重新做人，他們的作品就別指望發表。例如，素孚重望的五四運動作家周作人的文章，一九五二年因「思想問題」遭拒絕刊登。[70] 此事預示了五四傳統中進步左派的命運；該傳統不久後就消失，由新當權者所規定的社會主義寫實主義文學風格取代。作家和記者常因為偏離黨的路線、忽視工人階級的觀點，或者未提倡中共的進步價值觀而遭攻擊和公開批判。於是，許多作家和記者變得怯於動筆或完全停筆。眼見稿源短缺，報紙以剪貼政府出版品和改寫他報文章應付。原本報紙還有欄位報導電影和地方戲曲動態，但一九五二年後，這些欄位改為刊登藝術家自我批判的文章。到了一九五三年，大部分報紙的內容都以政府宣傳為主。

教育界和學界人士也未能倖免。高等教育體系遭整頓，數所大學改組、合併。整體高教界擴大了，從一九四九至一九六〇年，中國大陸的大學、學院就學人數從十一萬七千人增加為九六萬一六二三人。這一過程同樣有助於中央政府擴大對整個體系的控制，同時削弱地方政府和民營機構。新政府推動文化機構或教育機構轉型，但也要求學生、教師、科學家及作家表態效忠。一般來說，中共幹部認為知識分子不為大局著想，只圖造福自己，一心想著取得權力、地位、財富。針對最高層級的知識分子，他們認為教授、科學家、工程師傳授來自資產階級社會的理論、方法與知識而不加以批判，把知識看得比階級與政治還重要。但黨也強調，這些人就算再菁英主義、投機主義、錯得再離譜，也能夠改變並透過思想改造重新做人。

全國性思想改造運動可追溯到一九五一年夏天，當時北京大學為教職員創辦了政治學習班，得到毛澤東大力支持。[71]後來教育部提議全國大學和專科學校舉辦類似活動。到了九月，北京和天津已有六千多名大學教職員上過長達一個月的學習課。一九五一年十月，毛澤東要求「在我國的文化教育戰線和各種知識分子中」，廣泛地開展「自我教育和自我改造的運動」。他說，知識分子的「思想改造」是中國「在各方面徹底實現民主改革和逐步實行工業化的重要條件之一」。[72]發起這個運動，也是為了找出因「思想問題」而散播資產階級或自由主義觀念的知識分子。在上海，一如在北京和天津，此運動從大學、學院開始推行。在十二個月期間，擴及到中學和研究機構，涵蓋作家和報社職員，矛頭鎖定教授、作家等知識分子的思想缺陷或錯誤政治思想。在此運動期間，知識分子被迫揭露自己的社會背景，包括求學過程、先前的工作、政治關係、階級出身，以及家人親友的出身，還被要求檢查自己的政治信念，並從自己的信念、政治活動、工作表現和生活方式裡找出與黨提倡的標準及典範不符的錯誤或不當部分。知識分子被要求坦白貪汙、浪費的行徑和其他不當或不法行為，例如偷竊、嫖妓、賭博。然後，他們的思想、態度、行為需接受他人嚴厲批評，如有必要也得接受官方調查。研讀列寧、毛澤東等共產主義領導人的講話和文章，以及與晚近各項運動有關的政治文件，變成了義務。有「嚴重」政治問題的知識分子必須下鄉，在工作隊裡做苦工或協助土地改革，以示忠誠。

中國共產黨的年輕積極分子——往往是學生——負責開辦大會和制定程序。他們考評個人的表現，調查嫌疑分子，與警方協同行動，擬報告呈給更高層黨官。他們還得到更大一批積極分子協助，其中一些人受過特別訓練，以推動思想改造運動。這些積極分子大多二十來歲，自他們讀書或工作的地點被吸收，負責協助訂定個人表現考核標準，領導政治學習，記錄小組活動，督促並協助同儕留意坦白和批評方面的規定。[73]這些中共黨員和積極分子原本就被當局視為政治表現優於其他知識分子，在這次運動中扮演的角色和發揮的功用更讓他們能在所屬組織裡躋身當權位置。他們在知識分子思想改造運動中是前線人員。

對中共來說，要求知識分子透過政治學習、坦白及批評接受再教育，並不是思想改造的唯一目的。黨也熱中於蒐集、儲存個人背景資料，以便控制文化界。地方當局利用這些受到監控的坦白和選擇性的調查，蒐羅到大量關於知識分子、藝術家及專業人士的資料和寶貴情報。這些資訊使當局得以從政治和道德操守角度區分、比較、評斷知識分子，並找出大學、出版社等機構裡可能的支持或反抗來源。受過教育的菁英受到嚴密管制並被吸納入國家官僚體系，同時也失去了創造與思辨的自由。

一九五〇年代，一批強有力的宣傳機關受命建立一套全新制度，以傳播新文化。新的文化面貌於焉出現，由官方策劃，但也得到懷抱理想的藝術家和作家積極協助。這一新文化不只被用來說服、強制，還被用來把社會主義中心思想傳達給群眾，和動員他們以取得政治利益。新文化機構塑造社會輿論、改寫歷史、改變人心，協助創造一個環境，讓政府政策可以成功打造出更美好的未來。這些機構創造並維持住人民的支持，彌補政府欠缺的正當性。因此，新文化在鞏固中共統治上貢獻極大，它改變了城市地區的公眾心態，讓他們對新秩序抱持較正面的看法。與此同時，既有文化結構的豐富與多樣性消失。

土地改革

中國的革命有自己的發展模式，與俄國革命有類似之處，但也在幾個重大方面不同於俄國經驗。[74]這些差異導致不同的辯論和爭吵圍繞著革命展開，在打造社會主義社會方面造成不同的問題，最終帶來不同於俄國的中國共產主義經驗。有別於沙俄，帝制中國的農民從未被地主的莊園牢牢綁住。誠如先前所述，中國大部分農民若非佃農，就是自耕農。他們把自家穀物拿去村中市場賣掉，換取銀兩以繳地租給地主、繳田賦給官府。因此，農民是地方市場網絡的一部分。這些網絡的優勢族群是地方菁英，通常由他們控制；地方菁英由地主、富商、退休官員及其家族構成。這批有權有勢的菁英介於中央政府與農民之間，往往能不理會中央政府的命令。在俄國，可能就沒有這樣的菁英。換句話說，中國農村社會是由以村落為基礎的網絡支配，在這樣的社會裡，中央難以大力施展其權力。此外，十九世紀和二十世紀初，隨著內亂和外國帝國主義一再挑戰中國中央政府，地方社會變得日益獨立自主。軍閥割據地方後，中央權力迅即崩毀。

土地改革或許是中共最重要的社會政治目標。透過土地重分配，可以創造出一個更加平等的社會，消除農村貧窮和貧富不均。但中共也追求其他目標，例如把鄉村納歸中央牢牢控制和增加來自中國龐大農業生產的稅收。在延安，中共軟化了對土改的立場，但內戰爆發後就再度採用較激進的手法。一九四六年五月，毛澤東下達指示，要求提高鄉村的階級鬥爭。當時的中共控制區大多位在華北。他說，在那些地區，應該沒收「大地主」、「劣紳」、「惡霸」的土地，分給貧農和雇農。特別工作隊被派去農村展開這個程序，其做法是把當地居民分成數類：地主、富農、中農、貧農、雇農。問題是中國各地情況差異極大，華北許多村子並無龐大的有地階級。下一步是動員貧農、雇農對付所謂的地主，但地主歸類模稜兩可且無絕對標準。找出村中最大的地主後，工作隊舉辦村民大會，討論過去生活的艱苦並譴責地主，視其為過去壓迫的象徵。這類「訴苦」大會在最後會對地主的惡行做出裁定，然後，真正的土改才上場。與地主和「惡霸」有宿怨要報的年輕農民積極分子獲得隨意處置權，經常導致一些被歸為地主和富農的人喪命。不久，黨就認為這種暴力行徑太過分，特別是因為這類現象打亂了農業生產。許多年輕的黨內積極分子被控「濫殺」，他們的做法被斥為「左傾」。華北的土地改革大抵於一年後叫停，較溫和的指導方針出爐。

土改運動的第二階段於一九五〇年六月韓戰前夕隨著《土地改革法》通過而展開，大約在朝鮮半島進入停戰狀態時終止。[75]在第二階段期間，土地改革於全國展開並擴及南部地區，當地的鄉村先前沒有經歷過社會改革，而且南部過去幾無共黨勢力存在。此階段土改的主要目的，仍是沒收地主的土地，分配給較窮的農民，但新指示強烈要求工作隊保護攸關經濟榮枯的小地主及中地主農田，避免打壞農村經濟的活力。此外，農村企業受到保護，即使該企業的業主為地主亦然。韓戰期間，財政問題被列為優先考量。

工作隊來到一個區域，準備將農村居民歸類分級時，要遵行中央委員會的以下指示：地主通常占農村人口約四％，擁有四成土地。工作隊要沒收他們認定為地主的人和宗教組織、學校及氏族所擁有的土地、房屋、設備、財產。但接下來重分配這些資產時，地主原則上有資格分配到和貧農一樣多的土地。一九五〇年《土地改革法》保護富農的大部分土地，而根據中央委員會的說法，富農占農村人口約六%，控有約兩成農地。富農也獲准可繼續將土地出租他人和僱人耕種。只有富農自耕與僱人耕種之外的多餘出租地，才會重分配。

土改手段原本就很暴力，而隨著政府擔心韓戰引發反革命，土改暴力也加劇了。工作隊煽動仇恨，把地方衝突轉化為階級鬥爭。有些地主和富農遭處死，其他地主和富農則被扣上刑事罪名。大部分地主、富農，連同其家眷被送去貧農協會接受勞動改造，或在村政府監視下勞動——事實上有三千多萬人被迫在如此監視下勞動。在許多例子裡，暴力行為經過精心策劃，遵循明確且事先安排好的模式。主事者巧妙運用布景、道具、劇本、起鬨者、高潮時刻之類的戲劇手法，激發群眾的情緒，挑起群眾對打擊對象的怨恨，動員村民一起演出改革大戲。這類活動編排得一絲不苟，使中共政權得以凝聚人民的支持，並且擴大執行革命型國家的（正式與非正式）強制性手段。[76]

一九五三年初，土地改革已大致完成，而且未嚴重打亂中國龐大且隨時可能垮掉的農業經濟。一九五〇年代前期，農業產量甚至大增——但這一成長主要大概得歸因於政治秩序在經過十年外敵入侵和內戰後恢復，以及貿易與運輸重新復甦，而非農村社會的改革。與此同時，村民被鼓勵建立小型互助組。互助組雖然建立在私有財產上，卻促成了耕畜和大型器具共用。土改使土地分配更平均，卻未使農村所得分配更平均。[77]土改後，占農村人口五成七以上的較窮農民擁有中國將近一半的土地，但富農的地往往比貧農所擁有之平均土地面積大了一倍。占人口二．五%的地主，擁有的土地只剩下中國農地的二%多一點。如同這些數字所顯示，地主才是土改的主要對象；在許多地方，幾乎不再有地主這個社會群體。此外，貧農手上的資本和勞力不足以有效率地使用新分配到的土地。重分配後的土地，產量往往低於重分配前。也有許多區域太貧困了，無法土改，因為根本沒地主，既有的農地也由於缺工具、缺肥料而無法提高生產效益。最後，土改大幅改變了土地持有的格局，卻未能在鄉村實現讓社會更平等的目標。農村依舊貧富不均，中階、高階農民成為土改贏家。貧農，包括人數愈來愈多的新農村幹部，感到失望、不滿，抱怨革命的承諾沒有實踐。這次失敗是新政府在不久後開始貫徹其集體化計畫的一個主因。

土改除了是一項實現公平土地分配的農村社會改革，也達成了其他政治目標。最重要的是，土改改變了國家與農村社會的關係。由於土改，政府對許多原先未向收稅人員申報的持有地進行了丈量和估定稅額。一旦確定了每塊地能有的產量，就能確定必須作為田賦上繳給國家的穀物數量。因此，土改協助政府增加了可課稅地的面積，帶來新稅收。從鄉村徵收的穀物等糧食用處甚大，可用來供應城市居民，或用來與蘇聯交易換取工業設備。總的來說，政府能大幅增加其農村稅基。

土改也對社會影響甚大。工作隊隊員後來成為地方村子的幹部，站上有實權的位置。土改運動的積極分子爬上領導位置，成為農村社會的新菁英。這些幹部並非出身當地社會，而是從外面派來的。他們通常來自最早被「解放」的華北地區。因為他們的到來，土改運動也打亂了由地方商人、士人、調解人（這些人長年以來支配農村社會、充當國家與農民之間的中間人）構成的網絡。像這樣一舉打破傳統農村社會結構，似乎是土改的主要目的之一。倚賴地產的傳統制度，例如宗祠和寺廟，都被徹底消滅。新政權遠比前朝更直接打入農村社會，也更順利榨取地方資源。

然而土改並非一帆風順。[78]許多農民樂見土地分配更公平，但痛恨較高的稅負和黨的控制。近來的中國研究顯示，由於鄉村抗拒日甚，久而久之土改變得非常暴力。[79]在許多地方，農民不願完全配合，當局在爭取農民幫忙達成目標時也碰上困難。要打入鄉村社會並不容易，黨不熟悉中國南部農村情況，幹部也不會講當地方言，與村子沒有社會關係。農民開始批評政府或不願足額上繳穀物時，幹部無計可施，除了訴諸暴力或強制手段來執行土改之外，別無他法。問題也來自政府希望用一個嚴格政策雷厲風行於全國，但中國各地情況差異很大。北部農村的經濟、社會結構與南部農村大不相同。有些山區或貧窮地區只能勉強供養一些富農，更別提支撐起地主階級。在華南，靠近市集鎮的村子往往因為有先進的手工業而頗為繁榮，但這些地方的地主不多，人數遠少於富農。為了把農村人口分類，中共提出地主、富農、中農等類目，但一般來說，類別間的分界常常被模糊處理。在某些區域，大部分土地由小地主持有，小地主之下是簽約租地的佃農。但佃農未必比地主窮很多，而且彼此之間幾無敵意。因此，村民未如當局所期待的全力參與運動，農民也遲遲不願投入階級鬥爭。在鄉村，最大難題或許不在於不平等，而是在於農地面積小，大部分農戶靠手工業或其他非關農業的事業貼補家計。

政府和黨很快就判定農民沒有他們預料中那麼想改革。要透過思想改造和教育運動來徹底改變日常文化，才能讓他們跟著政府動起來。文化、生產、日常生活、分工與社會階級體系，都要更加有利於革命才行。人民必須改造成「國家的農民」。「封建剝削」必須完全消滅，代之以講求平等的農民村社，藉此全面改造鄉村。認識到這點後，政府加大力道推動轉型並強化再教育，而且在當局認為有必要時動用暴力。政府訂定計畫，要為農村社會帶來更大的改變，也要讓全國為大躍進做好準備。

第八章

CHAPTER 8

大躍進

一九五五～一九六〇年

一九五〇年代中期，以毛澤東為核心的中國領導階層有部分人斷定國家需要加快通往共產主義的腳步、強化社會改造。眾多國內外因素似乎都暗示，加快社會主義改造能緩解中國的緊張情勢，為中國日益加劇的問題提供解決之道。就國內來說，五〇年代中期決定施行計畫經濟一事碰到重重難關，致使稅收必須大幅增加，然而這件事難以達成。為增加來自鄉村的稅收，中共施行農村集體化，但產量卻停滯了。就國外來說，一九五三年史達林去世、赫魯雪夫批判史達林的統治，衝擊了整個社會主義陣營。社會主義國家民怨日漲，使北京領導階層驚恐，並促使他們尋求未來的脫困之道。於是有了一九五八年展開的大躍進。這個運動意在動員中國人民，促成中國在工業化與現代化上突飛猛進，藉以解決愈來愈多的挑戰。但這次大膽豪賭是以中國現代史上最慘重的災難之一收場。經濟管理不當和天災導致饑荒，奪走了兩千多萬條性命。

整頓社會

許多作者和研究談及毛澤東主政下或中國共產黨統治下的社會，但是若說中國社會仍然獨立於政府之外且與政府各不相干，就有誤導之嫌，也忽視了中華人民共和國歷史很重要的一面。實情是中華人民共和國政府鍥而不捨、強勢改造中國社會之舉，對中國的社會結構和個人心態帶來了深遠影響。政府推動日益浩大的改造計畫，改變了社會習慣，使公權力深入社會角落。領導階層和黨並未一逕高坐於社會之上，而是把自己融入社會生活裡，使社會改頭換面，使自己成為中國新社會結構的主要部分。[1]

為管理「重點人口」——亦即每個村市鎮裡因政治、社會、經濟背景而被挑出來特別監控的人——新政權接管國民政府的戶籍系統，但使其更系統化、更全面、更有效率。[2]共黨當局以民國時代的人口普查資料為基礎，重新設計戶口簿。在戶口簿裡，通常一戶的每個成員一頁，頁上記載姓名、出生日期、職業、服務處所、家庭背景、個人身分、教育程度、婚姻狀況、宗教信仰、籍貫。（除了家庭戶，還有集體戶，即公司宿舍、公寓大樓、船或寺廟之類有彼此間不存在家庭關係者住在一塊的單位。只要其中一項更動，戶主就要更改戶口簿裡的記載，並向當地公安局報告。）戶主負有呈報戶口任何異動的責任。每個人都要登記戶口。一般情況下，戶口登記簿是存放在當地派出所的「戶籍科」。糧票也是先發給戶主，再由戶主分給戶中其他成員。這種基層制度叫戶口。要把資源分配和補助給經過挑選的群體時，就以戶口為主要依據。而有了戶口檔案為基礎，警方也就等於保有一份機密的特別監督人口名單。

戶口最初是用來識別並管理反政府疑犯，藉此保護革命大業。但一九五〇年代末期，中國社會裡人人都已透過這個制度，被指定為城市人口或農村人口。[3]此外，未在一區域登記戶口者，不得住在該地。於是，戶口制使政府得以管理和控制內部人口遷徙——此舉不只阻止人口從農村移居到城市和從小城市移居到大城市，而且鼓勵反方向遷移。為阻止農村居民進入城市並取得為城市居民而設的寶貴補貼，政府不得不限制農民進城的權利。與此同時，已在城裡的大批難民和民工必須遷出城市——由於快速工業化被列為國家重點發展項目，此事必須盡快完成。要做到這點，必須將有限的城市糧食補助保留給城市工人，不可浪費在無生產效益的難民身上（鄉村則需要他們來提高糧食產量）。

一九五五年，政府開始有計畫地將都市社會裡這些被扣上「寄生」之名且無城市戶口的人遷出。數十萬人在勸說和強迫下返回家鄉。政府動員民工、難民回鄉時，通常會祭出鋪天蓋地的宣傳。黨的政策是提高群眾的總體自覺，取得社會的同情與支持，創造勢不可擋的輿論力量。[4]透過這類手段，能使城市大部分人口轉而願意出席為傳播動員回鄉運動資訊所舉辦的各種大會和歡送會。宣傳內容強調社會主義建設的長遠目標，以及農村社會主義轉型的光明前景。這種宣傳旨在創造新氣氛；在此新氣氛下，母親動員兒子，妻子動員丈夫，哥哥動員弟弟，婆婆動員女婿，重點對象動員其他重點對象。幹部以得意的口吻報告說，市民群眾自發組織起來，協助他們的農村兄弟姊妹回村。這股新氣氛充滿針對民眾和個人的社會壓力，被認定是動員工作成效猛增的推動力量。據官方報告，經由這些努力，此運動已轉變為群眾自行發起的活動。動員城市人口、使城市居民參與其中，顯然是這場運動得以成功遷移數十萬人的一個主要因素。

一九五五年五月，周恩來簽發指示，要將一九五一年起已在城市施行的戶籍制擴及至鄉村。一九五八年一月九日《中華人民共和國戶口登記條例》頒行，此一遍及各地且效力強大的制度終於有了法律基礎。[5]此條例規定，每個公民都必須向居住地的公安機關辦理戶口登記。總的來說，戶口在中共政府建立的所有制度中重要性數一數二。它既是人口干預的有力工具，也是一九五〇年代期間治理城市居住區的關鍵，並可據此管控稀有資源的使用權，同時確立各項權利須以居住地為基準。

中共的主要目標之一，是推翻以男性主宰女性生活為基礎的舊父權制，藉此處理男女間長期以來的不平等。具體來說，改革者想要革除中國社會裡童婚、蓄妾、禁止寡婦再嫁的惡習。官方的論述把婚姻改革描繪成一項大型社會主義工程中不可分割的一環，而這項工程就是建造一個具生產力的解放國家。一九五〇年的新《婚姻法》就是要處理這些問題。[6]該法的最高目標誠如其第一條所述，是要廢除「封建主義婚姻制度」，建立

「男女婚姻自由、一夫一妻、男女權利平等、保護婦女和子女合法權益」的新家庭秩序。該法也宣告女人有權利要求離婚。總的來說，該法的目標不只是改變中國人結婚的方式，也要改變男女在家庭和社會裡扮演的角色。因此，在以打造新社會為目標的中國革命工程裡，婚姻、家庭及男女角色成了關鍵組成部分。黨想要把夫妻培養成開放、現代、愛國、具生產效益、符合社會主義精神的新政治行動搭檔。

但一九五〇年《婚姻法》的施行遭遇嚴重的抗拒。[7]此運動在中國全境推行不盡理想，多少暗示了這個新政權的公權力有其局限。做丈夫的、做婆婆的、做幹部的都無法接受新法的涵義和後果。許多丈

圖8.1　1950年《婚姻法》的宣傳海報

來源：Wu Dezu, & Landsberger, S. R. Print no. 0576. International Institute of Social History

夫和其家人在結婚時付了錢給媳婦娘家，他們期望媳婦幫忙家務和農活，才會花大錢投資。要是可以離婚，這些共識就有可能被打破；在新法下，窮漢子可能蒙受他絕無可能挽回的損失，新法也可能打破婆婆長期以來支配媳婦的地位。同時，鄉村幹部也遲遲不願執行這些法規，深怕會與男性村民產生隔閡。於是，中共政府在基層花費不少心力教人民認識這部法律。政府也鼓勵女人善用她們身為社會主義公民所具有的新權利，而隨著女人認識這些權利，某些地區的離婚率也上升了。但地方官員往往把離婚申請打回票，尤其是如果無法證明家庭生活痛苦不堪的話。這部法律執行不力招致批評，於是黨在一九五三年再度著手執行。隨著新政府的掌控加強，地方幹部也奉命嚴格遵守《婚姻法》的條文，不過女人要離婚仍然很難。

政府也在另一個領域出手剷除它眼中落伍、封建的習俗，那就是宗教。[8] 土地改革的成果，已打破宗教信仰的社會與經濟基礎。地方寺廟賴以為活動籌得資金的地產遭沒收、重分配。幹部也攻擊活躍於寺廟協會的地主等地方菁英。一九五〇年之後便沒有了宗教社團舉辦慶典的空間，但祭祖拜神的活動仍私下進行。一如國民黨，共產黨把宗教和迷信分別看待。中共政府師法國民黨，承認五大宗教，即道教、佛教、伊斯蘭教、天主教、基督新教。中共的宗教政策以史達林的政策為本。政府機關為宗教事務制定了規章，限制宗教組織的教育活動與福利救濟活動；神職人員被組織成「愛國協會」，例如一九五三年創立並與政府合作的中國佛教協會。這些新成立的愛國協會參與黨的政治運動，要求會員勿焚燒紙錢或參加公開舉行的宗教活動。不願合作的宗教領袖遭關押，罪名不在於宗教信仰（因為這些宗教受憲法明文保護），而在於反革命活動。

最有系統的壓迫是針對末世教派和救世團體。這些團體有許多出現在十九世紀，於二十世紀上半葉急速壯大，從儀禮和信念的角度看，形形色色非常多樣，但大致有某些共同點：都矢志拯救蒼生，拯救對象不分家庭、氏族或居住地；通常以名叫「寶卷」的經書為立教基礎；相對來講較願意接受新會員加入。許多這類信仰會尊崇一位創世神，以及三劫之說。三劫者，創造、破壞、救世主下凡救渡世間苦難信徒之謂也。黨認為這些團體都是威脅其統治的反革命團體，無一例外。它們的首領遭嚴懲，往往被判死；它們的成員則被迫退會，不再與這些團體有任何瓜葛。與此同時，政府發動大規模宣傳運動，讓群眾認識這些團體所代表的威脅。有揭露這類教派會社「罪證」的展覽會，也有領袖自陳罪行的公開坦白活動。然而儘管官方不斷施壓，這些團體依舊存活下來。許多成員轉入地下，拋棄了具體可見的會員標識。宗教活動繼續存在，一大堆報導仍在流傳聖水、祕石、神祕強大之地的故事就是明證。[9]

中國社會改造的另一個關鍵時刻，出現於採納與實施族籍劃分制度之時。此一重大工程有利於改造社會、建立新社會主義國家，是為了把中華人民共和國建設為由諸多不同族群組成之多民族統一國家而推出的。「民族」這個概念得到重視，可以追溯至民國時期。一九五三年，政府號召全國各族群申報自己的民族身分。這次號召使得許多民族被提出來，從而有了一份琳瑯滿目、令人困惑、最終不可收拾的民族清單。在某些地區，甚至有氏族自稱民族。鑑於中國民間社會的紛殊多樣，政府聘請社會科學家展開民族識別工程，打算把一九五三至一九五四年人口普查所發現的四百多個族群認同，整併為較易於管理的數目。一九五四年，此工程於雲南展開。[10] 雲南位在中國西南部，已識別出的少數群體有將近一半住在該省。北京派了共黨民族學家去雲南，對諸多族群進行科學性的識別；他們採用的識別系統以語言學為基礎，是二十世紀初期英國帝國主義軍隊的一名軍官設計的。這個軍官叫戴維斯（Henry Rudolph Davies），一八九四年曾赴雲南考察。這些中國學者並未死守（奠基於綜合民族淵源、語言、歷史的）史達林式分類標準，而是修改做法，以配合雲南鄉村複雜的中國式社會環境。有個歷史學家說他們的識別工作，在於找出「可信的群體」或是具有「民族潛力」的群體——也就是說，他們預料某些群體未來可能會形成「民族」。如此做法下的分類識別，不用說充斥著人為劃分的痕跡。[11] 在政府的人口普查中，雲南境內兩百多個群體宣稱具有民族身分，但其中只有二十五個在新分類法下得到承認。研究小組在雲南確立識別計畫的做法後，中央政府祭出鋪天蓋地的政治宣傳，以將此計畫推行全國。不過識別工作並未止於一九五四年；當時只有三十九個民族得到政府承認。一九六四年時，獲承認的民族已達到五十三個，最晚獲官方承認的群體是西藏的珞巴族（一九六五年承認）、雲南的基諾族（一九七九年承認）。這個計畫施行了幾年後，政府在文化與科學方面的作為，改寫了中國及其多樣性的歷史，開始提倡今日五十五個民族加上漢民族均是「歷史悠久」且「淵遠流長」。最令人吃驚的是，民族識別計畫創造出一些原本根本不存在的民族。此後幾十年，隨著政府教導少數群體接受這些官方分類，這些民族也就成為社會現實。中央政府到了一九八七年才宣布結束全國民族識別工作，象徵五十六個民族這個數字從此確立。根據憲法，少數民族在所謂的自治區也享有自決權；他們在那裡能保有自己的語言、風俗、文化。

除了民族識別分類，中共政府也非常關注社會性分類：在社會裡標記、製造新階級。自革命起，人民就被分類為「紅五類」（工人、貧下中農、革命幹部、革命軍人、革命烈士子女）或「黑分子」（地主、富農、反革命分子、壞分子、右派分子，以及未明言的，知識分子）。個人檔案詳細記載每個人的生平，包括基本資料——階級與政治背景。這些分類成為實踐階級差別待遇的依據，所以變得非常重要。能不能就讀大學，能否找到好的工廠工作，或者會不會被從城鎮「下放」到鄉村幹農活，都取決於當事人所屬的類別。中國領導階層在無意間新創了共產主義的「舊制度」（ancien régime）：在此制度下，每個人都分配到一個較不容易更動的身分，「無產階級」地位最高，「黑分子」地位最低。

前面我們已經看到，中共有意打造具有集體意識的新國民：一種現代、開放、熱中自我塑造的國民，也就是中國的「新男女」。為男女角色、階級、國家賦予新定義，是中國社會改造過程中意義重大的一環。物資短缺、配給不足、生活困苦的問題，大幅提高了這個定義過程的重要性，因為這些分類成為溫飽程度與應得權利的差別基礎。分類是新社會主義身分的概念和思想得以真正體現在人民生活中的重要方式之一。劃定階級成分、創造新的歸屬關係，以及改造自我，都需要貫徹社會紀律——而貫徹社會紀律正是此計畫的一個主要面向。政府能發揮很大的影響力，然而施行《婚姻法》和管理宗教的經驗也顯示出政府的權力有其局限。有些既有的社會習慣難以改變，即使歷經鍥而不捨、強而有力的種種運動，仍頑固地挺住。

計畫經濟

共黨接收中國後，中國經濟碰上困難。中共統治頭兩年，由於內戰衝擊未消，加上一九五〇年美國實施禁運，妨礙中國對外貿易，導致城市生產量持續下滑。新政府本身的作為，使情況雪上加霜。新成立的市政府亟需資金，便透過向商界調漲稅和其他費用來籌得款項。一九四九年政權易手後，許多企業立即收到調高工資的指示，生產成本因而增加。企業主也被迫購買「人民勝利折實公債」為政府施政提供資金，導致大批原本會投入生產的資金挪作他用。結果是城市失業率顯著上升。

中共的經濟政策基本上受馬克思主義理論啟發，認為所有生產工具，包括所有企業和工廠，最終都該收歸國有，在完全國營的情況下運作。領導階層認為若要打造真正嶄新且更好的社會，這是先決條件。但一九四九年後的兩年，面臨日益嚴重的經濟困局，黨走溫和路線而未實施全面國有化。中華人民共和國的頭幾年，經濟政策大體上務實、有彈性，且追求成長。一九四九年六月毛澤東宣布，「中國必須利用一切於國計民生有利而不是有害的城鄉資本主義因素，團結民族資產階級，共同奮鬥。我們現在的方針是節制資本主義，而不是消滅資本主義。」此番宣告很務實，也符合新民主主義政策。[12]中國領導人肯定十月革命後列寧的新經濟政策，該政策在幾個重大方面為新民主主義時期中國的溫和政策提供了經濟範本。在這個初期階段，新政府買下一些企業，並留任一些企業主來擔任經理人或監督者。接收自國民政府的製造廠和其他工業事業，也留任了許多管理職人員，只有將金融、國防領域的少數重要公司徹底國有化。

例如，中國銀行遭政府接收，成為唯一可以為外貿提供信貸的銀行。中國銀行創立於清朝。一九〇五年，清廷成立大清戶部銀行，一九〇八年改名大清銀行。一九一二年，孫逸仙再將其改名為中國銀行並作為中華民國的中央銀行。一九四九年後，中國銀行名義上仍獨立自主，然而實質上被併入中國人民銀行，成為其外匯買賣機構。一九四八年透過合併數家地區銀行而成立的中國人民銀行，成為新中央銀行。一九五三年，政府也以中華全國工商業聯合會取代先前獨立自主的諸多商會，藉此擴大對經濟的管控。

這些政策實施下去後，政府於是能夠更快穩定經濟。控制預算、使工資與生活指數掛鉤、發行新貨幣「人民幣」等設想周全的措施，使通膨於一九五〇年底時受到控制。金融領域成功穩定下來，促成了經濟整體好轉。一九五〇至一九五三年期間，不管從相對還是絕對的角度看，民間生產都快速拓展。工業、農業不僅復甦也有所成長，一九五二年底時的產量已超過革命前最高水準。因此在共黨執政的頭幾年裡，出現了混合式經濟，已歸國有的重要產業與民營手工業、規模可觀的民營製造企業和貿易公司並存。[13]農業方面也一樣，地主因土改而失去土地，換成農民群體——由擁有私人財產的個體戶所構成——主宰農業生產。

中共領導人一致認為，混合經濟只是暫時之計。一段時日後，一旦條件允許，生產工具的私人所有權應全部廢除。關鍵問題當然在於可以允許新民主主義階段持續多久。在一九五〇年六月的中國人民政治協商會議上，毛澤東告訴焦慮不安的實業家、企業家及商人，新民主主義時期的混合經濟會持續二十至三十年。在這期間，有利於往社會主義過渡的條件會漸漸發展起來。但其實中共的黨內商談已修改此計畫，也討論過十年、十五年或二十年的可能性。[14]但其他領導人，例如劉少奇，仍繼續恪守列寧的新經濟政策和史達林的穩健路線建議。史達林認為中國太落後，無法過渡到計畫經濟，政府應繼續和私人企業合作推動經濟發展。劉少奇等多位人士同意這個看法。他們也認為應把農業發展視為第一要務，輕重工業排在第二、第三。這一發展先後順序完全符合列寧與史達林的建議。劉少奇並主張必須先將製造業現代化，讓製造業能為中國廣大鄉村供應機器和商品，做到這一點之後才能把農業集體化。他不主張快速集體化，反倒力促推動能為農村生產者一次安排供給與行銷的合作社，同樣符合列寧的政策。這一做法也得到另一位重要領導人張聞天（1900-1976）支持。張聞天是曾留學莫斯科的「二十八個半布爾什維克」之一，擔任過中共中央政治局委員、合江省委書記，也曾在加州大學柏克萊分校進修。張聞天和劉少奇想要保護農業發展不可或缺的誘因，意即要維持既有的經濟體制和體制內的富農，直至進一步過渡到社會主義和集體經濟的條件被創造出來為止。

但中共的統治安穩之後，毛澤東開始縮短這個長期目標的時程，並且鼓勵推動國有化和計畫經濟。[15]他開始駁斥走穩健路線的新經濟政策模式，認為該模式已善盡其職，應當功成身退。一九五三年二月，毛澤東一如其先前多次所為，向省政官員強調不該盲目照搬蘇聯那套辦法。他開始提倡經濟變革綱領，該綱領比此前黨內所討論過的任何計畫都更野心勃勃。許多黨員和政府官員相當困惑，對路線變動感到無法置信。商界大為震撼，覺得被出賣。至今仍未有完全令人信服的說法可解釋清楚毛澤東的想法為何改變，不過有人提出數個原因。其中一個說法是韓戰過後，毛澤東覺得中國該善用眼下建立起來的大好形勢，推動往社會主義經濟體制過渡。另有一個說法認為毛澤東是想要更勝史達林一籌，藉由按照他所訂的時間表成功改造中國來奪取領袖地位。但最叫人信服的說法，提到領導班子裡可能存在的焦慮和不安全感。毛澤東覺得，只要資本家和市場結構在中國尚存一天，社會主義計畫就很有可能遭推翻。毛澤東在他的演講與評論中，頻頻指出必須徹底剷除資本主義的殘餘勢力，就跟鄉間大片地產和土地持有必須清算是一樣的道理；唯有這樣，共產主義才會高枕無憂。國際情勢也是引發這些擔憂的因素，尤其冷戰威脅和北韓境內尚在進行的衝突。他多次提到必須繼續革命鬥爭。在一九五三年六月十五日的中共中央政治局會議上，毛澤東說：「過渡時期充滿著矛盾和鬥爭。我們現在的革命鬥爭，甚至比過去的武裝革命鬥爭還要深刻。這是要把資本主義制度和一切剝削制度徹底埋葬的一場革命。『確立新民主主義社會秩序』的想法，是不符合實際鬥爭情況的，是妨礙社會主義事業的發展的。」[16]

然而其中也有非常務實的考量。混合經濟雖然迅速成長，卻也面臨固有的難題。中國社會主義計畫經濟的制度於一九五〇年代中期發展出來時，黨領導人和民營企業主都看出，要在日益社會主義的經濟裡維持私人生產並不容易。這種二元經濟為詐欺、盜用公款、竊取公家物資和其他已非常猖獗的犯法行為，提供了許多機會。五反運動只能暫時處理這些弊病，因此，中華人民共和國的領導人有意提早施行社會主義計畫經濟和官方管理。與此同時，許多民營公司業主批評混合經濟，要求政府提出解決辦法。[17] 以私人企業的身分在國家支配的經濟裡營運，令他們感到困惑且前景不明，他們希望發展成官民合營企業然後在國家的管理下營運，覺得這樣是更理想、更可靠的組織結構。大體而言，與民營產業有關的這些政策，應被視為因應一九五〇年代中國經濟新興危機和畸變的權宜之策，其結果是驅使黨和企業社會主義化，而且速度比任何人最初所預期的都要快。

毛澤東不顧黨內仍在辯論，於一九五三年十月宣布「社會主義過渡時期總路線」。這一新政策決定走一九二〇年代後期和一九三〇年代史達林所擬定的發展道路，宣稱由資本主義經濟往社會主義工業化和集體化前進的轉型之路該進入新階段了。以私人所有制為基礎的既有經濟結構會退場，代之以完全由國家持有和集體持有為基礎運作的體制。同年，全國經濟計畫開始透過政府直接控制來發展龐大的社會主義工業複合體。[18]此計畫所要求採用的發展策略，旨在盡可能榨取來自農村地區的剩餘資源來資助城市重工業化。快速工業化被列為首要之務，使得農村地位低於城市，中央集權的政府也著力於根據中國的經濟需求而非社會需求來分配資源。

一九五四年《中華人民共和國憲法》的序言，體現了加速往社會主義過渡的時刻已經到來的看法。序文寫道：

從中華人民共和國成立到社會主義社會建成，這是一個過渡時期。國家在過渡時期的總任務是逐步實現國家的社會主義工業化，逐步完成對農業、手工業和資本主義工商業的社會主義改造。我國人民在過去幾年內已經勝利地進行了改革土地制度、抗美援朝、鎮壓反革命分子、恢復國民經濟等大規模的鬥爭，這就為有計畫地進行經濟建設、逐步過渡到社會主義社會準備了必要的條件。[19]

於是在一九五四年，中國自稱是個奠基於共有制和計畫經濟以發展新經濟體制的國家——西方把這類體制稱作統制經濟，因為在此體制下，是由政府所制定的經濟計畫一手決定投資、價格、所得、配額、生產目標，並將這些決定當成中央命令下達給各單位。新體制於一九五四年開始施行，氣勢旺盛地走過一九五六年的「高潮」。將所有民營工商業收歸國有的目標，到一九五六年就實現了。一九五五年中期，中國第一個五年計畫（一九五三至一九五七）通過。

中國共產黨著手擬訂國家工業化計畫和綱領時，不只能師法蘇聯，還能借鑑戰時國民政府的經驗。國民政府的計畫機構「資源委員會」，有數個副主委後來任職於中共國務院的計畫機關。但蘇聯模式的工業化極重要，蘇聯的援助亦然，因為中共在集中式經濟計畫、大企業管理，以及技術性知識和技能的取得方面，有太多需要學習。這個體制在很大程度上倚賴來自蘇聯的技術和知識。

於是，中共成立蘇聯式經濟計畫機構和工業部，以掌理預期會從農業投入新產業的剩餘資源。中共從無到有，開創了全新產業。這番努力的核心是在蘇聯專家援助下，成立一五六家由中央控制的企業。投資大多流入東北。由於先前日本的經營，東北的重工業基礎比上海、武漢等工業重鎮更加雄厚。政府開辦新工廠生產發電設備、化肥、鋼、船、機動車輛。這些規畫大多集中於上游產業，也就是將原物料加工為中間商品，供給下游產業用於製造成品的事業。這類產業與其他產業的關連性最大，因而被視為戰略產業。例如，把原油提煉為化學品、供製造業者用於生產塑膠的石油加工廠，就與下游產業有重大關連。中國的策略以重工業為優先，於是將重心擺在位於工業經濟中游和上游的產業。

引進蘇聯式統制經濟，給中國帶來一個難以克服的難題。從「總路線」發布到一九五六年一月達到「社會主義高潮」的這段社會主義改造過程，其實並不平順。中國經濟龐大、複雜且非常多元。一九四九年前，抗戰和內戰已使中國經濟高度去集中化和地區化，出現了幾乎能自給自足的不同經濟區。中央的規畫有賴於蒐集精確資料，以及為工業商擬定詳盡計畫，具體指出每樣產品所需的產量、要投入什麼資源才能讓產量達標。

接著，這些計畫的目標必須針對每個企業分別訂定。即使是一九五〇年代的中國，也有數千家工商企業。支撐整項計畫的體制由政府官僚系統運作，負責簽訂合約取得投資並管理資金分配。在某些產業，這個體制可依據民國時期立下的先例來分配資源。

鉅額投資戰略產業，導致經濟於總路線發表後大幅成長。一九五六年，高達四成八的公共預算投入工業計畫。由此產生的工業產量增長，促成國內生產毛額（GDP）大幅提升：從一九五二至一九五七年，平均成長九．二%。工業總產出在這五年期間成長翻了將近一倍，從占GDP的一七．六%增加為占三三．二%。發展重工業時，以政府的投資決定為主，讓不同產業彼此供給對方所需。到了一九五〇年代後期，重工業對工業總產出的貢獻比重，已由一九五二年的三五．五%成長為五五%。結果，工業工人階級從六百萬人成長為一千萬人，城市人口隨之增加。

但這個體制有其弱點。這波經濟發展的外溢效應極小，難以讓更廣大的人口和更廣大的區域雨露均霑。這樣的成長動用了大量資源和能源，需要龐大的資金挹注才能辦到。特別是，隨著對重工業的鉅額投資導致一九五〇年代預算赤字，中國更迫切需要增加穀物出口。也就是說農業領域得負責賺取這些投資所需的龐大資金。工業地區和農業地區在工資、生活水平、福利救濟方面日益不均，激起勞力市場上的流動，而這樣的流動只能靠嚴加管控城鄉遷徙來抑制——全面性的社會控制工程因此出現。受國家補貼的城市地區和倚賴自身資源及生產的農村地區並存，形成強烈對比，學者使用「二元社會」一詞來描述此現象。[20]

從一九五三至一九五六年，黨建立新經濟制度，取代既有的結構。這些制度創新促成了某種程度的中央集權，使經濟得以成長。計畫機關強勢推動資源轉投入工業，而在工業領域，資源能得到較具生產效益的運用，即使一個產業本身的組織效率不彰亦然。[21]轉換資源用途的確促成經濟快速成長，但這個效果主要得益於重新分配勞力和將榨取自農業生產領域的資本調往工業，而不是有技術上的創新。換句話說，此時期創建的經濟制度，是從農業徵用資源、將其轉用於重工業的榨取型制度。但這些榨取型制度未能觸發永續的技術變革，除因為缺乏經濟誘因，也因為計畫機關抗拒改變。等到可轉用於工業的資源全部轉用完，也就沒有什麼經濟成果可以收穫了。那時，中國統制經濟的成長停滯下來，缺乏創新和經濟誘因薄弱阻礙了它的進一步發展。一九五〇年代末期，中共領導人開始認識到這些約束和限制，大躍進的想法於是更令他們心動。

一九五三至一九五七年中國農村地區的集體化

一九五三年，中共決定在中國往社會主義過渡的道路上踏出下一步，揚棄新民主主義經濟政策，將剩下的城市私人財產和工業悉數國有化，然後快速導入計畫經濟體制。這一新情勢對農業衝擊甚大。考量到對工業領域的投資需要增加，找到辦法來提升農業產量就成了當務之急。一九五三年，農業生產成長不夠快，無法產出加快中國工業生產所需的龐大資本。毛澤東和其支持者一反史達林要中國保住富農經濟以免傷害生產的建議，決定為今之計是改造中國農業，而為達成這個目標，首先要創立合作社（在合作社裡，即使土地仍由個別家戶持有，大家也會主動分擔工具和工作量，而收入就靠在市場上出售農產品來創造），再來要推動集體化（等到集體化完成，所有土地均由農民集體擁有，下田幹活也有薪水可領）。集體化會把小農、小農的小塊農地和數量不多的耕畜、工具、機器統合在一塊，形成規模更大且想像中可能更有效率的結構。

合作社的想法是希望藉由在鄉村推動合作來提高農業生產力。如同毛澤東於一九五三年十月十五日的演講裡所述：

各級農村工作部要把互助合作這件事看作極為重要的事。個體農民，增產有限，必須發展互助合作。對於農村的陣地，社會主義如果不去占領，資本主義就必然會去占領。難道可以說既不走資本主義的道路，又不走社會主義的道路嗎？資本主義道路，也可增產，但時間要長，而且是痛苦的道路。我們不搞資本主義，這是定了的。如果不搞社會主義，那資本主義勢必要氾濫起來。[22]

毛澤東頻頻發表這類言論，存心挑戰黨內官僚系統對新民主主義模式原本投注的關注，並提倡揚棄漸進改造，換成採取更嚴苛且有利於快速集體化的社會與經濟發展模式。毛澤東在鄉村推動又猛又快的改變，在黨內招來了抵抗和質疑。此前，中共始終維持相對較為一致的腳步，但這時黨走到了十字路口，必須做出攸關未來發展的重大決定。黨內首度出現嚴重失和的巨大裂痕。

在高崗事件裡，分歧相當明顯。[23]一九五四年，毛澤東指控兩名高層同僚高崗（1905-1954）和其支持者饒漱石（1903-1975）為叛徒，導致他們遭整肅。高崗最初受毛澤東信賴，在國共內戰末期得到擢升，成為中國東北的黨政軍領導人。一九五二年，他被調至北京出任中央人民政府國家計畫委員會主席和中共中央政治局委員。一九五四年，高崗想要拉下劉少奇和周恩來。他這麼做有他自己的理由，同時也代表了一批心懷不滿的黨內幹部。一九四九年後，這群從根據地一路走來的元老和軍事領導人認為他們在革命時期立下汗馬功勞，不該只占有這麼少的高階職位。他們是農民出身，教育程度不高，往往無緣升遷，只能眼看著許多高階職位落入學經歷較佳的文職人員之手，而這些文職人員往往支持以劉少奇為核心、作風較穩健的一群領導人。高崗深信自己得到毛澤東支持，於是開始對付劉少奇與周恩來——但他若不是被毛澤東誤導，就是自己誤解了毛澤東的意圖。毛澤東反倒抨擊高崗和饒漱石破壞黨的團結。

有一點必須指出，即高崗事件所揭露的這類深刻裂痕，不只存在於最高層領導人之間；反之，這類失和事件不僅分裂了全黨，甚至撕裂了社會。這些裂痕出現於各層級。黨幹部與在新政府工作的官員對抗；地方幹部與從他縣派至自己村子裡的幹部對抗；城市幹部與農村幹部對抗。與地方社群有紐帶關係的幹部往往抗拒進一步的改變，較年輕的幹部則表現出很大的衝勁。社會主義建設啟動的頭幾年，並未創造出人人平等的社會，反倒只是將本就存在的緊張關係重新排列組合，創造出新的等級體系。

一九五五年三月召開的全國代表大會宣告了高崗集團的落敗，幾週後中共即通過農業集體化和工商業社會主義化的行動綱領。毛澤東已很相信小型集體農場有潛力催生出十足社會主義的農業體制。他也聲稱農業的組織性變革會提高產量，讓中國能在農業機械化達成前就往集體化邁進。他認為激勵人行動的因素，比技術和資源更具決定性，因此「生產關係」的改變比「生產模式」的改變重要。由於土改打亂原有秩序，農村情勢仍未底定，毛澤東認為眼前是「打鐵趁熱」的好時機。

他的看法明顯和近期中央委員會的決議相牴觸。中央委員會已決定等到中國有能力將農業現代化之後再施行集體化，也主張富農經濟極具生產效益，應予以鞏固並維持。毛澤東開始因為這些政策而批評劉少奇、財政部長薄一波（1908-2007）等人，聲稱應該鼓勵中農、貧農起來反對想要重新支配農村社會的富農和前地主。在毛澤東看來，只有集體化能阻止舊秩序復辟。此後毛澤東就致力於在農業中推廣互助合作組。

一九五三至一九五四年，政府的第一個措施，是鼓勵農民成立合力務農的互助組。以多種形態呈現的互助組在中國農村很常見，早已存在千百年；農民會合作收割彼此的作物，或者互相出借工具、犁或耕畜。但這種合作向來出於自願。新政府的政策則是要登記村中既有的互助組，決定各組的規模與人數，也在原本沒有互助組的地區成立這種組織。

第二個階段是把互助組改為「農業生產合作社」，原本互助組以暫借方式使用的共用器物，這時變成整個合作社的永久財產。此外，成立「高級農業生產合作社」；在這種合作社裡，農民不只共用農具，還共享所有收成；這些收成就分配給參與栽種、除草、收割的所有工作隊。合作社的規模大致仍隨傳統村落的大小而定。這類安排大多透過基層活動產生。一九五五年夏，毛澤東發表了「關於農業合作化問題」的談話，在演說中將這股基層趨勢稱作席捲鄉村的「社會主義改造的高潮」。[24]他號召來一場運動以加速往社會主義過渡，希望讓中國走上更快速的發展道路。他自信滿滿地宣稱農民會踴躍響應集體化，並說「大部分農民有一種走社會主義道路的積極性」。到了一九五五年底，所有互助組幾乎都已改組為農業合作社，也納入了大部分的貧農和中農。

毛澤東抓準時機，一九五五至一九五六年開始大力鼓吹集體化。他再度強調要整頓及協調農民的勞力，說這樣能夠促進發展。他也把此舉視為達成進步的唯一途徑，因為中國農村沒有機器和先進設備，也買不起。這時合作社已被改組為集體農場或「國營農場」，農民在農場耕種，但不擁有土地，而是根據地方幹部的計算，領取他們應分得的穀物或現金。[25]這些國營農場由兩百到三百戶人家構成，他們的工資不是由捐出土地和其他資產的數量多寡來決定，而是看他們在田裡付出的勞力多寡。集體化必須把所有農民納入其中、終止大部分的土地私有權、消滅自家農田，並把資源集中使用。富農和中農痛恨集體化，較窮的農民則往往樂見。富農的土地、牲畜、農具被併入生產合作社。因為這些重大的改變，家戶務農傳統自中國農村消失。

與此同時，一九五五年底左右，連漲五年的收穫量停止增加，經濟問題顯然就要出現。農業產量跟不上工業急速擴張所創造的需求，甚至跟不上人口增多的腳步。成長停滯，既與農村地區相較於城市地區的劣勢（工資較低、糧食供給較少、基礎設施不足）有關，也與土改和集體化的混合效應有關。中國遭遇農業供給危機，愈來愈難提供人民足夠的穀物。一九五三年，城市已開始配給，好讓合法的城市居民得到國家分配的穀物。一九五五年起，配給措施擴及鄉村，配給證發給家家戶戶。鄉村的配給額一般來說低於城市。城市地區有政府補貼，農村社會卻得仰賴自身資源和勞動力。

這一逐漸成形的危機並未促使中共重新思考或暫停既有政策，反倒成為快速步入集體化第三階段的主要論據之一，也就是展開穀物「統購統銷」制。此制度的目標是藉由控制物價來改善糧食供給。農業合作社成立之前，中國政府就已規定農民的穀物由政府統一收購，使重要農產品歸政府專賣。一九五七年後，收購項目幾乎涵蓋所有農產品；直到一九八〇年代中期才廢除此制度。農民必須滿足官方穀物專賣機關所設下的生產定額，並且把他們的作物以固定不變的低價賣出。規定的數額往往高於過去的產量。以棉布之類的低價農產品來說，國營企業給加工商品的定價偏高，工資則維持低廉且固定。由於這種定價上的系統性偏差，農業成了低收益的活動，國營製造業的利潤則高出甚多。因此這就形成一股動力，不斷驅使民眾離開農村。但政府不想見到太多農民棄農改業，於是擴大戶籍制以約束人口流動。

在鄉村，出現了一種二元經濟。農民上繳部分穀物作為田賦，並以低價將定額的穀物賣給政府後，便能保有剩下的穀物作為己用。[26]為了說服農民拿出「餘糧」，政府訴求愛國熱情，聲稱國家經濟建設和軍隊補給需要這些餘糧，而且軍中士兵幾乎全是農民。當局也指出此體制帶給農民的好處，強調能穩定價格、免去民間商人的剝削，也確保在饑荒時能提供賑濟。

但許多農民抱怨收購價格低，不願把穀物繳給國家。先前的土改政策和合作社的推行雖然也受到許多農民抗拒，至少還有一些從中得益者給予支持。但集體化，尤其是統購統銷制，增加了每一戶的負擔。鄉村發生了許多抗議政府定額收購穀物的事件，有時還傳出公開造反。[27]政府的回應是調降農民可留作己用的數量。

中國在一九五五至一九五六年社會主義改造「高潮」期間發動一場大範圍的運動，藉此迅速完成集體化，也以同樣快且出乎意料的速度將私人事業和手工業社會主義化。

到了一九五七年，農村人口已大多被編入集體農場。毛澤東無疑是集體化的背後推手。他除掉與威懾反對者，成功壓制住與他持不同觀點的同僚，一如在高崗事件中所為。但他也利用了緊接著出現的經濟危機感和瀰漫整個社會的緊張與分歧。

竟在如此短時間內就完成集體化，令領導階層既吃驚又雀躍，而此反應更促使毛澤東信誓旦旦地表示，集體化會解決掉兩個重大問題。首先是有效抑制革命前的權力結構復辟；他和其他領導人始終對此很擔心。其次是會消除土改的弊端，從而解決中國的糧食供給問題。他堅稱那些提到鄉村抗拒的報導和對農業社會改造的批評，其實都是地主和反革命分子在背後煽動的，用意是攻擊中共、推翻社會主義。

但一九五七年底的情況已很明顯，集體化未能實現承諾的目標。集體農場實際運行時遇上許多難題，因為會計手續複雜、工作分配欠缺效率、規劃較大的單位時麻煩不斷，加上成員間待遇不公而陷入困境。農業生產力停滯，產量不足以為工業發展提供資金、養活日增的城市人口（一九五七年時將近一億，一九四九年時只有六千萬）、供給工業製造業者所需的原物料（例如棉花和油籽），也不足以轉換成進口工業產品所需的外匯。28 黨和社會普遍大失所望。許多人開始懷疑經濟計畫與集體化制度在中國是否行得通。隨著農民無視戶籍限制到城裡謀生，鄉村外移人口大增。這些負面情況也加深了毛澤東與領導階層某些年輕成員，以及與劉少奇、周恩來等資深領導人之間的分歧。前者堅持要靈活應變、動員群眾、迅速做到經濟轉型，後者則強調必須慢慢過渡到社會主義、中央統籌計畫有哪些好處，以及蘇聯經驗的成功與失敗之處都有必要借鑑，不可偏廢。就在這個緊繃情勢中，開始有令人不安的新聞報導從莫斯科傳來，令中共領導階層的焦慮有增無減。

社會主義陣營的危機

一九五六年二月，蘇聯領導人赫魯雪夫以前所未見且出人意表的爆料，震驚社會主義陣營。在蘇共第二十次全國代表大會上講話時，他花了很長時間揭發史達林如何殘忍、恐怖、搞個人崇拜、偏離馬列主義原則。赫魯雪夫揭露史達林的一些罪行（大多是以捏造的罪名恣意逮捕黨員），等於打破了共產主義體制給自己打造的絕不可能犯錯的形象。蘇聯共產黨已偏離正道數十載，以及全球共產主義者所景仰的「偉大領袖」可能親自害死眾多無辜者一說，令共產主義者和世界各地的共黨支持者震驚不已。共產主義體制正當性的基礎就此受到動搖。接著，史達林之死所帶來的「解凍」，暴露了社會主義陣營內部的緊張關係，使他的龐大帝國四分五裂。此後的十五年是全球共產主義史上最紛擾不安的年代之一，也是冷戰最危險的時期。世界危危顫顫地走在核戰爆發邊緣。

那一天，鄧小平人就在莫斯科。他是赴莫斯科參加蘇共第二十次全國代表大會的中國代表團團長。[29]跟其他參加此次大會的外國領導人一樣，鄧小平並未獲准出席赫魯雪夫發表上述談話的那場不公開會議，但隔天獲准閱讀演說文。鄧小平立即看出此篇演說文對國內與國際的重大影響。他意識到針對史達林的猛烈批評會波及那些與史達林同陣營的人，結果不只會削弱蘇共的權威，也會削弱其他共黨的權威。他指派兩名口譯通宵翻譯演說文。在毛澤東有機會決定要如何回應前，他也一直謹慎避免提及演說內容。果然，當鄧小平回到北京並向毛澤東報告這次談話，毛澤東立即大感苦惱。畢竟，加諸史達林身上的許多批評，毛澤東也難逃脫。

赫魯雪夫披露史達林罪狀一事，令毛澤東和中共領導階層深感不安；他們意識到全球情勢已改變，中國將因此面臨嚴峻挑戰。赫魯雪夫不僅批評史達林的統治，同時力主改革的「新路線」，而且不久後這些改革即落實於蘇聯和東歐。改革內容包括鬆綁集體農業、允許小型私人企業存在，以及在某些國家以共黨集體領導制取代所謂的「小史達林們」——包括東德的烏布利希（Walter Ulbricht）、波蘭的貝魯特（Bolesław Bierut）、匈牙利的拉科西（Mátyás Rákosi）這三位史達林信任的盟友。赫魯雪夫也想要終止凶狠的階級鬥爭；在國際事務方面，他認為與西方和平共存有其可能。他希望藉由限制軍備競賽和揚棄暴力，社會主義陣營能化解內部歧見、鞏固政權、守住地盤，並且發展經濟。

最初，受蘇聯新政策衝擊最劇烈的是歐洲，即共產主義控制力最薄弱的地區。後史達林時期開啟的普遍鬆綁氣氛，讓民眾勇於公開訴苦、表達不滿。早在一九五三年，史達林剛去世不久，捷克斯洛伐克即有工人抗議工資太低、缺少自由和蘇聯支配。不久後，東德境內出現了更嚴重、範圍更廣的動亂。政府迅速以暴力鎮壓示威罷工，但工人如願爭取到了較高的工資。一九五六年六月，更大的危機出現於波蘭。跟在東柏林和比爾森（Plzeň）情況一樣，首先展開抗議的是工人。生活水準低是民怨的根源。波蘭勉強避開了蘇聯的干預，但一九五六年秋天匈牙利爆發類似抗議時，蘇聯就出兵鎮壓了。起初，抗議活動並未要求結束一黨專政，只要求修正。但不久後抗議者就要求匈牙利退出華沙公約組織、創立多黨人民陣線政府。

抗議活動引來的鎮壓極為嚴酷。十一月四日，華沙公約組織部隊進入匈牙利，遭遇強力抵抗；數千人喪命，另有更多人被捕。這場暴力鎮壓幫助鞏固了東歐的共黨政權；東歐是史達林去世引發動蕩後頭一個穩定情勢的地區。但這些政府無法光靠重拾先前的治國方式來因應新局，於是接下來的十年都在尋找共黨政權與社會之間較可行的妥協之道。一九五〇年代後期起，大部分東歐政府都選擇一種較開明、較不嚴厲的共產主義形式。例如匈牙利在經過一段壓制期後，成為共產集團裡最溫和的國家之一。但還要再過一段時間，社會主義陣營裡的紛擾才會真正平息。赫魯雪夫所釋放的力量強大，歐洲要遏制這股力量並不容易。

眼看著波蘭、匈牙利的工人，以蘇共第二十次全國代表大會上揭露的史達林罪狀來證明共產主義行不通、想趁此推翻共黨政權，中國領導人心裡愈來愈驚恐。[30]一方面，與史達林關係向來不穩的毛澤東，樂見史達林的錯誤受到批判，特別是他那些判斷失誤的對華政策。另一方面，毛澤東認為因為去史達林化而問世的蘇聯「新路線」走錯路。然而擔憂毛澤東獨攬大權的中共諸領導人，並未抱持和毛一樣的看法。他們認同赫魯雪夫的演說，也歡迎他推出的新政策，尤其是堅持集體領導原則這一點。他們支持「新路線」和解凍政策的穩健作風，主張中國也該修正或放慢快速集體化的政策。毛澤東並不同意，後來也抱怨他的看法在一九五六年被許多黨領導人無視。

此外，對於始終擔心黨失去支配地位的毛澤東來說，東歐的民亂顯示了未來的嚴峻危機。一九五六秋冬，集體化和施行計畫經濟所導致的民怨日益高漲，在中國已能感受到全球情勢改變所帶來的衝擊。鄉村到處可聽見對糧食供給不足的不平之鳴。中國祕密警察緊盯著要求改善工人待遇、更加民主、言論自由的民眾示威，並向上級回報相關動態。河北、河南、山東的旱災，使情勢雪上加霜。平均氣溫逐漸上升，暖化趨勢日漸衝擊中國，尤其是西部與北部，而且冬季氣溫上升最為顯著。一九五〇年代起，中國北部年降雨量減少，導致春夏旱災更常發生。[31]面對農業體制受到這些衝擊，加上農民反抗未停，政府發覺穀物配額制愈來愈難以落實。一九五七年，更多農民湧入城市以逃避在新合作社的艱困生活，並且在成長快速且因為政府政策而工資持續飛漲的國營工廠尋找工作。整個中國的情勢都非常緊張。於是，夾在整個東方集團改弦更張所帶來的壓力、中國普遍惡化的國內經濟問題與日益嚴重的環境衝擊之間，黨面臨了一九四九年建國以來最嚴峻的危機。

毛澤東深信中國需要在國內和國際上都重拾衝勁。從一九五六、一九五七年的諸多重要談話和文章，可明顯看出他非常積極尋找脫困之道。他在談論中國政治時著力於表述語言和框架，這讓他掌握了莫大的影響力，成功將黨的政治路線扭向左轉。他的「論十大關係」談話（一九五六年四月二十五日），以具有說服力、條理井然、批判性的口吻，檢討了蘇聯模式。他強調中國不應盲目照搬外國模式，而應滿懷自信地走出自己的路。[32]

他也描述了革命與反革命的關係，一開頭就定調革命和反革命是正反對立的。他預言，在社會主義社會裡，革命—反革命的矛盾會持續存在。儘管這類矛盾被視為帶有敵對性質，卻能夠加以改變。換句話說，如果社會條件和政策得當，就能把反面（反革命）轉換為正面（革命）。毛澤東說：「由於我們採取了正確的政策，現在就有不少反革命被改造成不反革命了，有些人還做了一些有益的事。」

將近一年後的一九五七年二月二十七日，毛澤東發表了一場談話，標題是「關於處理人民內部矛盾的問題」。[33]他再次提出先前的論點，而且經過修正，更為完備。毛澤東的中心論點，依舊是矛盾持續存在於社會主義之下。一開始，他區分「敵我矛盾」和「人民內部矛盾」。毛澤東所定義的「敵人」不明確且會變動，因為人民與其敵人的界線並非絕對。他盡量不訂定明確的規則和嚴格的法律，因為他知道在某些情況下，友能變成敵（如後來連黨員都被指控為右派時），敵能變成友（不過發生頻率遠低於前者）。然而在某些方面，「人民的敵人」身分不會變：尤其一九五〇年代後期起，階級成分原則上是世襲的，因此像是地主的小孩，就被視為地主階級的一分子。

這些談話在前後不到一年的時間裡陸續發表，裡面包含許多老早就已成為毛澤東思想特色的內容，例如強調思想的作用、動不動就把階級成分與政治想法掛鉤的傾向，以及認定鬥爭非做不可的心態。但是這些談話與其他談話的分別在於充滿一種不確定感：毛澤東警告說，「社會主義和資本主義之間誰勝誰負的問題還沒有真正解決」。他斷言，階級鬥爭必須再進行一段時日，即使在社會主義下亦然，而且革命必須加以重振與強化。他表明，他所提倡的不是「解凍」或和平共存，而是日益深化且加劇的革命鬥爭：

調動一切積極因素，動員一切可用的力量，是我們歷來的方針。過去實行這個方針，是為了人民民主革命的勝利，為了結束帝國主義、封建主義和官僚資本主義的統治。現在為了新的革命——就是社會主義革命——建設社會主義的國家（我們在實行這個方針）。不論在革命中間，或者建設中間，同樣應當實行這個方針。[34]

他也將上述主張應用在國際事務上，提倡嶄新且更具侵略性的政策目標。在對內及對外的政策上深化革命，是毛澤東所提策略不可或缺的一環，並且使中國的社會主義得以捱過危機。但與此同時，這個策略也使中國與赫魯雪夫的「新路線」、與出現於東歐那種開明且較為人道的社會主義，分道揚鑣。

一九五七年，蘇聯把史普尼克（Sputnik）一號衛星發射到軌道，在太空競賽上領先美國之後，毛澤東說出了「東風壓倒西風」的名言。他主張社會主義陣營不遜於西方國家，應動員起來壓制美國帝國主義。中國也敦促赫魯雪夫治下的蘇聯在與資本主義的較量中重占上風。赫魯雪夫婉拒後，中國於一九五八年在臺灣海峽挑起小規模交火。毛澤東估計他的人民解放軍攻擊金門和馬祖列島，不致挑起國際戰爭、乃至核戰；他推斷美國政府會袖手旁觀。結果相反，艾森豪總統揚言如果中國揮兵入侵金門，美國已準備好動用原子彈反制。在美、蘇雙邊施壓下，中國政府結束了在臺灣海峽的攻勢。這次事件導致中蘇關係更加緊繃。

對內，在毛澤東建議下，中共決定發動百花齊放運動，鼓勵更多的坦誠相對。[35]一九五七年二月二十七日，毛澤東在一場談話中鼓勵各界公開批評黨，發出「百花齊放、百家爭鳴」之語。知識分子最初不願公開發言，但數月過去後，許多人開始表達對時局的看法。百花齊放運動是毛澤東對赫魯雪夫「解凍」政策的回應，也是對中國和整個社會主義陣營在國家社會主義下面臨官僚壓迫、停滯不前之現實狀況的回應。他深信中國的情況不同於蘇聯與東歐，因為中共對中國的知識分子已施以再教育。他認為知識分子已斬斷其資產階級和殖民主義的根，轉向社會主義的世界觀，因此可以指望他們對中共公開提出有用的批評。他們能針對如何糾正官僚統治的弊病提出建議，把黨帶向嶄新且更高水準的「革命成就」以「服務人民」。並非每個人都這麼樂觀：其他領導人認為中國的知識分子仍是資產階級，不該鼓勵他們發表對中共的看法，更別提公開批評中共。但毛澤東不讓步。一九五七年五月，百花齊放運動在長達一個月令人振奮且驚奇的公開辯論中達到高潮，而辯論中的種種觀點，完全坐實了懷疑者的擔憂。

許多知識分子和少數黨領袖終於敢公開抒發己見，而且批判的深度大出毛澤東意料。有人說黨太霸道、權力太大；黨急著把權力抓在手上，但治國能力不行。比方說下面這段《光明日報》總編輯的看法：

> 這幾年來黨群關係不好，而且成為目前我國政治生活中急需調整的一個問題。這個問題的關鍵究竟何在？據我看來，關鍵在「黨天下」這個問題上。我認為，領導國家並不等於這個國家即為黨所有，大家擁護黨，但並沒忘了自己也還是國家的主人……在全國範圍內，不論大小單位，甚至一個科一個組，都要安排一個黨員做頭兒，事無鉅細，都要看黨的顏色行事，都要黨員點了頭才算數，這樣的做法，是不是太過分了一些？……這幾年來，很多黨員的才能和他們所擔任的職務很不相稱，沒有做好工作，而使國家受到損害，又不能使人心服，加劇了黨群關係的緊張。[36]

有個學生直率批評中國沒有民主：「真正的社會主義應該是很民主的，但我們這裡是不民主的，我管這個社會叫做在封建基礎上產生的社會主義……我們不要以為共產黨用整風的辦法，採取改良主義的辦法，向人民讓點步就夠了。」[37]許多作家和藝術家抱怨必須遵守狹隘的美學規則及不斷受到審查制度騷擾。法律學者抨擊法制薄弱，要求司法與黨脫鉤並強化法院體系。對毛澤東的個人崇拜也受到批評。簡而言之，知識分子並沒有按照黨的希望，針對應該如何漸進改良共黨統治提出建議，反倒跟東歐的情況一樣，要求更大幅的政治變革，甚至要求多黨制和民主選舉。

毛澤東和黨內其他人大為震驚，迅即出手終止這波批評。他痛斥那些雖然已消除資本主義成分、但顯然未能抹除其階級出身的資產階級知識分子，並發起懲戒運動以剷除知識分子和幹部裡的右派（因為也有不少忠貞的中共黨員提出一些中肯的改良建議）。反右運動於六月展開，並持續到一九五九年。那些曾發言批評者，不管動機為何，都遭到譴責和懲罰；許多根本未出言批評者亦然，成千上萬人被送去勞改。中國的知識分子和專業人士無論黨內外，都受到威脅和恐嚇。毛澤東表示，他估計高達一成的知識分子思想右傾，暗地裡反對社會主義；許多中小學、大學及報社因此認為應該把一成的員工通報為右派。毛澤東找來鄧小平主持反右運動，總共約有五十五萬名知識分子在此波運動中遭扣上右派之名。百花齊放運動期間，鄧小平力促地方黨官傾聽批評、切勿反擊，但有些知識分子在批評那些努力應付艱困任務的官員時，語氣傲慢且立場不公，令他大為苦惱。反右運動期間，鄧小平大力支持毛澤東捍衛黨的權威與攻擊直言批評的知識分子。

隨著毛澤東欲深化國內外革命的舉動傷害了中國與蘇聯的關係，日益激烈的爭執和互相指責終於導致中蘇於一九六〇年決裂。赫魯雪夫撤回了派去中國的蘇聯顧問。[38]中國新聞媒體刊出譴責「蘇修」的文章，挑明赫魯雪夫就是修正主義者。一九六三年起，毛澤東開始公然指控莫斯科背叛社會主義，同時說中國是社會主義的安全庇護所，也說他自己才是真正的馬列主義捍衛者。中國把蘇聯企圖主宰其他社會主義國家之舉稱作「霸權主義」，把莫斯科有意在開發中世界取得影響力的作為說成「社會帝國主義」。中蘇決裂致使中國同時與世界上兩大超級強權為敵；中國日益孤立，處於不穩定的情勢中。

三面紅旗

一九五八年，中國突然發動「三面紅旗」運動，三面紅旗是社會主義建設總路線（一九五三年毛澤東所提出的綱領）、農工業生產大躍進運動（一九五八至一九六〇年）和人民公社的統稱。社會主義建設總路線是指「鼓足幹勁，力爭上游，多、快、好、省地建設社會主義」這項指示。隨著新聞媒體傳播「速度是總路線的靈魂」這個中心思想，大躍進於是成為此理想的典範化身。總路線扮演指導思想的角色，大躍進則是具體政策，人民公社是落實該政策的主要手段。[39]

毋庸置疑的是，由於諸多力量與意圖複雜交混——這些力量與意圖並非都是出於意識形態——導致中國在一九五〇年代後期把三面紅旗高舉為化解危機之道。毛澤東明擺著與蘇聯不和，也不認同蘇聯發展模式在社會與政治上能起的作用。此時，他公開否決蘇聯體制及其長期規畫、高度社會分層、大內閣集權控制等內容。蘇聯模式主張，政府必須設法取得多餘的農產品，用於滿足城市發展所需。這個模式於一九二〇年代後期推出時，在蘇聯或許可行，但中國的情況大不相同。中國必須先構思一個可以生產出多餘農產品的方法，然後抽取其中大半，用來投入城市成長。蘇聯模式也建立在關於能源業、運輸業的假設上，而那些假設完全不適用於中國一九五〇年代的現實情況。中國由於快速工業化的緣故，在運輸、能源和營造材料上都面臨瓶頸。到了一九五〇年代中期，官僚系統裡已有許多人開始體認到，總路線的施行可能會壓垮經濟體系。他們根據自己的日常工作心得，推測中國要花很長的時間才能取得施行計畫經濟所不可或缺的技術知識。

在俄國，工程師和專業技術人員所占的人口比例，遠比中華人民共和國教育體系能培養出來的高出許多——這個知識差距要花數十年才能消弭——然而如果沒有這些工程師、數學家、技術人員與計畫人員，計畫經濟根本搞不起來。考量到中國廣土眾民、情況複雜、發展不均，認為中國能迅速發展出蘇聯式體制，從來就是不切實際的看法。中國的蘇聯式計畫機構無法克服這些難關。企圖在中國複製蘇聯發展策略之舉，遭遇到重大的結構性阻礙，造成經濟普遍不穩。

毛澤東決定發動三面紅旗運動，希望一舉躍上共產主義階段，一次解決這些難題。雖然國內外政治因素是此政策的核心考量，但社會經濟的大環境也有重要影響。中央計畫統制經濟體制模式的經濟表現、該模式所加諸的限制，以及該模式助長決策僵化情況且帶有技術官僚心態，讓毛澤東很不滿意。他認為這個體制太綁手綁腳，使工業和農業無從大展身手。他深信中國想發展起來，從動員人民下手，要比擬定由上而下的計畫明智得多。大躍進於焉誕生。此運動旨在另闢蹊徑，使中國的發展水準超越英國之類的工業經濟體。

大躍進常被說成流於空想而不切實際，但這個運動卻追求兩個並非不切實際的具體目標：為中國的糧食問題找到新的解決之道與加快工業化。領導階層一再宣告，增加糧食供給會出問題，因為那只會讓農民保存與消耗更多糧食，而不是賣更多糧食給國家。與此同時，人口也在成長，從一九五〇年的五億五千萬增為一九六〇年的六億七千萬，多了一億兩千萬人要餵飽，於是穀物存量在一九五〇年代中期減少到了危險程度。一九五〇年代後半期的天災，只是讓情況雪上加霜。但毋庸置疑的是，一九五八年秋天展開的大躍進計畫，其本意是一種擺脫危機的嘗試、一種希望改善農村社會生計的新作為。

強大的黨宣伴隨著大躍進發出。官員報告著重於人民公社體制下新農村生活的前景。這些新制度集結眾人的勞力和收入，進行精準運用，預計將取得在大躍進之前不可能達到的增長。[40]人民公社會集工業、農業、貿易、學習、軍事於一體，從而為深處內陸、遭到忽視的區域帶來發展。透過公社組織達成合作，被視為解決過去困擾中國農村社會那些問題的關鍵。於是，公社接到指示展開大型水利工程、建小工廠、製造能增加農村收入的產品。公社也承諾提供社會福利給村民，像是經營醫院和學校、照顧公社裡的老殘人士。家戶編入生產隊，數個生產隊構成生產大隊，數個生產大隊組成公社。每一級組織都肩負某些任務。生產隊掌管具體的農活，生產大隊掌管小作坊和小學，公社負責大型土地開墾工程，以及成立和管理醫院、中學、小工廠與其他副業。

公共食堂接手管理糧食，而且大躍進剛開始時，某些地方的公共食堂提供免費或得到高比例補貼的三餐。儘管集體農場受到抵制，黨還是毅然決然推動設立大型軍事化公社和集體食堂──不只是因為它們更具生產力，也因為它們實現了共產主義的承諾。大躍進的長遠社會目標，是透過公社降低城鄉、勞力者與勞心者、以及工人與農民之間的差距。到了一九五九年，全國已成立兩萬四千個公社，每個公社由兩千至兩萬戶組成。不久之後，黨判斷這些公社太大、成效太差，於是將它們分割為更小的公社。一九六三年時，全國有七萬四千個公社。文化大革命過後，公社的平均規模再度擴大，因此到了一九七八年時，公社總數已減為約五萬三千個。

政府的動員方法是勸說企業和地方幹部各出奇招，激勵工人將產量增加至前所未有的水準。大型公共工程是大躍進運動不可或缺的一環，大型灌溉系統也建設起來。政府要村和小鎮自建小型工業熔爐，以提升鋼鐵產量；同時鼓勵較大的企業丟掉既有計畫，以更加雄心萬丈的計畫取代。此舉的目標是利用人力而非機器或資本（這兩者中國都不具備），快速建立更具生產效益的現代基礎設施。許多工程雖然構思不周且傷害環境，卻能同時動員數百萬人投入大型煉鋼廠和離家甚遠的其他工作地點，時間長達數月。為了趕上西方，大型公共工程的目標是在一年後將鋼產量從五三〇萬噸倍增為一〇七〇萬噸。村子碰上建材和柴薪短缺時，就拆房子和店鋪。毛澤東盛讚這些作為，並且建議把舊鐵軌也拆掉：

要拚命幹，「拚命幹」三個字下面要加著重號。上海有十多萬噸廢鐵回爐。要大收廢鋼廢鐵，暫時沒有經濟價值的鐵路，如寧波、膠東線，可以拆除，或者搬到重要地點去。首先保證冶金設備——高爐、平爐、軋鋼機，以及發電機和重要鐵路、重點工程、車床、吊車。要向幹部和人民講清楚，首先保證幾件大事，才是萬年幸福。[41]

工業產量由地方政府單獨設定更高的目標，不再由中央計畫機構與其他經濟部門進行協調。[42]由於沒有機制來協調各層級的這些經濟決定，整個生產鏈很快便問題叢生。一九五八至一九六〇年間，中國既沒利用經濟計畫、也沒利用市場來協調其經濟發展。結果工業生產暴跌，資源破壞嚴重。有用的鋼鐵製品被丟進土法煉鋼爐熔掉，製造出大量無法使用、品質低劣的鐵。被鼓勵自建這類煉鋼爐的地方人民，砍掉自家附近的森林以取得木柴，為了造出不合標準的金屬累垮自己。新闢的大型營造工地也耗掉大量水泥，因此幾乎沒有水泥可供規劃更周全的工程使用。工業產量陡降：一九六一年人均GDP縮水了一成七。[43]一九六〇至一九六一年降臨中國的經濟悲劇完全是中國自己造成的，也讓一九五〇年代的成就化為泡影。

在農業領域，為了增加產量而有的類似作為，也導致三年歉收（一九五九至一九六一年）。大躍進有意汰除家庭這個生產單位、家人居所和禮俗單位，以龐大、現代化、軍事化、有紀律的勞動結構來取代。但新問題出現了，其中最顯著的或許是人不再積極幹活一事。農民被編入有公共食堂的大型公社之後（好讓更多農民投入規劃不周的大型營建工程或下田幹活），看到不做事的人吃的食物跟最賣力幹活的人一樣多。沒什麼人願意為群體的福祉賣力幹活，農業產量隨之劇降；許多公共食堂糧食耗盡，經營不下去。地方的黨書記迫於壓力而訂出不切實際的糧食產量指標，卻又不得不在生產無法達標時搬空當地的糧倉以達成訂下的指標，當地居民因此缺糧挨餓。當環境危機加重，尤其是一九五九至一九六一年降水量失常導致缺糧狀態擴大時，浩劫降臨，鄉村的情況迅速惡化到無法收拾。

一九五九年初，數個省分遍地饑荒，大多是華北省分；到了隔年，饑荒已成為全國性危機。[44]河南、甘肅、安徽、貴州、青海、四川諸省災情最慘。一九六〇年一月至四月間死於饑荒的人數最多，當時所有糧倉一空，新收成尚未補上。當農村饑民開始吃起田裡尚未成熟的作物（稱為「吃青」），顯然已不可能有足夠的作物可以滿足規定的收成數

圖8.2　河南省人民投入政府號召的全民煉鋼（土法煉鋼）運動。
張青雲攝於1958年10月中旬。
來源：Wikimedia Commons

額。沒作物可吃後，農村居民改吃樹皮、玉米稈、根、麥麩、野生植物，以及昆蟲、蛇、蟾蜍。還有人搶劫公家糧食和儲糧室、攻擊政府機關、發起暴亂。在饑荒區的村子，村民眼看再也找不到能吃的東西，便想方設法逃到糧食供給較佳的城市。這些難民大多在路上和轉運站遭軍警攔住，被迫折返。為了阻止饑荒消息傳開，關於鄉村災情和難民狀態的消息都遭封鎖。

一九五九年，毛澤東通常似乎很願意相信那些好得離譜的績效報告，但有時似乎又會懷疑官員是不是害怕忤逆他或告訴他壞消息，而刻意說些天花亂墜的好話。毛澤東一再要求幹部據實以報，而他們偶爾真的這麼做時，只要不危及他的領導地位，他就會盛讚他們毫無隱瞞。雖然一定有許多報告提到嚴重的缺糧問題，但他和其他領導人大概不清楚饑荒的嚴重程度。一九六〇年十月，毛澤東終於收到一份據實說明信陽大批民眾餓死的報告。不到一個月，調查組就下到諸省記錄死亡人數。一九五九至一九六一年是饑荒最嚴重的三年，罹難人數如今已無從得知。大陸官員彙整的統計資料，估計有一千六百萬至一千七百萬人死於不尋常因素；外國分析家的估計數字則高達四千五百萬人。公認最可靠的估計則顯示有兩千七百萬至三千萬人死於大躍進。[45]

已有學者指出此一浩劫的諸多成因。首先，無所不在的政治化導致人的認知偏差、出錯、扭曲。地方黨官有了百花齊放運動的教訓，不敢據實報告死亡人數。直到一九六〇年初，災情的嚴重程度才公諸於世，那時情況已不可收拾。一九五九年秋天幹部又一次上報了誇大至極的生產績效，而這些績效又被當作依據，用來提出新一輪不切實際的假設和計畫。例如在日期標為一九五九年十一月二日的一份報告中，農業部保證當年收成會大好，但其實那年的產量比前一年少了一成五。毛澤東看過這份興高采烈的報告後，認為可以相應大幅調高穀物徵購量，於是要求鄉村拿出五百五十億公斤穀物以加快工業化，無視此舉會導致鄉村人民配給額減少。由於把一九五九年的糧食收購比例訂得這麼高，留給鄉村居民的糧食也就不多。中國甚至繼續賣穀物給蘇聯，以換取外匯和工業設備。

第二，黨內鬥爭和紛爭使大躍進政策無法得到修正。一九五九年夏，政府認識到這個激進計畫在製造問題，所以改推行較溫和的版本，並由毛澤東親自指導整頓運動。鑑於民心普遍反對公社且有傳聞說糧食嚴重短缺，在一九五九年七月至八月上旬召開的廬山會議上，許多與會代表支持延長及擴大整頓。但當彭德懷指出種種嚴重問題和饑荒的普及程度，毛澤東視此舉為直接挑戰他的領導地位，於是開始攻擊彭和其盟友，給他們扣上「右傾機會主義反黨集團」之名。看到毛澤東把彭德懷斥為黨的叛徒之後，便無人敢質疑大躍進政策明智與否。新上任的國防部長林彪在廬山會議上盛讚毛澤東的領導，還說他的想法絕無謬誤，私下卻說：「大躍進，憑幻想胡來，是蝕本生意。」[46] 這時，黨內的協商和多元幾乎瓦解。任何提出批判的領導人都遭整肅。

第三，有一種非常盛行且流於天真的想法認為，快速的國家社會主義革命有可能實現，而且會成功讓中國現代化。這股樂觀心態的背後，是一種極端現代主義的盲目信仰在支撐，認為進步是必然的：重工業、新發明、大型公共工程都會實現；雄心勃勃的營造工程、高生產力和豐富資源也都會到手。在中國的社會主義環境裡，這種盲目信仰幻化為一個令人嚮往的未來，可藉由基層群眾動員結合集體化的效率和戰略清晰的五年計畫來達成。

最後，人力從農業大規模轉移到工業，造成無法收拾的失衡，尤其是人口成長、生態危機、穀物出口，以及一九五八年秋冬和一九五九年公共食堂浪費糧食，讓情況更加惡化。大躍進時期的快速都市化，使有資格領取城市配給的人數增加了數百萬，也令糧食供給體系大為吃緊。一九五七至一九六〇年，農業勞動力減少約三千三百萬人，農村的非農業勞動力（大多用於大規模掘土計畫）則增加超過五千萬，城市人口增加了將近兩千萬。政府必須餵飽這七千萬非農業的新工人。這個問題的解決之道就是戶籍制。一九五八年戶籍制擴大施行於鄉村，迫使農民留在居住地。此後，人口政策便成為減少城市多餘勞工和使國內流動工人定居未開發農村地區的重要工具。此政策旨在協助解決城市失業、工作生產力低之類的經濟問題。跟蘇聯一樣，中國農村人口也無法享有政府給城市勞動人口的適當住房供給、糧食配給、醫療保健等保障，而且政府還不遺餘力地阻止農民脫離此不幸境遇。儘管施行戶籍制，一九五八至一九六〇年中國城市人口的增加幅度卻達到歷史新高，農村人口的急切掙扎可見一斑。

長久以來學者一直以為，民間對大躍進幾乎毫無抵抗；而這若不是因為國家公權力強大，就是因為中共據說頗得民心普遍支持。直到最近，此看法才改觀。根據局部開放取閱的檔案資料，快速集體化、大躍進和饑荒都曾激起種種反對行動——即使此時中共政權仍持續有基本盤在支撐——也包括救世團體的行動。大躍進時官方剝奪人民權利所激起的日常反抗，確實大多以懶散拖拉的行徑表現出來。人民隱藏收成的穀物、在黑市做買賣、暗中搬遷到外地。不管是訴諸公然的反對，還是只出於純粹的需求或絕望，許多人都不得不規避、破壞、操弄或無視官方政策。偷竊、詐欺、走私、離開都是抵抗官方強制實施集體化的辦法。[47]大躍進所造成的饑荒也造成一股民間宗教潮，其中救世團體也更加活躍。更重要的是，在此緊要關頭，這些教派的末日思想傳播得更廣了。

大躍進帶來的立即後果是資產浪擲和生靈塗炭，但這個運動也有極度重要的長期影響。在基層，村民只能自己想辦法捱過饑荒，努力求生。共產黨許下社會主義國家會根除貧窮、不讓路有餓莩的承諾，但此時的所作所為令人民對黨大失所望。中共已然開始動搖的正當性，因為大躍進一敗塗地又被削弱許多。饑荒結束後，黨仍無法走出因官方決定向饑餓農民徵購穀物而導致的正當性危機。受苦的農民抗拒公社和集體化，深信這些制度掠奪民脂民膏，無力保護他們或防止饑荒再臨。他們所希望的，乃是官方保證未來不再讓他們挨餓，但黨國統治階層不願或無力做出保證。社會主義中國的問題只有惡化，沒有改善。

在近來的論著中，把大躍進與二十世紀的其他大規模殺人事件相提並論——尤其是納粹屠殺猶太人或蘇聯清洗富農——已是司空見慣。納粹大屠殺期間，歐洲猶太人遭以有計畫且充滿種族歧視思想的手段集體殺害。史達林想剷除富農階級，於是對富農發起類似有計畫的暴力行動。就納粹大屠殺和清洗富農而言，當權者出於政治或種族歧視理由而殺害特定群體的意圖非常明確。相反的，毛澤東發動大躍進，並非出於殺光一部分人口的意圖。這場饑荒源於盲目的理想追求和導致嚴重經濟誤判的不理性樂觀。就大躍進來說，上千萬人死亡是結果，而不是目標。無心造成的後果和有計畫的集體殺害，兩者在道德上有很大的差異。但是若要為這場驚人的浩劫究責，毛澤東和黨都難辭其咎。

毛澤東無意讓農民挨餓，但每當必須決定要援助鄉村還是城市、農民還是工人時，黨和政府都擺明優先為城市地區著想，心裡暗自同意必須有數億人要受苦。

第九章

打倒一切

一九六一～一九七六年

CHAPTER 9

大躍進以失敗收場，中國經歷短暫的休養生息，而後又陷入更混亂的無產階級文化大革命。短短三年後，黨就在一九六九年中共第九次全國代表大會上宣布文化大革命已取得勝利，但文革實際上支配了整整十年，因而可分成三個階段。第一個階段為期兩年，始於一九六六年，止於一九六八年（但其實早在一九六二年就露出端倪），主要展現形式有群眾運動、公開造反、紅衛兵群眾大會和街頭戰鬥。第二階段始於一九六八年後半，止於一九七一年底，重心放在紅衛兵下鄉、人民解放軍掌權、「清理階級隊伍」期間的集體暴力肅清。第三階段始於一九七一年，止於一九七六年，以林彪叛逃後的正常化和鞏固為主軸。這三個階段構成文革十年。

雖名為文化大革命，此革命並非只限於文化領域，反倒應該說這是一場暴力且具有革命性的群眾運動，以「橫掃一切牛鬼蛇神」和「把無產階級文化大革命進行到底」為目的。文革揭櫫的目標，是「打倒一切」和進行「全面內戰」。[1]支持務實與溫和整頓的領導人，尤其劉少奇、鄧小平，都必須推翻。這場大亂的幕後主使者是毛澤東，但事情不是他獨力完成的。他在黨內得到許多人支持，而且有件事令人驚愕，連他自己都感到意外，即是當他公開號召人民「造反」、「破四舊」、「炮打司令部」時，有無數人響應，針對新中國的各項制度發動了一場長期革命。這些行動鮮活地展示從一九五〇年代開始累積的緊張情緒，到此時終於爆發開來。無產階級文化大革命沒有像大躍進那樣造成大災難或饑荒，然而對中國政治、社會的整體衝擊卻無所不及、充滿暴力與破壞性，而且不僅是文革期間，在文革結束後仍然持續多年。

從災難中復原

一九六一年初，收回大躍進政策已是勢在必行。一九六一年一月，中共八屆九中全會（第八屆中央委員會第九次全體會議）正式通過「調整、鞏固、充實、提高」國家經濟的方針，但並未正式批判整個大躍進運動。中共承認犯了錯，卻一直沒有正式否定大躍進政策。一九五九年開始擔任國家主席的劉少奇，與鄧小平受命掌理經濟。新領導班子在總理周恩來於一九六三年提出的「四個現代化」目標領航下，著手逐步穩定中國經濟。[2] 周恩來提倡中國應集中發展「現代農業、工業、國防、科學技術」的觀點。四個現代化政策是為因應大躍進所造成的諸多問題而生。歷經三面紅旗運動後，此政策轉而致力於重振科學技術，在經過改正的共產黨領導下恢復官僚治國。政府將可說是大躍進特徵的大工程規模縮減，恢復農業產量，著手控制通膨，也把反右運動期間遭攻擊的工程師、科學家和其他知識分子找回來，回復原職，修補經濟。中國再度尋求國際合作，一改大躍進時中國因國際處境孤立，加上與蘇聯關係日益緊張而不得不只倚賴本國技術的做法。一九六四年法國對中國的外交承認，就是一九六〇年代這一向外轉政策的產物。一九八〇年代造福中國的基本改革方針，其實一九六四年時就已付諸討論且實行，只是後來因文革爆發而中止。

整頓期間經濟政策的具體方案，由以下諸做法構成：平衡預算、以財政指標為依據管理經濟、消除預算外的經費、追求緩和而永續的成長、控制通膨、同意以地方市場補強計畫經濟。經濟復原事宜雖仍由中央規劃，但有一項重大改變。此時政府對經濟的規畫和控制，大多是透過貨幣政策，在省和省以下的層級進行，不再由北京中央一手操持。大躍進災難所帶來的影響之一，是省和地方反對中央極權，要求對國家政策的形成有更大影響力。

在農業方面，整頓政策的目標是藉由調降鄉村穀物徵收額、建立地方市場，以及減少農產品出口和西方穀物進口來重振生產。地方政府獲准施行自己擬定的農業政策，甚至獲准在其轄區嘗試重拾家戶農業制。此一整頓政策大體上促成集體化政策退場，而且大多在家戶責任制的框架裡進行。在這個框架下，中國的個別農家負責在自己被分配到的農地上生產，而形式上仍是在集體共有土地和設備的體制下工作。集體化的公社，名義上仍在，但在許多地方，對農事的控制差不多都還給了家戶。作為大躍進之特點的大型公社和大型集體食堂只運行三年多，就因為無人聞問而形同解體，只是口頭上仍常常要拿出來宣揚一番。公社繼續扮演行政機構角色，掌理基本福利救濟計畫和小型農村產業。最終，政府不得不承認不能毫無限度地榨取農業生產成果，於是降低收購量，並且在鄉村採用基本上屬混合經濟的經濟方針。

地方政府也透過登記、建檔和身分標籤系統來強化社會控制，重新申明其權威。而厲行戶籍制，則讓中央政府重建對國內遷徙的掌控，尤其是農村往城市的遷徙。數千萬人被中央政府送回農村。到了一九六二年，城市人口已減少一千萬。一九六二至一九六三年，又有一千至一千五百萬人被遷到鄉村，以減輕農民工作負擔，並減少從政府供給體系分配到糧食的人數。[3]由於實行這些政策加上天氣好轉，中國經濟毫無疑問開始復甦。一九六五年時，農業產量已回到一九五七年的水準，工業總產量也比一九五七年翻了一倍。

此時，整頓政策的成功，使毛澤東在政治上更為孤立，因為他大抵未與聞經濟決策，而且反對這些政策。一九六二年一月，中共中央在北京召開了擴大的中央工作會議，即七千人大會；毛澤東在會中因大躍進失敗遭公開指責，甚至被迫在七千名與會者面前做了自我批評。在黨內，他處於守勢。[4]毛澤東認為他的處境不公，自然相當煩悶。他因為大躍進的一敗塗地全部被歸咎於他一人而大感憤怒，覺得同志背叛了他。他懷疑他們想要剷除他、取代他。毛澤東對當時中國政治情勢的評估變得苛刻且悲觀。他不再宣告中國政治與經濟大放異彩的時代就要到來，而是推斷中國要花至少五十年，甚至一百年，才能達到西方資本主義國家的經濟水準。[5]如同經濟繁榮的承諾遭到無限期推遲，共產主義社會的實現似乎也比以往艱難許多，甚至充滿不確定。毛澤東再度頻頻擔憂中國革命會失敗，被「資產階級復辟」擊垮。他以憂心口吻公開表示，「馬列主義的黨就一定會變成修正主義的黨，變成法西斯黨，整個中國就要改變顏色了。請同志們想一想，這是一種多麼危險的情景啊！」[6]五年後的一九六七年，毛澤東對一個阿爾巴尼亞代表團說道：「一九六二年一月，我們召開了七千人的縣委書記以上幹部大會。那個時候我講了一篇話。我說，修正主義要推翻我們，如果我們現在不注意，不進行鬥爭，少則幾年、十幾年，多則幾十年，中國要變成法西斯專政的。」他還說這篇演說文並未公諸於世，只在內部流通，因為大家想觀察一下後來的情勢發展，再來斟酌是否有字句需要修改，但是「在那個時候〔我們〕已看出問題來了」。[7]毛澤東也愈來愈確信，「外國帝國主義的壓力和國內資產階級影響的存在，是黨內產生修正主義思想的社會根源。在對國內外階級敵人進行鬥爭的同時，我們必須及時警惕和堅決反對黨內各種機會主義的思想傾向。」[8]毛澤東認為他必須剷除「右派」勢力，消滅已悄悄死灰復燃的不平等；不只要透過清洗高層官員，還要改變整個社會的價值觀和走向。中國必須堅決打擊與消滅父系等級制度、氏族、技術官僚體制及貪汙，以利為共產主義的完全統治騰出空間；一旦走到那一天，人民便能共享公共財和公共服務，並且為群體的福祉無私奉獻。

自七千人大會召開以來，毛澤東退居權力舞臺邊緣，對經濟政策和中央決策幾無影響可言。他不得不把心力集中在其他政治領域，並鎖定教育。一九六二年九月中共八屆十中全會後，毛澤東發起全國性的社會主義教育運動，在城鄉重啟階級鬥爭，藉以打擊修正主義、防止「和平演變」。[9]這就是文化大革命的序曲，只是此時還未使用文化大革命一詞。在毛澤東看來，大躍進所碰上的諸多問題是農村社會態度不夠堅定和思想落伍，令人無法正確執行政策所致，而非政策本身所致，政策本身是正確的。他認為大躍進之所以失敗，不只是因為政策執行拖沓，還因為它受到黨內其他領導人和有力派系的破壞與抗拒。要改變政治大勢只有一個辦法，就是展開徹底的社會主義教育運動。此運動旨在打破農村地區和黨內的反集體化勢力。社會主義教育運動把抱怨集體農場和國家收購政策，說成是挖社會主義的牆腳，是階級鬥爭問題。中央明令此運動在鄉村要全力「清工分，清帳目，清財物，清倉庫」，因此又被稱作「四清運動」。檢查員和指導員巡視鄉村，揪出貪汙、無能、政治不可靠的幹部，以及揭露盜用公款、帳務馬虎等情事。這些幹部接著就會受到公開批判和再教育。兩年後，中央不顧毛澤東的意向，將運動的規模大幅縮減，因為其他領導人認為這妨礙到整頓政策。

社會主義教育運動於一九六四、一九六五年漸漸消退，始終未能實現毛澤東想恢復階級鬥爭和革命純潔性的願望。反之，黨內對立導致此運動變質，最終變成了類似鄉村反貪腐的運動。一九六四年，毛澤東已開始思考如何反制。他再度把重點擺在教育體制上，而且這次鎖定城市地區。他主張中小學已太偏向菁英主義，開始積極推動設立加強職業訓練的「半工半讀」學校。正當毛澤東在思考要發起運動以解決日益嚴峻的政治挑戰並打擊修正主義擴散之際，外部壓力也再度升高。

包圍和升級

一九六〇年代初期，中國在國際角力場採取攻勢，因而加劇邊界上的幾場衝突。這個發展對中國國內情勢的影響頗大，因為這強化了人民解放軍的角色，而毛澤東和林彪正嘗試把解放軍打造成一個模範組織。

一九五八和一九五九年，青海與西藏的藏人發起大規模武裝起事，導致西藏宗教領袖達賴喇嘛出逃，也導致中印衝突。[10]這場動亂最初肇因於大躍進政策在西藏安多區和康區施行（安多地跨青海、甘肅、四川三省；康區則地跨青海、四川、雲南三省，為西藏自治區的一部分）。藏人尤其痛恨成立人民公社，以及游牧民在一九五八年六月大躍進初期被迫定居的事；當時中共正大力實施開墾荒地、把草原轉為農地的運動。謠傳人民解放軍打算擄走達賴喇嘛，引發了一九五九年三月在拉薩的群眾示威。人民解放軍入藏平亂時，達賴喇嘛逃到了印度。在中國看來，顯然是印度挑起動亂，新德里欲從中得利。印度允許達賴在山城達蘭薩拉成立流亡政府，一如其先前已歡迎數千名流亡藏人入境。中印第二個衝突區，與西藏高原邊緣三塊人煙稀疏但戰略地位重要的土地有關。中印間的爭議領土，一部分由中國治理，一部分由印度治理，但兩國都聲稱擁有全部的爭議領土。這三個區域對兩國來說都是戰略要地，因為境內有從西藏進入印度的道路和山口。中國看重它們，還有一個原因是那裡住了不少藏人。一九六〇年代初，中印兩國關係緊繃，最後演變成一九六二年的中印戰爭。雙方為了爭奪上述領土的控制權而開打，人民解放軍在邊境地區打敗印度軍，而且兵鋒越過中印邊界。但這場衝突並未對領土控現狀造成長久的改變。中國軍隊從他們入侵的大部分區域撤走，並在控制線兩側建立了非軍事區。[11]

最重要的是，中共領導階層趁這次打勝仗，開始摸索打造對「軍中英雄」的崇拜，以利於群眾動員。黨認為共黨戰士是教育下一代領導階層的最佳典範。他們相信，軍隊的整齊劃一和紀律能超越既有的階級差異，把士兵訓練成符合嚴格政治標準的樣子。在毛澤東支持下，林彪於人民解放軍裡發起這類活動和運動，而且毛澤東覺得這類活動和運動十足完美。一九六四年起，毛澤東要政府各大機關都必須仿照人民解放軍成立政治部門。在許多例子裡，來自人民解放軍的政委成為這些新部門的官員，從而實質上打入政府文職機關。其他的作為，例如向號稱「軍中英雄」雷鋒學習的全國宣傳運動，也有助於提高人民解放軍的威望。雷鋒是一個在一九六二年以二十一歲之齡去世的軍人，據說他死後日記被人找到。這本日記——或許是黨宣傳機關所編造——寫滿了讚美毛澤東的話，還有雷鋒幫助百姓、激發軍中同袍革命熱情的種種善行。[12]

一九六〇年代初期，學習雷鋒運動與對毛澤東的個人崇拜合流。在大躍進剛過去不久、人民最失望且對政治最冷漠的時候，對毛澤東的個人崇拜受到有計畫地推動，以滿足當下的政治目的。毛澤東本人是此事的推手，但整個領導階層也覺得這有益於穩定黨的統治。毛澤東從旁鼓動那些環繞他而生的神話，也樂見林彪等其他領導人讚美他且一再透過演說、指示、聲明，在中國社會裡傳播該神話。

林彪領導的人民解放軍總政治部，負有重振和重新塑造這種個人崇拜的責任。在此背景下，總政治部發展出簡化且教條化的毛澤東思想，最後匯編成有「小紅書」之稱的《毛主席語錄》和篇幅稍長的《毛澤東著作選讀》。這兩本書將毛澤東思想通俗化，讓教育水準較低的入伍兵和廣大群眾也都能領會，希望把軍隊打造成學習「毛澤東思想的大學校」。眼看林彪所領導的軍隊日漸展示出他們可以保有思想的純正兼具技能的純熟，毛澤東興起擴大人民解放軍組織權威和政治角色的念頭。一九六三年起，毛澤東號召全國人民「向解放軍學習」。林彪策劃了研讀毛澤東著作的群眾運動。一九六五年，五百萬本《毛主席語錄》印刷出版並分發出去，《毛澤東著作選讀》則印了超過百萬冊。一九六四至一九六五年，對毛澤東的崇拜已是無所不在。一九六七年，林彪在某次政治工作會議對解放軍下達指示時說：「毛主席的書，是我們全軍各項工作的最高指示。毛主席的話，水準最高，威信最高，威力最大，句句是真理，一句頂一萬句。」[13]

隨後，那些向軍中英雄學習或向解放軍全軍學習的運動都帶有一種好戰精神，而這種好戰精神也在國際政治中展現出來。中華人民共和國走上世界舞臺時，表現出對軍事用語和軍人裝扮的愛好。一九六三年底、一九六四年初周恩來巡訪非洲時，在剛擺脫殖民地身分獨立的國家呼籲革命，令東道主大為驚愕，而且他還針對共產主義運動在開發中世界應該走的方向，公開與蘇聯叫陣。[14] 一九六二年十月古巴爆發美蘇對峙危機時，中印正兵戎相向，而根據蘇聯在這兩件事情上的表現，中國認為蘇聯已不值得信賴，成了「投降派」。一九六三年八月蘇聯與美國、英國簽署《部分禁止核試驗條約》時，中國新聞媒體抨擊蘇聯，痛斥蘇聯在搞反華陰謀。

在國際上，中國變得日益孤立。蘇聯在中蘇邊界大量陳兵，包括部署核武器，使中國如芒刺在背。為增加自己的國際影響力，蘇聯擴大軍援北韓，以拉攏該國。在中國南邊，蘇聯也採取相同的策略，利用軍援使北越不致琵琶別抱。北韓和北越持續與蘇聯交好，於是中國南北兩邊都有蘇聯的盟國。在印尼，許多華人在蘇哈托將軍的反共屠殺中遇害，因為他們被懷疑是效力於中共的左派分子。與此同時，美國政府一再重申其政策，認定在臺灣的中華民國才是中國的合法政府。美國也支持流亡的達賴喇嘛。一九六〇年代初，美國在越南駐軍日增，使中國多了一個威脅。而且美軍也有可能開始轟炸或入侵中越邊界上的北越避難所，北越在這裡貯存了大量彈藥和飛機。

面對這個新的戰略情勢，政府吹噓起中國自力更生的能力。毛澤東的革命號召變得更有民族主義傾向，解放軍對中國政治與經濟生活的影響也變得更大。[15]在此背景下，中國亟欲取得和發展核武。自一九五〇年代中期起，蘇聯對中國核計畫的協助一直不乾不脆。一九六〇年中蘇決裂和俄國斷然召回在華顧問，咸認對中國核計畫造成了重挫。但中國自己的優秀核物理學家和工程師仍然繼續研發核武，而且得到意志堅定的領導階層援助。為了發展核武，中國領導階層大砍其他國防支出，將騰出的資金用於核計畫。一九六四年十月十六日，中國第一次試爆原子彈。[16]中國慶祝這份成就時，東西方陣營的反應都是負面的，中國的處境因此益發孤立。毛澤東宣稱國內革命將激勵中國追求更長遠的抱負及強化自身國防實力，而當前的情勢似乎證實了毛的說法所言不虛。事實上，不久後毛澤東就開始闡述其「三個世界理論」：兩大超級強權構成第一世界，與工業化國家構成的第二世界維持著一種霸權關係，中國則領導貧窮（且非白人）的第三世界國家革命。一九六〇年代中期，中國完全孤立，面對來自各方的壓力。

外部危機導致內部緊張升高。眼看中國受到來自四面八方的威脅，毛澤東便開始想方設法強化內部的團結和紀律。一九六三年後期，黨開始要求包括文化界在內的知識分子改變學術研究和藝術創作的方向，轉成以支持處境岌岌可危的中國為重心。一九六三年十二月和一九六四年六月，毛澤東批評文藝界和學界的作品偏離社會主義原則，而且提倡封建主義和資產階級思想。為矯正這個情況所發起的運動，最初交給周揚（1908-1988）主持。周揚是黨內知識分子和中共中央委員會宣傳部副部長，他試圖把中國的知識分子，拉進打擊蘇修的意識形態戰和建立純正政治標準的鬥爭中。一九六四年七月，中央委員會根據毛澤東的提議，把周揚納入「五人小組」。這個小組受命領導文藝界整風運動，其他四人分別是黨齡甚深的黨內領導人物彭真（北京市長）、陸定一（宣傳部長）、康生（1898-1975，特工首腦），以及《人民日報》總編輯吳冷西（1919-2002）。另外，黨也針對「新生力量」共青團發起類似運動，主要在城市地區，因為那裡的共青團團員人數往往最多。與此同時，由黨官和政府官員組成的「工作組」則致力於在農村重振社會主義教育運動。上述作為可以說是文化大革命的前奏。

一九六三至一九六四年，毛澤東也花了不少時間批判赫魯雪夫。這時，毛澤東已堅決認定赫魯雪夫是「修正主義者」，危及共產主義運動。他要眾人提防中國的赫魯雪夫崛起。他長達一年的批判，以〈關於赫魯雪夫的假共產主義及其在世界歷史上的教訓〉這篇長文作結。一九六四年七月，該文同時刊登於《人民日報》和《紅旗》，文中概括說明了毛澤東對於社會主義社會為何仍需要階級鬥爭和資本主義復辟危機的大部分想法。他說，享有特權的資產階級已成為蘇聯的當權派，而且中國也面臨類似的危險。他寫道：「要特別警惕像赫魯雪夫那樣的個人野心家和陰謀家，防止這樣的壞人篡奪黨和國家的各級領導。」[17]

一九六四年八月上旬，美國空襲北越，使中國擔心戰爭可能在其南部邊界爆發。中國與蘇聯的關係也惡化了。接著又出現一場爭辯，議論中國是應該趕快準備和美國打傳統戰爭，還是繼續鬥爭中國社會裡潛在的修正主義勢力；毛澤東認為長遠來看，後者更攸關中國的國家安全。劉少奇和鄧小平主張推遲內部政治鬥爭，也認為應該回應蘇聯所發出在越南「聯合行動」的號召、恢復過去較密切的中蘇關係。然而，這卻令毛澤東對他們更加猜忌。[18]此時，劉少奇和鄧小平也斷定，為了經濟發展，必須進一步強化整頓政策。一九六四年六月針對組織貧下中農協會一事所頒布的規定，已限縮幹部的權力，允許農村試行自由市場制、恢復農地私有。在毛澤東看來，這些作為都是要貶低革命在農村的重要性。為釐清社會主義教育運動期間出現的種種問題，他於一九六五年一月發出了「二十三條」指示，在裡面他首度清楚表示，中國的主要敵人是修正主義者和黨內想要走資本主義道路的人。同時他也再度大聲疾呼階級鬥爭刻不容緩。

一九六四年十月赫魯雪夫遭到免職，只是令毛澤東更憂心。他知道黨並非全心認同他對未來的看法。毛澤東雖然嘲笑赫魯雪夫的政策，蘇聯的政變卻讓他擔心類似的事件會在中國發生。他開始更常談論培養接班人之事，也更堅決要求忠誠。就在此時，中央委員會又召開一場祕密工作會議，會中毛派呼籲發動文化革命，他們深信一九六四年的努力成果已遭黨軍高層官員蓄意破壞。毛澤東和林彪決定發起新運動。中國不再理會越戰和中蘇衝突，毛澤東為中國之未來所做的最後一搏即將展開。

天下大亂

一九六五年二月，毛澤東據說派他結褵三十年的妻子江青（1914-1991）執行祕密任務，前往上海。演員出身的江青從未扮演過公眾角色，但她此行的任務是發起批判運動，矛頭指向未全力支持毛澤東革命觀點的黨官。在這關鍵幾個月裡，上海成為她的活動基地。上海的報紙報導了北京黨內重要人物遭抨擊之事；在毛澤東眼裡，這些人毀了他的成就，而且存心要瓦解他的政策。第一個對象是歷史學家暨北京代理副市長吳晗（1906-1969）。一九六一年，吳晗寫了一齣以明朝某個殘暴皇帝為主題的劇作，被認為在其中含沙射影批評毛澤東。此劇主人公清官海瑞是真實的歷史人物，被說成在影射遭毛澤東整肅的國防部長彭德懷。吳晗把海瑞描繪成英雄，是一位關懷農民福祉的正直官員。一九六五年十一月十日，上海《文匯報》有篇文章把吳晗和他寫的《海瑞罷官》一劇斥為毒草，這是對諸多重要政治人物所發出諸多攻擊裡的第一擊。緊接著有一連串高階黨員遭革職，在一九六六年四月以北京市長彭真垮臺告終。彭真被控包庇吳晗等壞分子、鎮壓左派、搞「獨立王國」。[19]有些人希望這個運動會就此結束，但其實只是開始。陸定一和周揚先後遭革職，表明這是一場針對黨國最高階層的清洗行動。後續的攻擊使更多北京官員、書記、主編遭到免職與迫害，因為他們被斥為那些已遭整肅者的「死黨」。毛澤東及其支持者愈來愈常暗示有反革命的「黑幫」存在，尤其在教育、宣傳領域。

毛澤東寫了一系列通知，一九六六年五月十六日提交給中央政治局常務委員會審議，他對自己政黨發起的首波攻擊也在此收尾。「五一六通知」伴隨細數彭真罪狀的材料發出，暗示更大規模的清洗即將到來。通知裡也宣告一場「文化革命」將要來臨。毛澤東在其中描述了國家所遭遇之問題的深重。這份通知嚴正表示，「同這條修正主義路線做鬥爭，絕對不是一件小事，而是關係我們黨和國家的命運，關係我們黨和國家的前途，關係我們黨和國家將來的面貌，也是關係世界革命的一件頭等大事。」毛澤東似乎認為反革命勢力已深入黨和黨領導階層，並且透過黨機關深入整個社會，而「五一六通知」意味著他決心擴大打擊反革命勢力的規模。通知中還說：「全黨必須遵照毛澤東同志的指示，高舉無產階級文化革命的大旗，徹底揭露那批反黨反社會主義的所謂『學術權威』的資產階級反動立場……這些人物，有些已被我們識破了，有些則還沒有被識破，有些正在受到我們信用，被培養為我們的接班人，例如赫魯雪夫那樣的人物，他們現正睡在我們的身旁，各級黨委必須充分注意這一點。」[20]

一九六六年五月，毛澤東最親信的一群盟友在他的明確鼓勵下組成「中央文化革命小組」（取代五人小組），也簡稱「小組」。這一非正式組織由毛澤東的政治祕書陳伯達（1904-1989）領導，要作為權力中心。它成為黨的最高決策機關，直接聽命於毛澤東。黨和國家的所有正規體制和機關都居於其下，在某種程度上甚至連軍隊也是。「小組」使毛澤東得以動員群眾、操縱文化大革命、行使不受政府機構左右的權力。直到一九六九年四月，中共第九次全國代表大會期間，中央政治局改組，「小組」才停止運作。

毛澤東以「五一六通知」，向「走資本主義道路的當權派」公開發動文化大革命攻擊。大躍進時，他關注的是經濟，但這次不同了。一九六〇年代中期，他的目標更大，也更有野心：把中國社會的價值觀改為「大公無私」，藉此改造社會。他的手段是「造反」。在一九六六年七月八日致江青同志的信中，毛澤東表示「天下大亂」是好事，因為那會揭露敵人、動員群眾，最終促成天下大治。[21]學生示威、黨幹部相互告發、精心謀劃的清洗和公審所造成的混亂，用意均在瓦解整頓時期的技術官僚改革，並且除掉反毛者所建立的體制。

「五一六通知」發布後，重點轉到教育系統，尤其大學。「大字報」從北京各大校園擴及全中國。第一張文革大字報張貼於一九六六年五月二十五日，內容抨擊北京大學領導階層是一幫「赫魯雪夫式的修正主義分子」。[22]大學生在黨機關鼓勵下舉行群眾大會，開始組織起來，而大學高層人員與教授則被挑出來接受批評。當時人在杭州的毛澤東全力支持，宣布這第一張大字報是「六〇年代的巴黎公社宣言」。[23]大字報運動迅即擴散開來：六月時有六萬五千張海報在清華大學貼出。根據上海的檔案資料，六月的前三週有兩百七十萬人參與市內的抗議運動，出現約八萬八千張大字報，以諸多罪名點名攻擊了一千三百九十人。

一九六六年六月十三日，政府奉毛澤東指示命令所有學校停課，取消全國大學入學考試。自一九五二年起，高中、大學一直藉由這些標準化的入學考試招生。[24]大學新生的分發，以考試成績為依據，而且通常要配合全國一體的招生計畫。招生計畫兼顧全國與地區的需要，力求兩者的平衡，明訂每所大學、每個專長可從各地區招收的學生人數。

學生要參加考試才能入學，但是大學招生時也會考慮學生的家庭成分和個人政治活動紀錄。紅類出身者（農民、工人、軍人）有權利獲得優待，黑類出身者則要考高分才能錄取。

入學考試停辦、學校停課、秋季開學延後，使約一千三百萬名初高中生、五十萬餘名大學生及一億多名小學生得以盡情參與政治活動。[25] 黨的高層領導人，尤其劉少奇和鄧小平，命令工作組赴大學和中學複查學生提出的指控，要工作組把校園秩序恢復到某種程度；毛澤東得悉後指稱他們想要鎮壓革命運動，並譴責他們的「修正主義」行徑。一九六六年七月底，高層領導人不得不將派去學校和工作地點調查的工作組撤回。工作組一走，運動旋即蔓延開來，暴力活動劇增。

為表明他對日益高漲之學潮的支持，毛澤東發表了他的第一張大字報，並冠以具有挑釁意味的標題「炮打司令部」。大字報張貼於一九六六年八月五日，後來刊登在全國各報，形同號召群眾譴責及拉下高層領導。這張大字報嚴正表示，中央到地方的某些領導同志「實行資產階級專政，將無產階級轟轟烈烈的文化大革命運動打下去」：

> 顛倒是非，混淆黑白，圍剿革命派，壓制不同意見，實行白色恐怖，自以為得意，長資產階級的威風，滅無產階級的志氣，又何其毒也！聯想到一九六二年的右傾和

> 一九六四年形「左」實右的錯誤傾向，豈不是可以發人深省的嗎？[26]

這張大字報——尤其是文中提到一九六二年之事（指毛澤東所痛恨的整頓政策）和一九六四年之事（違反毛澤東意向，逐步降溫社會主義教育運動）——向黨內其他領導人清楚表明了終極的目標。毛澤東所要打倒的人，正是黨內地位僅次於他且被指定為接班人的劉少奇。毛澤東顯然害怕中國會照蘇聯的模式走，而且憂心自己的歷史地位不保，於是不只不惜冒險整頓革命方向，使中國的城市為之大亂，還想推翻他已建立並掌管將近二十年的整個國家領導階層。

一九六六年八月八日，中共八屆十一中全會通過第一份關於文化大革命的官方公開文件。這次會議也有激進學生和教師在場（但無投票資格），為中共歷史上首見。這項決議後來被稱作「十六條」，刊登在中國各大報的頭版。文件中聲明：

> 當前的目的是鬥垮走資本主義道路的當權派，批判資產階級的反動學術「權威」，批判資產階級和一切剝削階級的意識形態，改革教育，改革文藝，改革一切不適應社會主義經濟基礎的上層建築，以利於鞏固和發展社會主義制度……無產階級文化大

革命，只能是群眾自己解放自己……不要怕出亂子……要讓群眾在這個大革命運動中，自己教育自己，去識別哪些是對的，哪些是錯的。[27]

這是前所未有的公開號召，要群眾從「資產階級」權威手裡奪權。鬥爭的對象是藏在城市裡的修正主義者。

儘管重要文件的內容包羅廣泛、用語浮誇、陳義甚高，然而事後看來，毛澤東顯然是利用文革追求幾個非常具體的目標。首先，他想拉下擔任要職的資深領導人，以更忠於他當時想法的年輕領導人取代他們。自大躍進失敗以來，他一直與黨內大部分資深領導人有隔閡，不再相信他們的能力和政治信念。他從大躍進那場悲劇得到的結論不同於其他領導人。他認為叛徒、存心搞破壞者，以及工人再度受資本家壓迫一事，才是大躍進一敗塗地的根本原因，並主張重拾積極、暴力的革命。文革是為了改變中國的文化，也為了消滅毛澤東眼中和他作對的領導幹部；說不定後者才是主要動機。他認為那些人大多是自私、政治立場不可靠且難捉摸的機會主義者。此外，他想整頓中國共產黨，因為他覺得整個黨已偏離正確的政治路線。他也想提供中國的年輕人革命經驗，因為他認為這一代人若沒有機會搞革命，會沒有革命的活力和熱情。最後，他想重組新的體制秩序，好讓中華人民共和國的制度更加平等、更具包容性，尤其是在教育、醫療及文化領域。他深信剛組成的統治集團和特殊利益團體已扭曲制度，使得制度被少數黨國高層人士把持，群眾則被犧牲。

他透過集體動員城市青年來追求這些目標，同時下令黨和解放軍不得阻止此運動。隨著文革愈演愈烈，毛澤東直接邀請學生、年輕士兵和較年輕的幹部去做在他看來知識分子和農民未能做到的事：造反。一九六六年，毛澤東發出其名言「造反有理！」他想打造泯除城鄉差別、工農差別及腦體（勞心者與勞力者）差別的新教育

圖9.1　北京大學學生張貼大字報。攝於1967年。

來源：Wikimedia Commons

體系，於是大力認可中國年輕世代所關注的事，並且激發他們的焦慮和不滿。他們的回應給了他最可靠的支持基礎。同年，學生正式組成文化大革命紅衛兵，即毛澤東用來向自己政黨造反的士兵。他們舉辦一連串群眾大會，毛澤東出席了一九六六年八月十八日在天安門的第一場。凌晨一點起，學生陸續湧入這個大廣場。天剛亮，毛澤東一身綠軍服抵達，現場已有約百萬學生和紅衛兵。有個在場者回憶了當時激動瘋狂的景象：

人人高喊「毛主席萬歲！」身邊女孩在哭，男孩也在哭。熱淚流下臉龐，我看不清毛主席……我們一起熱切喊出：「我們—想—見—毛—主席！」他聽到了！走到天安門角落，向我們揮手……我熱血沸騰，和廣場上的百萬人一起又跳又叫又哭。那一刻，我到了忘我境界：我與其他人之間的所有障礙垮掉……我不再是孤單一人。[28]

一九六六年八至十一月，又舉行了七場大型群眾大會，數百萬學生參加。毛澤東和林彪在這些大會上要紅衛兵走上街頭「破四舊」（舊思想、舊文化、舊風俗、舊習慣）、剷除走資派、「鬥倒修正主義者」。十月起，年輕人又針對劉少奇、鄧小平發起一場群眾運動，把他們對工人團體的政策斥為資產階級反動路線。

此運動迅速升溫。公開批判大會變得更為凶狠；被扣上政治罪的幹部、知識分子及領導人遭毆打、羞辱，而且往往是在廣大群眾面前，甚至在體育場。紅衛兵押著人走過嘲笑的群眾，被批鬥者頭戴高帽、胸前掛著沉重的牌子，牌上寫著他們的「罪狀」。[29]紅衛兵手拿小紅書，殘暴對待遭鬥垮的幹部，更有甚者連疑似與毛澤東為敵、作對者的屍體都不放過。他們也鬥自己的父母，跟父母「劃清界限」。作家馬波在其回憶錄中說到他於一九六六年成為紅衛兵的經過，當時他還是中學生（或初中生）。他狂熱響應毛澤東的「造反」號召，攻擊自己母親楊沫，即長篇小說《青春之歌》作者。他甚至在公開的大字報上譴責母親，並邀請紅衛兵搜他的家。他也偷家裡錢，作為赴越南搞革命的盤纏。[30]社會大亂，中國城鎮滿目瘡痍，尤以一九六六、一九六七年最嚴重。不計其數的文物古蹟遭毀。宗教文物是最熱門的打砸目標之一。紅衛兵砸毀神像、燒掉經書、拆掉寺廟。在毛澤東及其盟友開始談論有沒有需要與價值來搞一場「紅色恐怖」好讓眼前「黑幫」膽戰心驚之後，這類行徑變得更加普遍。

這場運動很快就變得不可收拾。一九六六年晚期，較年長的學生組成互相競爭的紅衛兵單位和「造反派」。造反派紅衛兵往往配備大批武器，而且與更早的紅衛兵團體（「老紅衛兵」）衝突不斷，對於當時政治路線的正確解讀意見分歧。許多城市出現內戰般的情況。

不同派系設屏障據守街頭與建築物，打起城市戰，互相炮轟陣地。有些派系也得到工人民兵支持。一九六七年初，工人組織形成，也以意識形態路線為組織原則；有時和造反學生結盟，有時自己行動。工人也開始提出自己的要求，並且自行發動與「掌權者」和「中央」的大規模衝突。[31]

許多工廠停工，生產頻頻遭打斷，工業產值下滑，中國經濟連續兩年萎縮將近五%（但有一點必須指出，即從經濟角度看，文革帶來的傷害遠比大躍進少）。[32]中央約束解放軍，不讓解放軍的龐大兵力和火力壓制主要反對勢力，導致武漢發生一場嚴重兵變、中央文革小組兩名成員於一九六七年中期遭逮捕，以及中國各地出現數不清的暴亂。中國天下大亂，到處有人在街頭械鬥中傷亡。整個文革十年，可能有約二十四萬人死於這類地方械鬥。[33]這些衝突揭露了社會主義社會裡早已積累的緊張和摩擦。許多群體也趁亂牟取利益、解決公開紛爭、報復過去受到的小委屈和侮辱。這個社會原本要追求人民團結一心，但文革顯示實情正好相反。檯面下醞釀的怨恨、心懷不滿的群體、不公不義的感受，以及誰都看得出的不平等，推動了文革的暴力行為。

文革第一階段止於一九六八年「革命委員會」新體制成立之時。革命委員會由解放軍、革命群眾、革命幹部組成，三方在會中所占的比重約略相當。革委會取代省和地方

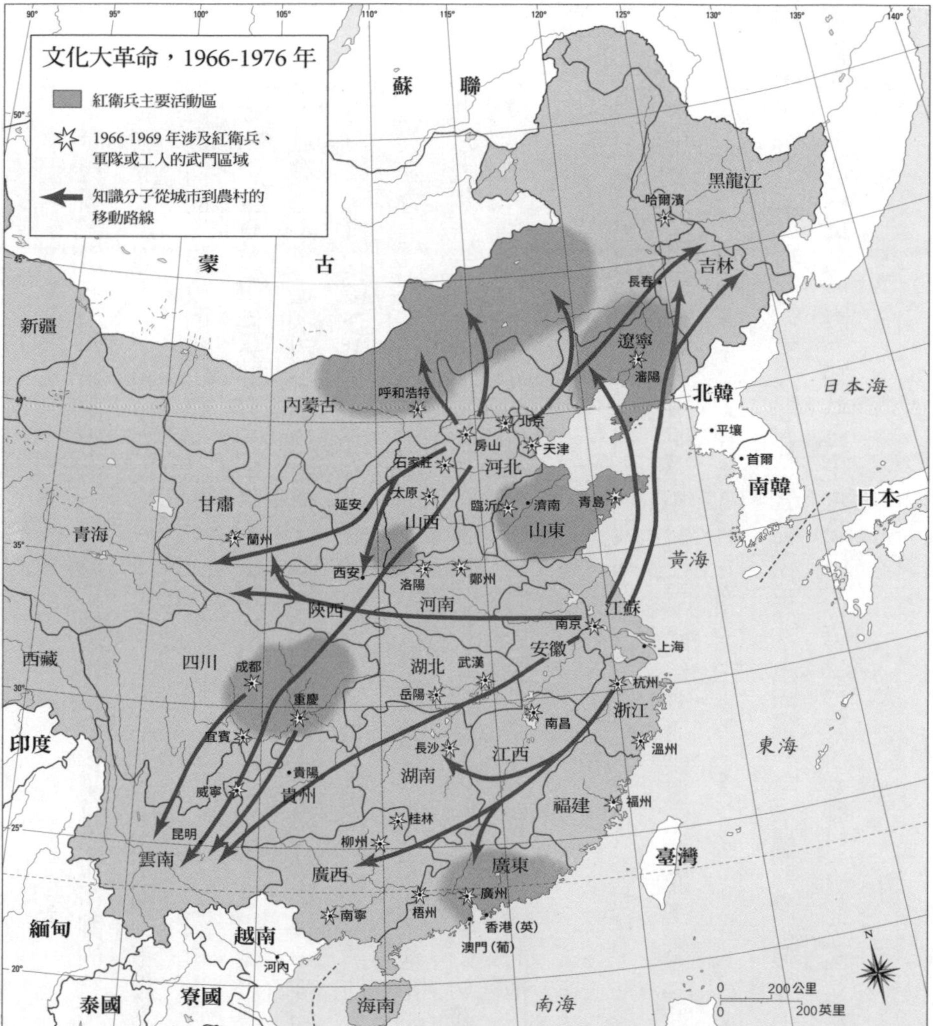
文化大革命，1966-1976 年
紅衛兵主要活動區
1966-1969 年涉及紅衛兵、軍隊或工人的武鬥區域
知識分子從城市到農村的移動路線
蘇　聯
蒙　古
新疆
內蒙古
呼和浩特
黑龍江
哈爾濱
吉林
長春
遼寧
瀋陽
北京
天津
房山
河北
石家莊
太原
山西
延安
甘肅
蘭州
青海
臨沂
濟南
青島
山東
西安
洛陽
鄭州
河南
陝西
江蘇
南京
上海
安徽
四川
成都
西藏
湖北
武漢
岳陽
杭州
浙江
南昌
重慶
宜賓
長沙
江西
溫州
貴陽
湖南
威寧
貴州
福建
福州
桂林
柳州
昆明
雲南
廣西
廣東
廣州
梧州
南寧
香港（英）
澳門（葡）
臺灣
北韓
平壤
首爾
南韓
日本
日本海
黃海
東海
南海
海南
印度
緬甸
越南
河內
泰國
寮國
200 公里
200 英里

的傳統政府機關。這三個群體應當合力建造更穩定且真正符合革命精神的社會。與此同時，政府派解放軍進入城市和校園恢復秩序，終止了城市武鬥。中國的正規學校開始復課，但是返回高等學校的學生只占三年前在校生的極小部分。一九六八年十月，中共召開八屆十二中全會以籌備一九六九年黨的全國代表大會和討論重建黨組織之事。但最重要的是，這次全會決定了劉少奇的命運。他於一九六六年秋天失勢之後，被迫寫自我批評書、坦白書、自我檢查書，詳述自己犯的錯誤和過去的違法行為，還被押去批鬥無數次。在此次全會上，黨正式撤銷劉少奇在的一切職務，將他永久開除。他當時已住院，並於一九六九年十一月去世。也寫了長文自我批評的鄧小平同樣遭撤銷一切職務，但未被開除黨籍。一九六九至一九七三年，鄧小平被貶到鄉下，在江西南部的拖拉機修造廠勞動。

為進一步穩定情勢，政府必須把紅衛兵趕出城市。一九六八年七月，毛澤東給學生的「最新指示」號召已經嘗到革命滋味的學生，成為普通農民和普通工人。[34]最初，這些人大多是紅衛兵裡的積極分子，但是過了不久，此計畫的適用層面更廣，變成大部分中學畢業生都要到鄉村。於是，隨著紅衛兵被送去「上山下鄉」，這個群體也實質上遭打散。共有約一千八百萬名城市「知識青年」（簡稱「知青」）被送去鄉村勞動，「向農民學習」。

學生的反應不一。有些人對下鄉興致高昂，但許多人覺得沮喪、失望、遭到背叛。大部分人下到家鄉城鎮附近的農村，但有些較大的城市，例如上海、北京、天津，則把大批學生送到內蒙、新疆、雲南、黑龍江之類的遙遠地方。他們在工廠或鄉村平均待了六年，但有些人可能長達十年。下鄉經驗有可能差異極大。對大部分學生來說，那是艱苦、匱乏的時期，但也是反省、思考的時期。許多人首度直接體驗農村的貧窮，見識到拒絕被革除的農村傳統，也看到完全不若他們那樣支持集體化與人民公社的農民。毛澤東死後，下鄉青年大多回到了城市。

把紅衛兵打散到各地，絕不代表暴力就此消失。一九六八至一九七〇年，由於軍隊利用「清理階級隊伍」運動攻擊地方的權力機構，暴力依舊持續。「清理階級隊伍」運動由新成立的革命委員會實行，旨在徹底消滅所有抵抗或反對文革目標的真實或假想勢力。這些鬥爭也擴及鄉村，而在一九六八年之前，鄉村幾未涉入此爭鬥。運動傳到鄉村和農村城鎮時引發失控暴力，受害者是階級敵人疑犯，包括其家人。階級敵人有四種：地主、富農、反革命分子、壞分子。有些村子變成為了消滅階級敵人而集體犯罪的地點，並動員當地農民旁觀或參加群眾大會。[35]其實這是文革最凶狠的階段，在這期間又有許多人遭拷打、致殘或殺害，或者自殺。從那個時刻起，文革逐漸緩和之後會由誰掌權，成為衝突的核心。

譚合成親眼目睹一起這類集體殺害事例，鉅細靡遺記錄了一樁特別悲慘的案件。[36] 一九六七年八、九月的幾週裡，湖南道縣超過九千人遇害。殺人並非臨時起意，而是有計畫的行動，旨在消滅四類階級敵人。這些令人髮指的暴行完全不是出自走火入魔的當地農民之手，而是由當地黨委所統籌。黨委下令在偏遠地方屠殺百姓，許多人家慘遭滅門，包括嬰兒在內。在這個階段，全國大概一百五十萬人遇害。

遭革除黨職的黨政官員則下放「五七幹校」——通常是由城市某個大型單位經營的農場。來自城市單位的人必須住在農場，居住環境通常相當原始簡陋，居住時間長短不一（有些人一住數年，但到了一九七三年左右，一般都不會超過一年）。在農場，城市幹部既從事艱苦的粗活，也要在監督下做密集的思想學習，目標是減少他們的官僚主義「習氣」。

文革十年的第三階段始於一九七〇年，文革在此時期緩和下來。隨著運動和群眾運動停止，階級鬥爭也結束了。遭整肅的低階幹部獲得平反，回任原職。黨認識到必須把政策重心轉移到情況不佳的經濟。疲累的全國人民渴望擺脫「天下大亂」，回復常態。然而，文革思想仍形諸於外且持續發揮影響力。黨採取行動，減少所謂的「三大差別」（腦體差別、農工差別、城鄉差別），並為降低教育體系的菁英主義色彩而實行多項措施。每個層級的受教年數都減少了。大學招生不再以考試分數為依據，錄取標準是看申請入學者的階級成分、政治積極程度，以及當地工作單位領導人或文革委員會領導人的推薦信。[37]學生必須從事至少數年的體力勞動才能就讀大學，而且會直接從工廠、人民公社、軍事單位招生，而不是從高中。學校教育偏重政治理論學習和職業訓練，傳統學習方式被廢除，教育重點擺在集體和群體學習。老師在教室裡的權威不斷受到質疑和檢討。

一樁被廣泛報導的事件，反映了此階段文革不穩定的政治情勢。大學入學考試已於一九六六年廢除，但一九七三年時仍有部分高中為已得到當地單位或委員會推薦的學生，自行舉辦非正式且可能違法的入學考試。來自遼寧省的學生張鐵生在應考時答不了題，交了白卷。他在試卷背面寫了一段給領導的話：「說實話，對於那些多年來不務正業、逍遙浪蕩的書呆子們，我是不服氣的。」[38]他也抨擊入學考試，說那是資本主義的反撲。毛澤東的妻子江青從報上得知此事後，說此人「真了不起，是個英雄」。後來，各報都刊文讚譽這位「白卷英雄」。

醫療體制也有所改革。為迫使在城市執業的醫療人員更加用心滿足農民的需求，政府投入很多努力，包括把醫療人員轉調到農村；更重要的是花大工夫對農村醫療人員做短期培訓。這些「赤腳醫生」為許多中國農村提供最起碼的醫療服務。傳統中醫受到的重視也增加了。中醫較倚賴當地可取得的藥草和針灸等一般人較負擔得起的療法。西醫太昂貴、太專門，在廣大的中國內陸難以有效運用。政府也大力提倡新無產階級文化戰爭，戲曲、大字報和文學作品都在描繪、推廣文革的主要思想。[39]

沒有鋪天蓋地的運動，人民便能把更多心力花在生計上。鄉村實行政治鬆綁，以重振個體農業、擴大私有農地。許多地方出現了臨時市場。有人開設私人作坊，當成副業。村營企業、工廠低調開業。許多服務和商品供給短缺，而階級敵人既已除掉，地方幹部覺得似乎可以用較務實的心態看待上述情況，於是沒有立即干預。在計畫經濟底下，活絡的次級市場經濟出現，使農村居民得以買賣、交換重要商品和產品。市場和企業快速出現，意味著農村居民在復興過去原有的結構和制度，儘管這違背官方政策。[40]

社會重新步入正軌，人的傷痕卻沒那麼容易抹除。學者推斷，一九六六至一九七一年有多達二七二〇萬中國人受到某種形式的迫害、騷擾或傷害——而且往往不只一次。其中至少一七三萬人死亡，七百萬人重傷。約四二〇萬人遭羈押。絕大部分的死傷都不是出自無法無天的紅衛兵之手，甚至不是互相爭權的群眾組織武鬥所致，而是文革政軍權力機關所組織的行動所造成。[41]

接班危機爆發

一九六八年，中共八屆十二中全會通過新憲草案，並在草案中提到林彪為未來領導人之後，中國便出現接班危機，而此危機深受中國憂心蘇聯可能入侵的心理因素影響。中國的擔憂源於一九六八年八月蘇聯入侵捷克斯洛伐克後，蘇聯領導階層發表布列茲涅夫主義（Brezhnev Doctrine）一事。這項學說認為，如果「社會主義原則」在共黨掌權的國家受到威脅，無論是哪一國，蘇聯和其他社會主義國家都有義務予以干涉，於是入侵他國變得正當合理。連北越都完全支持此政策。蘇聯老早就表示過，「軍隊—官僚獨裁政權」已在中國奪權並扭曲了社會主義。令中國更不放心的是自一九六六年起，蘇聯一直在原本非軍事化的中蘇邊界沿線集結可觀的兵力，包括核彈頭。派駐當地的兵力不足以入侵中國，但肯定具有威脅性，尤其是當時中國許多地方都處於政治分裂、社會混亂的狀態。

一九六八年十月的全會結束後，中國幾乎立即著手反制這項威脅，並且要求美國在華沙重啟大使級會談。北京也恢復傳統外交；先前中國已把大使級駐外代表縮減到只剩駐埃及大使一人，此時則迅速設法增加與其有外交關係的國家。[42]

一九六九年四月的全國代表大會，是在三月初至中旬中蘇邊界爆發暴力衝突後的敵對情緒下召開。黑龍江省烏蘇里江邊界上的一連串戰鬥，加上蘇軍入侵新疆維吾爾自治區數公里，規模雖小卻造成流血，導致中蘇緊張局勢升高。與蘇聯開戰、甚至核戰的可能，令中國領導階層大為不安。

因此，一直到一九六九年結束，對於即將與蘇聯兵戎相向的擔憂，主宰了中國的政治走向。中國立即採取數項因應措施。政府提高國防支出、命令全國人民備戰和建造地下避難所。由於恐慌日益蔓延，黨甚至破天荒將國防部長林彪為毛澤東接班人一事寫入中國共產黨章程。軍方收緊對黨和整個社會的控制。中央委員會和全國各地新成立的革命委員會都由軍人掌管。一九五六年當選的第八屆中央委員會委員，在一九六九年連任的不到三成，而一九六九年當選的第九屆中央委員會委員裡，超過四成有軍職。

十月，林彪下達名叫「關於加強戰備，防止敵人突然襲擊」的指示，而且下達前似乎未先請示毛澤東。[43]這一指示包羅甚廣，要求全軍進入高度戒備狀態，加快國防工業生產腳步，並且將指揮官調到戰鬥位置。毛澤東大怒。在他看來，林彪沒請示他就宣布進入某種準戰爭狀態，等於告訴大家已大權在握。兩人的失和與接下來的接班危機，很可能始於這裡。

軍方和林彪權勢日盛，令毛澤東、周恩來、江青不安。毛澤東是否真的曾想讓林彪接掌軍職之外的要職，有待商榷。為了在文革初期除掉劉少奇、資深政治領導人，還有黨政機關的許多官員，毛澤東需要林彪和軍隊。林彪一有機會就讚揚毛澤東，但是文革期間卻甚少參與活動。事實上，他對毛澤東所支持的政策表現得興趣缺缺。一九六九年後林彪迅速得勢，想必讓毛澤東覺得芒刺在背。毛澤東、周恩來和以江青為核心的文革小組前成員，開始想方設法削弱林彪的權力。

辦法之一是與蘇聯就邊境紛爭直接談判，藉此減輕外部壓力。一九六九年九月中旬，周恩來在北京機場短暫會晤了蘇聯總理柯西金（Aleksey Kosygin），兩人同意舉行正式邊界會談。中國也向西方打開大門，在這期間，周恩來與美國有極度機密的外交往來。他想辦法讓已顯老態的毛澤東同意美國國家安全顧問季辛吉（Henry Kissinger）於一九七一年七月祕訪北京。這次訪問是戰後國際舞臺上影響最深遠的事件之一。在越戰繼續升溫之際，中美兩國面對蘇聯威脅，採取重大措施緩和彼此的緊張關係。林彪強烈反對此一對美開放之舉，部分原因可能是他知道此舉會強化對手的政治地位。季辛吉訪華形同昭示林彪的重大挫敗。

與蘇聯兵戎相向的可能性降低之際，毛澤東變得愈來愈提防這個沒有給他什麼具體支持，卻一心想盡快掌權的接班人。他開始對付林彪，但毛澤東的祕書陳伯達卻決定支持林彪的理想。於是，在一九七〇至一九七一年，中央採取多項措施恢復社會秩序和正軌之際，日益緊繃的關係撕裂了最高領導階層。一九七〇年夏天的某場中央委員會會議上，緊張關係首度浮上檯面，陳伯達、林彪和他們的支持者在會中發出一連串令毛澤東大為憤怒的言論。毛澤東訓斥陳伯達，藉此讓林彪有所警惕。一九七〇年底，毛澤東也譴責軍方高層裡的林彪支持者，指控他們無視且削弱文官權威。一九七一年春，緊張關係持續升溫，最後林彪的兒子林立果夥同軍隊裡的支持者，明顯開始策劃政變倒毛；他認為如果這是挽救他父

圖9.2　毛澤東與季辛吉握手，中為美國福特總統，右後為福特總統女兒。攝於1975年12月2日。

來源：NARA / 7062596

親地位和性命的唯一辦法，就只能這麼辦。此計畫代號「五七一」（五七一諧音「武裝起義」），內容包括要毫不留情譴責毛澤東，稱毛是「中國歷史上最大的封建暴君」。[44]計畫也針對如何回應毛澤東的暴政擬了三個可能的方式：暗殺他、在廣州另立反抗政府並發起內戰、逃到國外。前兩個方案似乎都未認真著手進行，但第三個方案付諸實行了。在一連串撲朔迷離的事件後，林彪的女兒暗中將她父親密謀之事告知周恩來，情勢急轉直下，導致林彪立即起意出逃。一九七一年九月，林彪和與他最親密的家人在蒙古墜機身亡。他們似乎打算投奔蘇聯。

林彪叛逃與死亡的詳情籠罩在一團迷霧中。可以確信的是：毛澤東和其餘領導階層成員，對自己差點遭遇軍事政變大為震驚。事後他們得出一個結論：軍方在黨內和整個社會裡的權力必須縮減。林彪事件後，解放軍最高指揮部的成員幾乎個個都遭整肅或逮捕。解放軍就此從政治舞臺和公眾眼前消失。

中國人民也有自己的結論，而且是大不相同的結論：林彪的逃亡和喪命，讓文革期間積極支持毛澤東的許多人深刻認清了現實。林彪原是最公開且最忠心支持搞毛澤東個人崇拜的人；為了支持林彪和毛澤東鬥「修正主義」敵人，數千萬人經歷了漫長曲折的心理煎熬，甚至攻擊和折磨受尊敬的老師、虐待老人、羞辱老革命戰士，乃至在難堪且往往很暴力的對抗中指控昔日友人。林彪意圖發動政變和後來出逃一事的駭人細節，說明了這一切都是高層個人的權力鬥爭。無數人因此有理由相信，他們原來只是一場狹隘鬥爭棋局裡的棋子。

最初，林彪喪命的最大受益者是周恩來。從一九七一年晚期至一九七三年中期，他竭力恢復大局的穩定，促進經濟復甦，鼓勵推行教育標準，也替前官員平反，讓他們重返公務機關。中國再度開始重建與外界的貿易和其他連結，國內經濟則延續自一九六九年以來的小幅成長。毛澤東似乎很肯定這些發展，但仍退居在二線。他察覺到與林彪反目，耗損掉他不少政治資本和公信力。

一九七二年，毛澤東發生一次重度中風，同時周恩來則得知自己罹癌，來日無多。這些健康危機使外界更加憂心仍不明朗的接班問題。一九七三年初期，周恩來和毛澤東把人在江西拖拉機修造廠的鄧小平召回。鄧小平是文革期間遭激進派整肅的第二重要人物，所以江青及其追隨者反對讓他復出。從一九七三年中期起，中國政局在江青集團（後來稱為四人幫）和以周恩來、鄧小平為核心的派系之間擺盪。前者贊成繼續走毛澤東思想路線，包括政治動員、階級鬥爭、反知識分子與平等主義。但後者以經濟成長、穩定、教育進步、向西方務實開放為優先。毛澤東努力維持這兩個集團間的平衡，同時繼續尋找理想的接班人。

兩集團勢力互有領先。[45]左派從一九七三年中期至一九七四年春占上風，在這期間他們發起批林批孔運動，藉著批評林彪和孔子來影射性攻擊周恩來及鄧小平。然而，由於那個春天經濟停滯和經濟問題日增，毛澤東已回頭支持周恩來、鄧小平，並強調穩定和團結的需要。周恩來於一九七四年六月住院後，鄧小平出任中共中央委員會副主席，到一九七五年晚秋這段期間逐漸取得實權。一九七四年春，鄧小平被毛澤東欽選代表中國出席紐約聯合國大會第六屆特別會議，並在紐約首次會晤季辛吉。鄧小平致力於重振四個現代化（農業、工業、科學技術、國防），也在一九七五年命人起草了一批重要文件，內容闡述黨內工作和工業、科學技術現代化的基本方針。這些方針把重點擺在強化教育、經濟和軍隊，左派無法忍受，於是利用在大眾媒體和宣傳機構裡的勢力攻擊鄧小平的作為。

江青和她的激進支持者最終還是成功讓毛澤東相信，鄧小平的政策必然會導致文革遭否定，甚至令毛澤東本人遭否定。因此，毛澤東批准利用仍是左派強大工具的大字報和公開集會來譴責這些政策。一九七六年一月周恩來去世，鄧小平致了悼詞。毛澤東對鄧小平的不滿原就不斷在累積，周恩來喪禮後，鄧小平消失於公開場合，一九七六年四月八日（在毛澤東支持下）再度被正式革除所有職務。鄧小平失勢的近因，是北京等城市出現多場群眾示威。當時民眾利用清明節悼念周恩來，並趁機譴責激進的左派政策。許多鄧小平的支持者也遭革職，而中共中央又在文革期間發動一場名為「批鄧、反擊右傾翻案風」的運動。

一九七六年七月二十八日，距北京數百公里的河北唐山遭遇強震，官方數據指出有二十四萬兩千人死亡。北京也遭地震波及，大概有三分之一的建築物受損。有些人視此次天災為不祥之兆。當時，這場浩劫的確在群眾間促成明顯可見的不安與焦慮。先前的群眾示威已顯示，中國人急欲改變。毛澤東於一九七六年九月九日去世，不到一個月後（一九七六年十月六日），四人幫遭政治領袖和軍警部門組成的廣泛聯合勢力逮捕，終於為中國創造了重新開始的機會。詆毀鄧小平的行動也就此告終。在一九七七年八月第十一次黨的全國代表大會上，中央正式宣告文革結束。從現實層面講，文革已經隨著毛澤東去世、四人幫遭整肅、以及近一年前衝擊民眾的那股混雜悲傷與寬慰的感受一起結束。一九八一年，四人幫——包括毛澤東遺孀江青——因文革暴行遭判終身監禁。公開庭審透過電視實況轉播，觀看者眾。[46]

文革對生命財產的傷害不如大躍進，但對整個中國社會影響極大。短期來看，政治不穩定和經濟政策的左彎右拐並未帶來經濟成長（甚至帶來了負成長），導致政府機關有效提供公共財與服務的能力下降。政治體系的各層級官員都體認到，無法預測的未來政策改變，卻可能輕易使那些曾為先前政策熱情付出的人身陷險境。於是，官僚怯於任事。此外，隨著毛澤東去世和文革結束，將近三百萬中共黨員和其他國民等著平反；當初他們往往是因為不實的指控和構陷的案子而受到整肅。文革粗暴打亂數千萬中國人民的生活，凡是與境外人士有瓜葛的人都遭迫害。在中國社會裡向來甚受敬重的教師與學者被自己的學生公開批判羞辱，被迫離開工作崗位，並且被遣送到鄉村做粗活。然後學生被大批派去鄉下數年；正常情況下他們會在學校度過這段歲月。工廠經理和總工程師被關在廠房好幾個月，有時超過一年。最重要的一點或許是，中國政府和中國共產黨的大半領導人也遭到迫害、革職、下放到鄉下與群眾一起勞動。黨和政府花了那麼多工夫打造的制度，例如計畫經濟、教育體系、國家安全及對外關係，全數遭中止、打亂或徹底廢除。黨國官僚體系一蹶不振，而且被各項運動搞到分裂對立。結果中國更加落後、普遍貧窮、國際處境孤立，中國與工業化世界的差距也日益拉大。[47]

文革也留下了長期的影響。首先，代溝產生。年輕人失去受教機會，只學會用走上街頭抗議來洗雪冤屈。其次，貪汙也盛行於黨和政府內部，同時文革期間的恐怖氣氛和伴隨而來的物資短缺，造成民眾倚賴黑市和人脈關係來滿足所需。黑市構成影子經濟，許多農民在此賣掉他們滿足政府徵購額度後的剩餘農產品。第三，一九七〇年代初期和中期以淨化政治為名義而發動的激烈權力鬥爭，讓數千萬中國城市居民認清現實，中共領導階層和體制本身也因此失去更多民心。第四，派系激鬥的遺風持續困擾中國社會。文革時對立的派系，文革後待在同一工作單位，彼此都想方設法削弱對方的勢力，於是派系鬥爭猖獗。

放眼此前人類歷史，或許從未有哪個政治領導人如此猛烈攻擊自己創建的體制。體制因此受到的傷害極深重，而毛澤東想要實現的目標最終仍是遙不可及。他留給繼任者的課題異常棘手。毛澤東的遺緒充滿矛盾：他訂下中共領導的標準和規範，本身是中共領導成就的象徵；但他也成為造反的代言人，並且反映出黨的缺陷和失敗。這一充滿矛盾的歷史定位，以及一九五〇、六〇年代毛澤東諸多運動所帶來的衝擊，深切影響了後毛澤東時代。文革動亂期間最著名的口號「造反有理」，影響了一整個世代。前紅衛兵和下鄉學生從待了兩年、三年、有時十年的鄉下回到城市時，也確實從毛澤東那兒學到了東西，但或許不是他和黨所希望他們學的。他們認識到黨嚴重腐敗墮落，古老的權力鬥爭盛行。最重要的是，他們體認到中國所面臨的最大問題不是少了革命，而是少了繁榮和進步。

✣✦✣

一九四九年三月，解放軍剛拿下北京不久，毛澤東和周恩來前往未來的首都，途中毛澤東要周恩來勿忘明朝末年大規模民變首領李自成的前車之鑑。[48] 一六四四年，李自成率軍入京，聲勢浩大，並宣布創建新王朝，自立為帝。但慶祝之後不久，北京即遭清軍進犯。來自北方的征服者很快就拿下北京城。李自成完全守不住北京，在逃離時被殺害。於是，毛澤東在他最風光的時刻想起了失敗的可能性。這則軼事反映了中華人民共和國領導階層從一開始就揮之不去的深層憂慮。黨領導人很清楚，中共在戰場上獲勝是拜國民黨軍迅速瓦解和蘇聯援助所賜。中共靠軍事勝利拿到天下，但是並沒有民心所認可的統治正當性。領導人沒把握能使廣大人民一致認可他們追求激進改造的政治綱領，也沒把握能得到持久的民意支持。這是他們眼前最重要的問題。失敗受挫的可能性是領導階層、尤其毛澤東揮之不去的心頭大患。

中華人民共和國建國頭幾年，中共領導人和支持他們的外國人都憂心政權不穩。史達林和蘇聯籍顧問一再力促中共與中國境內的「民主政黨」組成聯合政府，在既有的政治結構和體制裡治國。[49] 畢竟中共會掌權，靠的並不是高舉社會主義、共產主義或史達林主義，而是祭出吸引人的新民主主義觀。既以新民主主義示人，中共就要在當家作主的同時，與中國境內主要的政治及社會力量合作。更精確地說，這個新人民共和國要建立在涵蓋社會諸多群體的基礎上；「民族統一戰線」的成員除了工農，還有小資產階級和民族資產階級。中共原本施行此一方針，因為中共深知自己在治理中國上有種種難題要解決，而且由於靠武力掌權，本身欠缺正當性。後來黨決定逐漸拋棄新民主主義的口號，並且在一九五〇年代開始強調改造與階級鬥爭的必要（到了一九六二年，毛澤東還告誡人民「千萬不要忘記階級鬥爭」），導致政治走上模稜兩可、不確定的局面，欠缺正當性的狀況更加嚴重。也就是說，這個國家和政府聲稱要為人民服務，卻欠缺人民的授權。政府要實現的深度改造，並非底下人民所追求的目標。隨著一九五三年推動社會主義改造，中共偏離了先前的保證，人民對黨愈來愈不信任。冷戰衝突和後來的中蘇衝突加大了政府承受的外部壓力，從而進一步加深形勢險惡之感和普遍的緊張不安。由於極度缺乏正當性，國家的各項制度難以服人，不堪打擊。新政府因此覺得有必要嚴格控制社會，還要不斷動員人民支持新體制。

會產生不安全感，有很現實的理由。中共統治面臨重重難題，而且不斷有內憂外患威脅到政府的生存。進入一九五〇年代之後，二次大戰和接下來國共內戰的影響在各地顯而易見：連年戰火導致數千萬難民離鄉背井，在全國各地流動，並且湧入城市。二次大戰和內戰毀壞中國的大城、蹂躪中國的鄉村，也摧殘了中國的經濟。多年戰亂加上掌權勢力及行政結構頻繁更動，造成社會與政治制度崩毀。許多村鎮由罪犯、黑幫、復員軍人和地方土豪掌控。農村經濟已經垮掉，糧食供給不足，城市經濟則因通膨而一蹶不振。

脆弱、痛苦和對安全的疑慮，瀰漫全國上下，深刻影響了中國的歷史發展軌跡。中共領導人深懷危機意識。毛澤東談到人民的敵人時，很清楚統治權的至高無上和制度之間存在著緊張關係。一方面，領導人承認治國要有成，國家的制度必須以法規和規則為依歸，尤其要依據憲法，而不是高層掌權者隨意專斷的命令。另一方面，他們知道使用「非常權力」有其必要，所以群眾動員和暴力鬥爭也就不可或缺。國家必須能夠使用不受約束的暴力來對付敵人和叛徒。這個新國家自認受到包圍或仍處於戰爭狀態，又亟欲得到人民認可，安全問題於是變得至為重要。這也造成國家在重新思考與社會和個人的關係時，不斷把安全顧慮擺在最前面，同時貶低制度性程序和合法性的概念。國家打造出強有力的新語境，杜撰中華民族整體社會受到的威脅，從而產生了新的政治主體形式。

當社會史和文化史聚焦於中共政權的正當性與得人心的程度時，這是放大更甚於否認政治在中華人民共和國扮演的中心角色。作秀公審、群眾大會、民眾示威和各種盛大場面都是教育群眾、灌輸紀律的工具，既有力量又有效率。中共把高度政治化的新公共文化導入年輕的中華人民共和國，將這個國家改造成宣傳掛帥的政體，以鞏固黨的權勢為目標。為達成此目標，中共建造以愛國和政治為主題的公共紀念建築、發動盛大的慶祝遊行，並利用新文藝和擦脂抹粉的中共功績史為政府宣傳推波助瀾。這些努力是一個大方針中的一環，旨在形塑或生成一套共享的說詞和思想。依中共的設想，此方針提供了一個通用且有意義的框架，能夠協助形成共識。但此方針也製造出緊張不安的情緒，因為在毛澤東主政下的中國，嚴酷的日常生活與想像中的共產主義美好世界實在有太多牴觸。關於方針、運動、間諜、匱乏和其他社會危險的傳言甚囂塵上，就是此時期氣氛極度緊張的徵兆。

一九五〇、六〇年代期間，黨也在其長遠的治國方案中致力於塑造新社會規範和模範，從而讓社會將黨與國家銘刻在心。國家或黨化身的對象往往是一個相熟鄰人、一個模範工人，或雷鋒之類堪為典範的戰士。這類化身重新界定了傳統意義上的國家與社會組成之間的分界。目標是使國家的存在更為普遍，在社會裡打造國家意識，養成時時不忘國家規範的自我塑造習慣。例如，社會身分的劃分能產生社會現實，而非只是反映社會現實。這個政權利用階級標籤或其他描述來「劃定階級」，藉由劃定民族、族群或種族分類來製造新的中國人身分意識，使其在中國的社會結構上，以及社會和個人的結構上，留下了深遠的印記，因為透過改造和再教育，身分的歸屬將徹底轉化成自我界定和認同。

因此，在活動和群眾運動無止無盡冒出的這段期間，週期性訴諸壓倒性力量和殘酷暴力，就不能被理解為「強」的表徵。反之，如漢娜．鄂蘭（Hannah Arendt）在論及極權主義政治體制的著作裡所說，這實際上反映了黨國的弱。[50]這個國家之所以相對弱，最主要的原因在於制度性結構較不健全和建制能力低落。中共打造了能靠暴力壓制住抵抗勢力的強大中央集權國家，但用鄂蘭的話來說，這是一個「無結構」的國家，因為它沒有穩定且具有正當性的制度、缺乏確立的常規。一九四九年前就存在的既有體制，例如村、地方社群、市場、私人企業和公共領域，都被摧毀了。但是人民公社、國營企業、政府計畫機構等新制度依舊虛弱、高壓且效率不彰。黨所能帶進來掌理這些新體制的人有限，而且大多數沒有經驗，許多人更是殘酷無情，受限於自身政治立場模稜兩可和本事不足。黨要他們治理紛殊多樣的人民，但相較於遠大政治抱負，人民更關心如何解決日常生活的艱辛。

在經濟上，重工業要靠政府的統制和詳細規畫來發展，發展重工業所需的資源必須靠農業集體化來取得。此一過程導致私人的土地產權遭廢、所有農民都被趕進人民公社，從而使政府得以奪取農業產出，用來滿足被調去建造、操作新工廠的工人在衣食住方面的需求。黨打造了榨取型制度，以將資源撥用於預期會帶來經濟成長的重工業，但這些榨取型制度無法產生永續的科技與經濟發展。大躍進之類的全國性運動可以試著彌補計畫型體制在衝勁和創新上的欠缺，然而現實是這樣的政策以一場糊塗收場。重振中央集權體制能解決某些基本的經濟問題，但榨取型制度無法激發個人衝勁和促成技術進步。中國不只缺乏經濟誘因，而且一旦那些以極無效率的方式運用的資源都被轉撥給工業，經濟就不會有什麼成長了。由於缺乏創新和經濟誘因薄弱導致一九六〇年代經濟成長停滯，這個體制也達到了極限。成長先是變緩，然後暴跌，而且維持在崩潰狀態好一段時間。

中央集權體制也建立在一個排他性的政治制度上：黨國。黨國體制使中共得以牢牢控制一切，從資源的榨取中獲益。一黨專政下的中央集權讓某些成就得以實現，尤其是基礎建設、教育、社會福利救濟方面，但榨取型政治制度下的發展，勁道不足且不穩定，因為這種發展助長了黨內想要掌控國家並榨取資源的對立派系互相內鬥。

面對這些難題，毛澤東一再致力於將國家革命化、把政治納入掌控，並且完成能壓倒經濟考量和社會等級體系的真正社會革命。與此同時，毛澤東以戰爭和革命為工具，藉以替國家營造出高度個人化、難以捉摸、不循固定規則行事的威權政權形象。但最大的麻煩在於，建國頭三十年期間中共無法靠全新的菁英階層來打造並穩定新的社會制度。[51]反之，有一段很長的時間，中共必須倚賴彼此爭奪權力和資源且不穩定的各式各樣聯盟。毛澤東想要使國家和政治體制有翻天覆地的改變，但終究未能如願。

文革在中國社會所造成的動亂中，最嚴重的是那場一拖再拖的接班危機，金字塔頂端為爭奪領導大位激烈廝殺。凡是階層分明、並由一位最高層中心人物當家作主的一黨體制，都會碰上政治接班的大難題。一些因素使文革十年期間的接班之事變幻莫測：制度孱弱、現任者獨攬大權且想要自己挑選接班人，還有野心勃勃覬覦著最高大位的角逐者。這些因素共同營造出不穩定的情勢。發動文革既是為了打造新的社會主義文化，也是為了解決誰會繼毛澤東之後掌有最大政治權力的問題。然而由於劉少奇和許多老一輩領導人出局，所以接班問題等到毛澤東去世才解決。

無可否認，中華人民共和國的確承接了爛攤子：遭轟炸的城市、被破壞的河堤、極欲擁有土地的農民、在全國各地遊走的難民、外國的干預。二十世紀中期的中國是個極度分歧、精神嚴重受創、社會問題叢生而難以治理的國度。新當權者認為，必須付出巨大的心力，甚至不惜動用暴力，才能透過脅迫與說服來剷除、再教育或重建一個與資本和海外早有聯繫的前現代世界。他們為此而做的努力，成功程度不一。當時中國有大量歷久不衰的文化記憶、傳統習慣和跨國連結，保存在故事與歌曲、節慶與儀式、街頭報紙和底片影像中。當時中國有資本家、基督徒、佛教徒、自由主義知識分子，以及抱持其他價值觀和信念的人；黨和國家似乎長久以來都未能成功把他們拉入自己陣營。當時中國也有黑市、搞走私和賭場的集團，更有各種形式的異議和公然反對意見。

為了建設新中國，黨認為必須投入龐大的文化資本、政治精力、基層動員及社會改造工程，並且為此付出程度不一的熱情，取得程度不一的成果。制定社會改造等崇高目標帶來的影響甚大，使政府得以在一九五〇年代完成高度集中化；社會受到嚴格控制，並被併入由國家支配的等級結構裡。早期的中華人民共和國，以「統購統銷」為開端，實施計畫經濟，削弱了市場的功能。其中某些政策的確有其正面效益，但許多重大作為則以失敗收場。幹部必須正視中國社會是多麼破敗、不妥協、難管教，這令他們難過失望。除了運動和生產，還有頑固的記憶和堅不放棄的追求；這些記憶和追求——或被納入體制、或被打散，或在明、或在暗——滲入了主體，避開黨的約束。「舊世界」化為零星片斷堅守不退，「新世界」拚命要出頭。事後來看，中華人民共和國從建國至文革結束這段時期，以使用思想改造、整風運動和赤裸暴力等侵入式治理手法為特點，但是政策執行始終不一致，而且最終未能徹底如願。儘管黨的權力漸增，政府的勢力範圍漸廣，中共還是得和一個頑強屹立的中國對抗。這一切意味著，絕對不應該低估中國社會的韌性。

第四部

中國崛起

一九七七年八月上旬，這個黨領導人通常偏愛去北海海濱度假勝地避暑的時節，意料之外的活動使首都異常忙碌。鄧小平跟其他人一樣，復出掌權才兩個月，剛回任中央委員會副主席，即投入四個現代化之一的科學與教育工作（另外三個現代化項目是工業、農業、國防）。鄧小平意識到如果沒有科學與教育做基礎，另外三個現代化不可能實現。他宣告，「中國必須趕上世界最先進國家」。[1] 他最初的行動之一，是在北京成立並主持為期數日的科學與教育論壇，有三十三名中國最頂尖的科學家、教育家出席，而且他們全部來自黨的官僚體制之外。討論很快便聚焦於中國教育體制的落後。與會者在落後的原因上意見一致。中學生畢業後下鄉勞動，而不是升大學。能否接受高等教育，取決於階級成分，而不是個人成績。文革期間，教育和科學專門知識遭鄙視，被當成可疑、甚至有叛國意圖的東西。大家仍普遍認為根正苗紅比當個專家好。鄧小平有意反其道而行，他深信若要實現四個現代化，必須徹底翻新教育體制。

根據論壇與會者的建議，鄧小平宣布重新施行全國大學入學考試（高考）。所有學生不分階級身分、政治積極程度，都可報考。會議舉辦後僅四個月的一九七七年十二月上旬，即舉辦了全國性考試——這是一九六二年以來頭一次。報考極為踴躍，出乎意料。約五百七十萬名高中畢業生應試，爭取二十七萬個大學就學名額。大學入學資格完全以考試成績為依據，為中華人民共和國歷史上首見。鄧小平排除萬難，投入極大心力，促成高考恢復，對中國影響甚鉅。能力和表現成為大學招生標準，從而也成為在國家和社會裡出人頭地的標準。

恢復高考，絕對是中國改革開放之初最引人注目且最重要的決定之一。此後，高考年年舉辦。幾十年後，考生已經增加至約一千萬——二〇〇九年創下歷史新高。從制度面來看，有一點也值得注意，即高考並不是師法西方而來的制度，反而是恢復了一個已有千百年歷史的中國制度。以公開、不限資格的考試為國舉才，原本就是帝制中國的特色之一。在改革時代，國家推行的競爭體制需要提倡技術和能力，而不是強調對黨忠誠和服從黨的意識形態。科舉制度正好提供了一個解決此問題的藍圖，而且考試舉才有其歷史淵源，所以社會接受度很高。

一九七七年，中國在鄧小平領導下進入新時代，啟動大膽的國內制度改革，並且向外界開放，尤其是教育和經濟方面。一九八〇年代時，政府在幾乎每個社會與經濟層面都進行了大膽、頻繁且具摸索性質的自由化和試驗。然而這一切在一九八九年突然停止，因為一場由學生領導的民主運動測試了改變的極限、挑戰了黨的權威。那場運動遭到政府暴力鎮壓，數百名抗議者身亡。接下來幾十年，在鄧小平接班人江澤民與胡錦濤領導下，經濟領域的改革開放方針持續受到激烈爭論。從一九九〇至二〇一二年這段期間大刀闊斧的經濟改革，創造出令世人豔羨的經濟奇蹟。與此同時，黨國並未追求政治改革。

中國因此而有的轉變極大。多項新制度問世，為成長和繁榮奠定基礎。中國成功轉換市場，創下傲人的高GDP成長率。平均所得大增，數億中國人脫貧。這一進展標誌現代中國的漫長演進即將進入一個全新時期。鑒於國家的財力與對資源的需求日增，中華人民共和國也致力於擴大自身在全球的勢力範圍。中國很早就是促進世界經濟成長的世界級推手，這時開始抱著全球超級強權的自信和目標，發揮其經濟影響力。隨著全球經濟重心轉移，中國開始展現經濟影響力藉以贏得外交盟友、砸下重金投資、擴大勢力並取得亟需的天然資源。當中國經濟影響力愈來愈大的同時，在外交和軍事政策上也愈來愈有野心。中國打造航空母艦、核子潛艇和匿蹤戰機以保護貿易路線；在主權歸屬有爭議的南海則把珊瑚礁和環礁改造成人工島，強調其領土主張。[2]

制度創新和經濟快速成長，也促成中國社會前所未見的煥然一新，重整了中國的社會結構，也重分配了國家和社會各自的權力。國家放寬對社會、公共論述的控制。於是，中國社會變得更複雜、更多元、更易變、更有活力。人口的大量遷徙和工作、生活模式上的劇變，從根本上重新定義了村鎮的社會結構。開放式經濟為一個階級流動性愈來愈好的社會建立了堅實的基礎，要求更多政治參與的中產階級與各種公民組織也紛紛崛起。但是同時，中國的經濟奇蹟也讓所得不均、環境退化、貪汙、族群衝突、社會碎片化的情況加劇。中國從毛澤東時代所得高度平等的社會快速演變為相對較不平等的社會，社會不公的跡證日益增加，不同規模與性質的群眾抗議也隨之出現。網際網路在中國興起，使中國公民得以參與熱絡的政治討論，並且針對他們所認為的不公不義組織有效的抗議活動。隨著中國日漸融入全球經濟，市場力量也使文化習俗改頭換面。在技術與市場推動下，原本統一且偏向同質的公共文化，變成反映改革時代個人經驗多樣性的多元文化。帶有個人主義氣息的新文化表達形式和生活風格興起，包括前衛藝術、商業文學、獨立電影，以及新的娛樂電影風格。

現在的中國肯定已經跟毛澤東主政時候的中國不一樣了，與蘇聯式的傳統共產主義國家相去更遠。但中國與市場經濟完全自由開放的自由民主體制也離得很遠。這就是所謂的「中國之謎」（China puzzle）。[3]經濟在產權未得到明確保護的情況下急速成長，國營企業繼續支配國家經濟的主要部門。自由度提高、國家在某些領域鬆綁，與中共仍然牢牢掌控國家和社會一事互相抵觸。新的社會空間已經開放，但黨國依舊保有相當強的組織力量，並且已著手將新空間納入控制。新的混合式制度設計於焉誕生。這些新設計以抗拒西方模式及典範、而且難以精確分析的方式，將公、私領域的行為者結合起來。

二〇一二年習近平上臺主政，正好碰上諸多新挑戰降臨。中國的發展創造了財富、民族自豪感，以及新形式的多樣性，但也創造了尚待調解的緊張和衝突，從而製造出嚴重的不安和騷動。這些累積的壓力不斷在醜聞、爭端、民眾抗議中爆發。充滿緊張、焦慮和批評的爭論，令人開始懷疑正處於全面且快速改變進行式的中國社會，所走方向是否正確。中國國內外都有觀察家擔心那些發展的永續性，以及那些未解決問題所累積的緊張情勢。

第十章

改革開放

一九七七～一九八九年

CHAPTER 10

跟之前各時期一樣，中國從一九七七至一九八九年的發展，與國際環境的改變密切相關。中國積極參與這些跨國發展，改變了全球潮流，對全世界影響甚鉅，非以往任何時候所能比擬。一九七〇年代在許多方面都開始出現重大轉變——經濟上、政治上，還有文化上。東西方社會都遭遇前所未見的全球挑戰（例如一九七三年石油危機，以及雙方經濟愈來愈互相依賴），必須加以正視。各式各樣的事件和過程——從資本市場的自由化，到蘇聯的結構性衰落，再到美國在越南的失利——結合起來，粉碎了冷戰世界。隨著後冷戰新時代降臨，既有全球結構的崩解為中國帶來了一個在全球舞臺和國內重拾主動權的絕佳機會。

在鄧小平領導下，中國社會持續利用世界轉變所產生的機會。他鼓勵不受意識形態束縛的新思維，並且呼籲國人抓住機會，憑藉自己的天賦和想法改善生活。沒有了意識形態這層障礙，也促使人們對中國歷史和文化展開大膽的探索；一九八〇年代成為中國現代史上最自由、知識發展上最有趣的時期之一。鄧小平也創造了容許並激勵個人進取心、表現及冒險行為的制度環境，同時維持總體計畫體制和國營企業。最重要的一點大概是中國向西方市場開放，特別是政府為吸引外國直接投資而劃設的經濟特區。藉由改變國家管理經濟交易的規則與降低榨取帶來的負擔，中國成功讓自身的經濟走上成長之路。農村的生活水準也提升。

一九八〇年代末期，結合市場自由化和國家計畫的模式——常被稱作「中國特色的社會主義」——其局限開始顯現出來。經濟過熱，而且政府控制不住猛烈的通膨。社會緊張激發政治抗議活動；學生、城市的專業人士、工人走上街頭，要求更大的話語權和政治參與。坦克駛入天安門廣場鎮壓民運，改革開放的第一階段就在一場如今仍深深影響中國的流血事件中畫下句點。

全球一九七〇年代

一九七〇年代，世界總體而言大幅拋棄了形式上的不平等、殖民主義及帝國。一次大戰後就開始的去殖民化過程，到了一九七〇年代末基本上已完成。這個充滿希望的時代，由數股聲勢浩大的解放運動形塑而成。安哥拉與莫三比克的解放，終結了最後一個海外大帝國——葡萄牙。在最後一個種族主義國家羅德西亞（Rhodesia），白人少數統治遭推翻，羅德西亞成為辛巴威。就連在合法白人至上主義的最後據點南非，反抗勢力都開始在黑人城鎮索威托（Soweto）發展，最終成功顛覆白人少數統治。越南擺脫美國干預，巴拿馬經由談判取得其運河的控制權。尼加拉瓜推翻殘酷親美的蘇慕薩（Somoza）家族獨裁政權，一場伊斯蘭叛亂迫使伊朗國王巴勒維（Reza Pahlavi）流亡國外。一九七〇年代末，紅軍渡過阿姆河（Amu Darya River）進入阿富汗，遭遇伊斯蘭聖戰士頑強抵抗；蘇聯陷入代價高昂的戰爭泥淖，難以脫身，最終被這場戰爭拖垮而瓦解。一九七〇年代期間，俄羅斯與東歐境內的反對運動漸成氣候；在波蘭，共產主義國家的第一個工會「團結工聯」於一九八〇年成立。連工人階級都起而反抗，認為在現行體制下不可能有好日子過，是對共產主義和種種遭到違背的承諾所發出的強烈指控。放眼全球各地，國際特赦之類的人權組織也在一九七〇年代開始成為國際舞臺要角，提倡權利平等、個人自由的觀念。[1] 這十年是經濟與政治危機的十年，但也是試驗摸索、尋找更美好新世界的十年。這個時期刺激人們努力擺脫冷戰束縛、打破根深蒂固的傳統觀念，以及尋找新辦法來超越經濟與社會的停滯狀態。

建立在種族、性別、階級之上的等級體系和不平等，至少從法國大革命開始就受到譴責，而共產主義是發出這類譴責最有力的聲音之一。但一九七〇年代，世界各地的重要抗爭不再是基於對集體團結的追求或共產主義的夢想，而是基於一種新的意識形態，而且許多人認為這種新意識形態更適用於已被工業化和全球資本主義改造過的世界。此意識形態以個人權利和自由為基礎，對大部分的集體控制與政府干預形式存疑。人人皆有尊嚴且無貴賤之分的觀念普遍獲得接受之際，共產主義思想並未高漲，反而是自由市場理念再次抬頭。追求法律與文化平等的新風氣，和一股同樣強烈的追求自由市場的動力匯流。就某種程度而言，建立在性別認同、國家認同或文化認同上的障礙，在公眾生活中已經被消滅；自由市場擁護者或自由主義者可以更理直氣壯地宣稱，追求絕對平等是走錯了路，社會應致力於確保機會平等。如果人人都得到相同的機會，卻還是有不平等存在，這種不平等就是任他們發揮自身努力與才能、並且經過自然供需法則汰選出來的合理結果。

一九七〇年代轉向自由市場是全球大勢所趨，同樣的，這十年間後殖民世界更重視形式平等，至於種族隔離結束、社會更加兼容並蓄，也是世界趨勢，而非局限於特定國家。全球各地的選民以行動告訴世人，他們已對二次大戰催生出的福利國體制和社會主義思想失去信心。在拉丁美洲和西歐，尤其是英國，選民皆有這樣的表現——英國在一九七九年選出保守派的柴契爾夫人為首相。在東歐亦復如是，早期的反共協會問世。不管在何處，人們似乎都寄望市場機制能在一九七〇年代初期的全球衰退後，刺激經濟成長。

蘇聯明顯可見的停滯不前，也有助於推動自由市場理念。由政府統籌計劃、維持社會秩序的蘇聯模式，再無法被視為成功。就連東方集團也對蘇聯模式愈來愈懷疑，而到了一九七〇年代，誰都看得出共產主義缺乏創新和改造能力。在某些國家，儘管共產主義者仍相信他們的體制優於資本主義，但就連他們都不再認為共產主義會實現真正平等主義的體制，或創造出強勁到足夠跟資本主義一較短長的經濟體制。完全平等與強勁經濟成長似乎都難以和一黨專政及統制經濟並存。[2]

在東歐，追求經濟成長的野心消退了，但停滯卻穩定的經濟福利救濟體制似乎也還過得去，至少有一段時間是如此。不過，在中國這種仍需要創造現代產業的國家，那樣的前景愈來愈不吸引人。中國尋找強勁的經濟發展模式時，不再借鑑東歐，而是日益將焦點擺在鄰近的南韓、香港與臺灣；這三者都施行一套與東歐迥異的發展策略：國家推動但市場導向。此一另類策略已經讓這三個東亞國家脫貧致富；大部分中國人在一九七〇年代終於能夠學習這個策略時，對這些國家的繁榮程度大為吃驚。中國的改革作為日益朝向不盡然照搬臺灣或南韓模式，而是借鑑其基本做法並加以調整成符合中國國情的方向。

這些意識形態趨勢大行其道的同時，國際政治領域也出現了其他重大改變。不久後，中國就不期然而然地置身於這些新情勢的中心。自一九六〇年代後期起，數任美國政府一直在思考如何從中蘇決裂中得益。但最初，強硬的冷戰辭令和越南戰場上的反共戰爭，讓任何與中國修好的舉動都站不住腳。一九七〇年代尼克森總統任內，美國決意從越南抽身。此外，華府認為蘇聯在布列茲涅夫主政下，軍事威脅性日益升高。在中國，周恩來等較務實的領導人看到了與美國重新建立關係的機會。經過數年的非正式接觸和不公開會談，包括一九七一年美國國務卿季辛吉訪華（第九章有提及），中美兩國談定了具有重大歷史意義的尼克森訪華之行。一九七二年二月此事成真時，兩國宣布：「這是改變世界的一個星期。」雙方在一九七二年的《上海公報》中同意將兩國關係正常化。中國在美國公眾的認知裡從共產主義威脅轉變為準盟友，這個轉變讓想撤出越戰的尼克森有機會談成不失顏面的撤軍。北京協助美國，施壓河內接受一九七三年的《巴黎和平協約》，戰事因此暫歇。關於臺灣，尼克森向毛澤東保證，美國不會再推動臺灣獨立，也不會再考慮將該島當成攻擊中國的基地。

尼克森與有病在身的毛澤東、周恩來會晤，創造出西方戰略家稱之為「戰略三角」的地緣政治局勢。[3]從兩方面來看，這個三角很重要且不尋常。首先，它把貧窮、孤立、相對較弱的中國當成世界上第三號戰略要角，僅次於美蘇。只有中國具有能決定兩大陣營誰占上風的戰略重要性和靈活外交手腕，因此能發揮比英、法、德、日等傳統強權更大的影響力。其次，此戰略三角使三個國家裡最弱的中國，成了這個三角關係中最大的獲益者。最重要的是，中國首度處於不會受到美蘇攻擊的安全境地。蘇聯宣布將不再對中國構成軍事威脅。美國則不再是中國眼中的威脅，而且似乎可以視為中國在蘇聯威脅仍未消時的保護者。美援提高了中國相對於蘇聯的地位。美國在亞洲的最大軍事盟邦日本，也迅即著手和中國建交。一九七五年，中國也得到歐洲共同體的外交承認，但其實有數個歐洲國家早已先一步朝此方向走。

中國受到美國青睞，是因為其務實的社會主義走向，被認為比蘇聯較正統、威脅性也大上許多的立場更可取。對美國來說，中國既是對抗蘇聯的戰略夥伴，也是實施較具彈性之社會主義變體的先驅（在毛澤東去世後），美國認為假以時日，這種社會主義有潛力發展成自由主義社會。因此，美國願意讓中國享有比他國更多的優惠待遇，例如較低關稅。此後，對美關係在中國外交政策上占有特別大的分量。其他任何關係都不如中美關係重要，或者說那麼令人操心。美國這個世界最大經濟體，對中國產品敞開大門且進行重大投資，促進了中國的經濟發展。美國也培訓中國最優秀的科學家和學生，對中國企圖在科學與技術方面迎頭趕上的努力給予關鍵支持。兩國以初步的小型合作為基礎，逐步深化關係，變得愈來愈互相依賴。美國進口愈來愈多的中國貨，中國則買美國債券作為回報。

中國於一九七〇年代打開門戶，當時西方各經濟體正在對付嚴重衰退，日本的經濟就要步入成熟期。相對的，在投資人和企業家眼中，中國具有成為龐大市場的潛力——而且透過香港，為資本、先進技術及工商企業家從西方流入開了方便之門。於是對中國來說，選在一九七〇年代晚期對外開放經濟門戶，時機非常理想。中國的改革政策最終能成功，時機的因素不應被低估。就在毛澤東死後不久的緊要歷史關頭，出現了絕無僅有的全球良機，而中國成功抓住了這個機會。

毛澤東死後的中國

在中國國內，文革結束至改革開放啟動之間那些年的特徵就是情勢不穩定。因為長達二十年經濟水準未能改善而醞釀出來的正當性危機，在一九七六年毛澤東去世後升高。由毛澤東的個性、意識形態信念及政治影響力塑造出的一整個時代，隨著他的去世而徹底終止。他的離世製造出龐大的真空，但也帶來整頓和調整的機會。從許多方面來看，中國的情勢與一九五三至一九五六年的蘇聯類似。在那幾年，赫魯雪夫決定既要維持經過改造的共產主義體制——亦即他所說的「蘇聯力量」和「社會主義」——也要鞏固、提升他個人在該體制裡的權力。跟赫魯雪夫一樣，中國任何新領導人都必須強調翻新並強化體制的必要性，藉此申明黨的官僚體制地位高於軍隊和左派。文革期間受害甚深的中共老一輩黨員，都想要確保未來再無人能像毛澤東那樣為所欲為地對付敵手。政治鬆綁和黨內民主的強化，可以說是回應此一普遍心願而推出的政策。

華國鋒（1921-2008）宣稱毛澤東臨終前曾遞給他一張紙條，上面寫著「你辦事我放心」；他因此取得接班的正當性，立即繼任為中共中央委員會主席。不久，支持四人幫的極左派也遭整肅，許多原本被下放的黨政領導人復職復權。情勢很清楚，文革、大躍進等運動的領導者和支持這些運動的大部分民心已幾乎銷聲匿跡。對中國的許多人來說，文革讓人認識到藉由群眾動員來改造社會、發展經濟所具有的風險，也使左派教條主義不再被認為是可行的政治方向。中國領導階層成員和大部分知識分子受迫害那些年，已使許多中國人急切希望社會主義實驗重新來過。許多人迫不及待想將十年或十餘年來成為中國社會生活特色的混亂和權力鬥爭拋在後頭。

毛澤東時代打造了雖然效率不彰但規模龐大的工業基礎；儘管在大半文革期間大學

遭關閉、學校被破壞，受過教育的人依然有所增加。但一九七〇年代的經濟情勢還是嚴峻，中國苦於城市高失業率、糧食生產水準停滯、城市供房情況惡化、工資下跌、農村普遍貧窮，以及生產力成長遲緩。文革的破壞和傷害使人民大多渴望施行會讓中國穩定、繁榮的政策，這為逐步揚棄中央計畫統制經濟創造了有利條件。[4]

許多人希望政府回歸以較有系統及成效的做法來治理國家，尤其在管理經濟方面。但中國需要哪種經濟管理方法？文革的失敗已使毛澤東式的經濟和社會發展路線受到唾棄，但也沒有因此指出一條明確的替代道路。基本上有兩條路可走。首先，中國可以重回中央計劃的老路，因為此路線從未讓統制經濟體制為所欲為（但一九五〇年代中期那幾年例外，因為那時統制經濟取得的成績不錯）。其次，中國可以追求截然不同的模式，揚棄計畫經濟，改走市場經濟。一九七〇年代後半期，第一種觀點在領導階層裡占上風。一九七七年底已復出掌權的鄧小平未表態要採哪種經濟體制，但的確啟動了改革階段，並表明接下來的任務是如何使計畫經濟更有成效，而非徹底揚棄計畫經濟。在經濟決策上甚有分量的另一個政治領導人陳雲（1905-1995），完全認同此做法。於是，文革的結束並未導致追求自由化的改革，反倒導致重建計畫經濟的作為。其實，對後毛澤東時代的諸領導人來說，重振計畫經濟很合理，因為在毛澤東主政下，計畫經濟遭打亂。但由於計畫經濟體制已遭文革破壞得體無完膚，要使舊體制重現活力並不容易。換句話說，制度性改變勢在必行。

由於經濟危機已盤旋很長一段時間，華國鋒在其短暫掌權期間，認識到新政府必須速有所成。於是，他試圖執行一項讓工業生產迅速起死回生的經濟政策，並且為此要從國外買進設備和工廠。此計畫在短期內要投入的資金，和一九四九至一九七七年已投入的一樣多，而且依舊把大部分資源挹注在重工業。這個別稱「洋躍進」的規畫，同樣以在計畫經濟體制內執行由國家領導的發展策略為主，上海寶山鋼鐵廠之類的大工程因此問世。

但此規畫的成果不如預期，經濟路線隨之有所修正。一般認為洋躍進對全國人民的經濟福祉助益甚小，以陳雲為核心的新任經濟領導階層推出不再偏重重工業的經濟穩定規畫來取而代之。用陳雲的話說：「革命勝利三十年了還有要飯的，需要改善生活……按比例發展是最快的速度……單純突出鋼，這一點，我們犯過錯誤，證明不能持久。」[5] 政府將資源轉而用於輕工業。結果，經濟穩定下來，經濟策略轉向消費性商品的生產，加上農業出乎意料的豐收，共同紓解了文革期間禍害中國統制經濟的物資短缺問題。經濟環境稍有改善，給了地方幹部喘息空間，也降低了地方對國家在重分配與投資上的效用期待和渴望。一九七七至一九七八年安徽、四川境內數縣面臨糧食短缺問題時，地方政府允許這些區域的私人農戶分掉公有地栽種作物，重新推行個體戶農業制（同時土地仍屬共有）。[6]如果農民照規定上繳穀物，剩下的穀物無論有多少，他們都能留供己用。這些在少數地點進行的農村改革收到成效，其他地區和經濟生活領域的人見狀後也要求改革。經濟改革時代就此展開；沒有藍圖，沒有崇高的遠見，而是地方實驗與局部經濟整頓附帶產生的結果。[7]

創造改革時代

此時，鄧小平已在謀劃換下華國鋒。為鞏固權力，鄧小平必須削弱最大對手華國鋒及其支持者的勢力。[8]他先是發起反對「兩個凡是」的思想運動——「兩個凡是」來自華國鋒下令刊登於一九七七年二月《紅旗》雜誌的一篇文章。文中寫道：「凡是毛主席做出的決策，我們都堅決擁護，凡是毛主席的指示，我們都始終不渝地遵循。」這段話擺明反對針對毛澤東時期提出任何公開且帶有批判意味的評價。更重要的是，這段話否定了任何想要實行政治或社會改革的嘗試。鄧小平的回應是投入大量心力重整官方教條，努力把這個激進、革命的黨改造成追求改革且務實的黨。他的目標是確立非毛澤東思想的改革綱領，為他的改革行動方案建立政治正當性。一九七七年，中央黨校副校長胡耀邦（1915-1989）創辦內部刊物《理論動態》，專門刊登要求解放思想的文章。一九七八年五月，〈實踐是檢驗真理的唯一標準〉一文刊登於這本期刊，並重刊於《光明日報》、《人民日報》、《解放日報》等大報。檢驗真理的唯一標準是實踐而非政治思想一說，得到廣大支持，迅速從北京傳到全國各地——從黨內傳到知識分子。此運動使鄧小平得以推動針對毛澤東思想給予務實且具批判性的理解。

鄧小平已做好萬全準備。早在一九七五年，他就命人草擬了三份黨的文件，在其中勾勒出要走的新政治方向。這些文件針對重振高等教育、重拾促進農工業發展的經濟誘因，以及除掉黨內「左派」提出了計畫。與此同時，鄧小平採納周恩來早先提出的「四個現代化」目標。該目標起草於一九六四年，但後來大多被束之高閣。該方案主張以十五年的建設期，將農業、工業、科學技術和國防現代化。鄧小平把周恩來的四個現代化再度列為中國的首要政策，開始強調「發展」的必要，而「發展」一詞後來也會成為黨的治國口頭禪。發展會帶來「富強」。凡是鄧小平認為會將中國推向那個目標的改變，他都予以支持。此後，經濟發展成為黨的最高目標，其他目標都是次要的。他也挑選與他一樣看重經濟發展且願意嘗試新觀念、新做法的人當顧問和官員。這些改變奏效後，政府即將它們推廣出去。但凡不管用的，則都揚棄。鄧小平正式將實用主義與現實主義置於思想正確與革命熱情之上。

除掉阻礙改革的意識形態後，鄧小平及其支持者開始為中國於一九七〇年代面臨的嚴重問題尋找具體的解決之道。當務之急是撤掉奉行華國鋒「兩個凡是」路線的當前政治領導班子，以有心改革、願意執行必要政策改變的領導班子取而代之。因此在十二月的中國共產黨第十一屆中央委員會第三次全體會議召開前，黨先於一九七八年秋天召開了前後共三十六天的中共中央工作會議。會議上華國鋒被迫承認其政策的錯誤。一九七八年十二月十三日的三中全會上，鄧小平發表了很有影響力且廣受肯定的政治談話，名為「解放思想，實事求是，團結一致向前看」。他解釋道：「只要我們大家團結一致，同心同德，解放思想，開動腦筋，學會原來不懂的東西，我們就一定能夠加快新長征的步伐。讓我們在黨中央和國務院的領導下，為改變我國的落後面貌，把我國建成現代化的社會主義強國而奮勇前進！」[9]此會議也一致決定照鄧小平的構想大幅改組人事。華國鋒的權力實質上遭架空，但主席任期到一九八一年才正式結束。陳雲、鄧穎超（1904-1992）、王震（1908-1993）、胡耀邦進了中共中央政治局。陳雲也當上中央政治局常委，並出任中央紀律檢查委員會這個新機構的第一書記。曾主掌毛澤東個人警衛隊的汪東興是華國鋒的主要支持者之一；他明確反對改革，也在這波人事改組中落馬。

這次三中全會是中國政治、經濟和社會發展的轉捩點。領導階層正式宣告政策從毛主義階級鬥爭轉向經濟發展，這是劃時代的改變。政府拍板定調新風氣，鼓勵新思維並著重於實踐和具體改善生活水準。這股新風氣與毛澤東時代唯教條是從的堅持形成強烈反差。社會上有一種重新出發的氣氛，這個轉捩點在中國與海外都激發了樂觀的態度與熱情的響應。鄧小平成為黨的實際領袖，得以著手進行改革開放；這項政策為中國在往後三十年的迅速經濟成長奠下了基礎。

改革也為政治體制帶來了改變。鄧小平認為只有條件最好的人才可以加入共產黨，幹部得在基層做出成績，才能晉升到黨內高層。他也認為領導階層成員應屆齡退休，於是產生了一個在威權體制裡相當稀罕的新機制，定期且平和地為政治領導階層注入新血和提升領導階層的素質。[10]在毛澤東主政下的中國，或者蘇聯，以及其他國家的類似制度下，即使政權衰落，領導階層仍拒絕交出權力。有鑑於毛澤東時期的經驗，鄧小平和其後的繼任者制定了正式與非正式的規範，以促進政治菁英和平更替。除了極少數的例外，官員在同一層級擔任領導不會超過十五年。除非特許延任，官員到了特定年齡就得從黨政職務退下；退休年齡因職級而異，介於五十五歲至七十二歲之間。[11] 高層領導的任期限制為兩任，每任五年。正常情況下，官員不得在自己出身的省擔任高層職務。基於集體領導原則，在權力很大的中央政治局常務委員會，各常委必須主持職司不同政策領域的「領導小組」，分別制定各領域的政策——例如外交、國家安全、財經事務。常務委員會每週開會一次，政治局全體每月開會一次，以通過這些領導小組所做的重大決定。

一九八一年，十一屆六中全會正式發布〈關於建國以來黨的若干歷史問題的決議〉。[12] 黨主導了一場耗時很長的討論，才談成此決議。要對那段漫長且複雜的毛澤東統治時期達成共識，是很棘手的事。這項決議基本上肯定毛澤東的統治，但也明確表示一九五八年後他犯了左傾錯誤。在他所犯的諸多錯誤中，此決議提到了大躍進，但特別指出文化大革命。關於文革，決議中說：「對於『文化大革命』這一全域性的、長時間的左傾嚴重錯誤，毛澤東同志負有主要責任。」

改革時期之初，鄧小平和其他新任領導人對於如何促成民富國強並沒有明確的藍圖，也沒有任何理論可說明自由化和市場導向要如何與馬克思主義或毛澤東思想相符。[13] 甚至晚至一九八〇年代中期，都難以看出鄧小平的決定背後有什麼較大的政治願景。一九八四年夏，鄧小平開始使用「具有中國特色的社會主義」這個讓人眼睛為之一亮但模稜兩可的詞語。它使中共能夠在意識形態上自圓其說，放心施行有利於改善生活水準的市場導向經濟政策。鄧小平利用這個詞來提倡他擴大市場角色、在工商業和科學及教育領域發動全面改革、同時維持中共統治並忠於社會主義價值觀的目標。

一九八七年第十三次黨的全國代表大會上，才終於開始出現較有系統的理論框架。會中趙紫陽（1919-2002）提出「社會主義初級階段」理論，為經濟改革和發展提供新的理論依據。[14]趙紫陽信誓旦旦表示，改革仍是為了維護社會主義。黨仍然把進到社會主義的更高階段列為目標，但可能要花上百年才能實現。新觀念——像是不該再計畫掛帥、中國只處於社會主義的初級階段——為持續運用市場機制一事提供了理論依據。趙紫陽宣稱，應當允許商品交易按照「價值定律」來發展，讓價格逐漸由價值的變動來決定。也就是說，如果商品供給吃緊，價格就會上揚。私人企業應該獲准僱用七人以上的員工，股東應該要能分到股利。此次大會也決定採行「一個中心、兩個基本點」的方針。一個中心指的是以經濟建設為中心，兩個基本點指的是堅持改革開放，以及堅持一九七八年鄧小平所提出的「四項基本原則」：社會主義道路；無產階級專政；共產黨領導；馬列主義和毛澤東思想。這四個基本原則用意在界定「改革」及「開放」的大旗下所能為與所不能為之事。

制度創新

為了施行經濟改革，中國必須從數十年來走蘇聯式重工業化道路的中央計畫經濟，過渡到以市場為基礎的經濟。這需要大規模的制度改變和創新。既有的規則需要修改，新規則必須擬出。社會裡形形色色的互動必須以一套新法規為本。

改革開放時期的一個基本起始點，就是改善與其他大國的關係。隨著「開放」政策施行，同時出現了「接軌」這個新的流行詞語——即要與外部世界「接上軌道」。鄧小平認為毛澤東主政下的中國與鄰國搞敵對，孤立自己，在這點上犯了大錯。中國的經濟發展有賴於緩和與世界各大國的緊張關係。中國若不與世界接軌，不敞開大門接納外國的貿易、技術與知識，就不可能現代化。

美國這個最大、最先進的經濟體，在中國的策略上占有極重要分量。鄧小平極力推動與美國關係正常化，但即使如此，中國與美交涉時也很強硬，尤其是在臺灣問題上。[15] 經過多個月的祕密談判，雙方都承認中華人民共和國和臺灣的中華民國需要「和平統一」，僵局就此打開。一九七八年十二月十五日，美國總統卡特宣布一九七九年一月一日美國和中華人民共和國建交。一月二十九日至二月四日，鄧小平風光訪美，在美國戴上牛仔帽，以行動表示中國人體驗美國文化是好事。他看到美國的技術與生產力先進、消費性商品琳瑯滿目，對此大為嘆服。返國後，他告訴同僚說他好幾天晚上都無法入眠，淨想著中國要怎樣才會變得如此富裕。有件事鄧小平很清楚：在涉外事務上與美合作，能夠帶來龐大且不可或缺的機會，讓美國的軍事與民間技術轉移到中國。還有其他的重要國家，中國也必須和它們打好關係。鄧小平是中國歷史上第一個訪日的領導人，並且在那裡見到日本天皇。他與日本協商及簽定了《和平友好條約》、推動人際交流，也擴大輸入日本電影、電視節目和小說。他的政府也把友誼之手伸向蘇聯。一九八九年，中國接待戈巴契夫訪問北京，向世人表明自一九六三年決裂的中蘇關係回到了正軌。

維持有利於經濟成長的國際環境，是一九七九年後中國外交政策的首要之務和主要目標。中國、美國及歐洲國家之間敲定了多個經濟協定。臺灣問題與美國持續出售武器給臺灣，曾經數度引發緊張情勢。這些時候中華人民共和國領導人都會抗議，然而雙方的根本關係受損不大。有時也會爆發人權問題，但雙方共同經濟利益始終壓倒一切。中國竭力避免分歧擴大，也避免與他國發生軍事衝突。中國支持安定的世界市場，反對貿易集團，並且致力於暢行無阻地進入外國市場、取得外國的能源和其他商品。中國也積極和國際組織合作，支持規範貿易、金融、防止核武擴散、公共衛生及環境政策的國際協議。中國的外交官運用磋商談判和「軟實力」促成本國與志同道合的國家合作，以及影響國際組織的決定。在所有領域裡，中國的作為都是以自身經濟利益為最高考量。

另一個制度改革領域是國內經濟。最初，陳雲等人相信依靠市場機制來補強中央計畫體制是件好事，但他和大部分的中國經濟學家及政治人物大概無法想像以前者完全取代後者。換句話說，他們所追求的只是用文革後發展起來的市場經濟作為計畫經濟的補充，藉以提高計畫經濟的成效。在這期間，中國以循序漸進、小幅遞增的方式改革，逐步擴大改變的範圍，藉此慢慢將市場力量導入中央控制的經濟裡，但是並未在根本上徹底轉型為私有經濟。這一做法基本上就是讓國家繼續靈活掌理計畫經濟，同時允許市場經濟跟著計畫經濟一起擴大。因此，中國的經濟改革是「局部改革策略」，[16]特色為漸進的制度創新和頻繁的地區實驗。鄧小平和領導階層認為在一些地方領導人支持改革且環境條件有利的地區試行新構想，不失為明智之舉。新計畫若是奏效，領導人即前去考察成果，而那些帶頭嘗試新做法的人則派往全國各地說明其成功的訣竅。鄧小平政府在一九七九至一九八〇年所做的改革，起初或許看似小心翼翼地重拾劉少奇在一九六〇年代初期，為了從大躍進的災難中復原而推動的「整頓」政策。但很快的，這些改革就啟動一波影響深遠的社會與制度改變，最終削弱了許多在毛澤東時期建立的集體性經濟制度與社會制度。

一九八〇年時，約有八成中國人，亦即七億九千五百萬人在鄉村居住與工作。改革必須展現成效的頭一個地方就是鄉村，也就是農業領域。起初，許多農村幹部反對廢止農村人民公社，儘管事實已證明公社無法讓人民吃飽。鄧小平沒有廢除公社，以免和抗拒改變的人正面對抗，而是告訴地方領導，如果農民挨餓，應允許農民變通。他也指出在安徽、四川境內那些試行新做法的地方，食物已經不再短缺，農作興旺，還有餘糧在市場銷售。鄧小平還要記者報導這些成功的例子。不到一年，全國大部分地方都決定逐步淘汰人民公社。一九八二至一九八三年，政府決定全國實施去集體化。一九八二年，憲法正式廢除人民公社，讓公社只具行政組織之名，其行政權轉移到鄉、村委員會。此舉迅速促成家戶農業制在全國重現。

除了結束集體化農業以外，這些改革的基本用意是導入誘因，激勵農民大幅增產。改革者清楚認識到計畫經濟的最大問題之一，就是拿掉了使人奮發進取的誘因。正如一九八〇年地方當局所直截了當指出的，農業集體化打壓了農民的社會主義主動性，導致集體化的優越性無法充分發揮。集體經濟並未讓人滿意，在一些落後貧困的地方，人們對農業集體化的信心甚至下降了。[17]

從中國的龐大農業經濟榨取資源，一直是二十世紀中國政府的一個主要目標，包括毛澤東政府。但與一九五〇年代政策不同的是，新政策建立在農村經濟的商業化之上，儘管商業化過程始終受國家高度指導。雖然目標依舊大同小異，但是為了達成目標而創立的制度卻設計得大不相同。農村制度改革以兩個政策為中心：執行農村責任制政策與發展農村企業政策。一九八〇年九月，中共中央委員會建議採行後來通稱為「家庭聯產承包責任制」的做法。在責任制下，政府開始推行農村承包制，而農村承包制最終掌控了農村生產者、國家、負責農業投入與產出的集體機構，三者之間的商業交易。

個體農戶能與生產隊簽合同，承包生產隊部分「共有」地的耕種工作；收成後，農戶必須把約定的部分產量交給生產隊，以履行向國家繳稅及上繳定量穀物的義務。先前統制經濟使農村人民公社和社員服從於國家計畫的支配，這個束縛在農村經濟變得更商業化之後也解開了。個體承包戶得到很大的自由，可決定自家剩餘的農產品要拿到地方市場賣給其他農民，還是要賣給由集體農場或國家管理的單位。農戶可以照自己想要的方式使用土地，隨意處理剩餘的農產品。到了一九八四年，黨的政策也已允許民間個人在農村提供服務。農業生產隊和生產大隊（人民公社留下的行政組織）允許個人為公社、生產大隊或生產隊經營小規模事業、操作農業機具、提供技術服務、維護灌溉設施，以賺取報酬。一九八五年四月，政府廢除一九五〇年建立的統一收購制（強制徵購）。這個決定導致鄉村統制經濟幾乎完全瓦解。

這些農村改革政策極為成功。農民大量採行家戶責任制。隨著農村營利性生產急速成長，農戶能選擇銷售剩餘農產品的地方和對象，甚至能選擇要生產多少剩餘農產品。一九七八至一九八二年，農產品銷售額成長了九成九，平均商品率（總產出中賣掉的比例）從四成一增加至五成九。農村市場數目也增加將近兩成五，農村市場的買賣額大幅增加近一三〇％。[18]從一九七八至一九八四年，農業生產總值平均年增七．四％。一九八四年的穀物產出比一九七八年高了三成三。鄉村勞動生產力成長顯著，農村人均所得在那六年增加了將近一倍，大部分鄉村地區生活水準顯著提升。鄉村經濟的急劇成長，絕對可歸功於這些改革，而一九七九年農產品價格上漲也是原因。兩成五的漲幅是國家決定的，意在減輕農村經濟壓力。到此時為止，商品價格的自由化程度仍然有限。在計畫經濟裡，價格變動由中央掌理，而非由市場力量推動。價格靈活的市場慢慢成形，但直到一九八五年過後，政府才認真施行價格自由化。

第二個農村改革政策，即發展農村企業，始於一九七九年中央政府開始鼓勵——沒有明說，但行為上是如此——創辦「社隊企業」。後來國內已無公社和生產大隊，這些企業就被稱作「鄉鎮企業」。[19]鄉鎮企業的概念源自大躍進期間，當時是作為工具用來推動遠大的社會目標，尤其是縮小城鄉生活水準差距。一九七〇年代中期，公社和生產大隊經營的小工廠（從技術角度看大多很簡陋），只僱用了兩千八百萬名工人。但在市場改革時期，農村工業成為中國經濟裡的一股強勁力量。地方農村政府急欲利用工業的高獲利力，因此熱烈支持廢除中央政府針對設立鄉鎮企業所加諸的障礙。鄧小平政府鼓勵設立農村工業企業，拜地方政府、民間投資者、後來的境外投資人（大多是海外華人）與地方多種信貸合作社的資金流入所賜，此類企業立即大增且發展迅速。這些農村企業的員工數、產品種類、技術發展程度也有所成長。一九八〇年代大半時期，鄉鎮企業總產量的年成長率達到驚人的三成三至三成五。到了一九九〇年代，已有超過一億兩千五百萬工人受僱於農村工業，成為中國成長最快速的經濟領域。這項制度性改變在農村帶來了創新和強勁成長。

鄉鎮企業被官方歸入中國經濟的「集體」領域，在這個定義頗為含糊的經濟領域裡占了最大宗。但鄉村工業企業大多是由民間企業家與地方政府擁有及管理，並且在全國和全球的市場經濟裡營運。因此而導致的非公家部門快速擴張，成為中國往市場經濟過渡時最強勁的推力，而且政府大概沒有預見到這樣的情況。[20]新的非公家生產者進場，大幅增加了市場上所能取得產品和服務的種類，給既有的國營企業帶來競爭。

受到鄉村成果的鼓舞，中國於一九八四年把改革導入城市地區。國營企業經理人獲得更多自主權，並且可以保有部分利潤。政府也允許城市地區採用多種承包責任制、試行股權制，以及發展個體戶服務性經濟。

一九七九年七月，沿海的廣東、福建兩省被指定為施行中國新門戶開放政策的平臺。一年後，中央政府選擇深圳、珠海、汕頭、廈門四個城市為經濟特區。[21]政府的主要用意是把外國的資本、先進技術和專門知識輸入出口導向的生產與加工中心。也因為這樣，經濟特區會給予境外投資人某種程度的法律保護，而且是中國企業無緣享有的保護。誰都看得出這足以吸引大量外商直接投資進入中國，儘管中國的司法制度薄弱。來自香港和其他地方的海外華商開始在經濟特區成立新企業，並制定新標準以達成有效率的管理。一九七九至一九八二年，中國針對經濟特區，與境外投資人達成九四九項協議，外來直接投資額超過六十億美元。

這些創新和實驗奏效後，其他地方也如法炮製。一九八四年一月，鄧小平在視察廣東和福建時宣告，允許設置經濟特區的政策大獲成功。電視臺攝影機拍下了開始令深圳市容改頭換面的高樓大廈和新汽車。有了這些新聞報導打下基礎，同年稍晚其他沿海區域對外開放時，民眾也欣然接受。[22]一九八四年四月，中國宣告從東北的大連到西南部廣西省的港市北海，共十四個沿海城市開放外來直接投資。此政策延續到一九八〇年代結束。一九八八年，海南島開放闢建經濟特區，開放外來投資。兩年後的一九九〇年，政府也宣布以上海浦東區為經濟特區。到了一九九〇年底，為了使用外資而達成的協議已達到二九六九三項，總額達六八一億美元——對此時期的中國來說，投資額相當可觀。最值得注意的是，流入這些經濟中心的外資和與這些外資密切相關的額外經濟活動，大多不在政府的計畫內，也有助於削弱計畫經濟和促進市場經濟成長。

工業領域也力推改革。在這個產業，改革雙管齊下。一九七八年之前的計畫經濟時期，原物料、設備等生產材料是按照中央計畫來分配，它們的價格也由國家計畫指導方針訂定。作為改革開放政策的一環，國營企業以固定的低價將規定的產品數量賣給國家後，可以將超過指定額度的產品用市場決定的價格賣掉。這樣一來，國家能達成優先目標，同時也為市場導向的生產提供誘因。新成立的非國營企業必須從市場買進生產材料，二元定價制隨之出現。這個二元定價制對中國經濟有錯綜複雜的影響，這種新奇的做法開闢了一個完全以市場為基礎且充滿活力的經濟領域。[23]市場力量開始滲入中國所有家戶和企業的經濟生活裡。此外，這個劃時代改變避開了全面私有化或價格完全自由化會引發的經濟動盪或政治動盪（全面私有化可能威脅人民的生計，價格完全自由化則可能消滅長期以來的補貼政策並削弱計畫機構的權威）。

這些創新能在短時間內收到如此斐然的成果，是因為它們源自大家相對比較熟悉的制度設計。家庭農業和承包制與以前的老做法若合符節。例如，承包制就與傳統租佃制類似。鄉鎮企業也讓人想起歷史上那些讓農村生產者透過村級信貸協會共同投資國內農村生產或貿易的制度。這些改革成功的原因還包括沒有人因此利益受損，以及改革並未要求犧牲。它們的成功並非取決於重工業或國營企業等其他領域縮減規模，也不需要大規模投資。此外，這些新規畫所帶來的好處顯而易見，而且人人有分。[24]

但這些改革也帶來新難題。小幅遞增的制度改革只鎖定地方層級，而宏觀經濟的制度性秩序依舊文風不動。這導致一個罕見的情況，即數個制度體系並存於不同的層級。地方層級的制度改革造就激烈競爭和創新；中央層級認可這些改變，但本身依舊置身改革之外。例如國營企業就沒有改革。一種結合政治上中央集權、經濟上地區分權和改革行動的混合體制於焉發展出來。[25]中央政府繼續透過對地方政府官員的任命和升遷，進行高度集權的控制。但經濟治理工作大多交給彼此爭奪資源的地方政府。新興的地區經濟體（省、市、縣），相對較能自給自足且較有競爭力，而這些經濟體所屬的地方政府則負有啟動與協調改革之責。

經濟改革也促成了中國的社會改變。主要推手是企業家階層的興起，包括民營企業主和職業經理人。共產黨積極回應那些社會改變，把新菁英拉進黨的權力結構裡。這發生在政府的每個層級，而以地方層級最為顯著。擁抱新商業菁英，使中共得以繼續牢牢掌權，同時也讓尋求獲利的特殊利益團體能夠打進地方政府。中國政府是塑造改革格局的要角之一，但是並沒有系統性的規畫或管理中國向市場的過渡——至少是在改革過程開始許久以後才這麼做。改革相當務實、零散且謹慎，並非大規模或有系統地進行，因此造就了一種去中心化、碎片化、國家組合主義的混合體制。

這個複雜的情況引起無法避免的問題。[26]隨著競爭壓力愈來愈大，所有形式的公司淨利率都逐漸下滑。中央政府的財政倚賴國營企業財務的健全，所以政府財政也開始吃緊。預算赤字因為基礎設施與大型建設支出增加、工資上漲，以及使用外匯而愈來愈嚴重。一九八〇年代，通膨也急速惡化，一九八八年時甚至來到惡性通膨膨脹的程度，威脅到改革的存續。因此，市場競爭的出現和激烈化，不只為中國工業帶來蓬勃發展與國際競爭力，也讓未配合環境調整、並且仍受舊制度規範的國營企業和中央政府財政遭遇愈來愈多難題。在中國市場轉型的政治經濟領域中，既有旺盛的活力，也有許多兩難。

二元定價制的存在導致以權謀私的尋租行為出現，貪汙橫行，使中國難以打造讓企業公平競爭的環境。與政壇有力人士關係好的人可以靠人脈和影響力把政府指定提撥分配的物資轉賣出去，藉此發財。濫權行徑太明目張膽，引發了公憤與頻繁的抗議。一九八〇年代中晚期，有一個很重要的爭議主題即是如何進一步引導二元定價制的改革。直到一九九三年，商品與貨物直接分配的範圍才大減，二元定價制的角色才式微。

政治—經濟結構也是令管制型國家（regulatory state）無法徹底和農村市場體系脫鉤的主要障礙之一。在這方面，最重要的因素或許是農村的黨幹部在甫商業化的經濟裡所發現的好處。農村官員最初大多不願恢復家戶農業制，部分是因為意識形態，但主要還是因為擔心失去權力和收入。但許多幹部不久就發現，政治地位是他們謀取商業利益時特有的重要資源。許多黨幹部掌理去集體化的過程，可以把最好的地、最值錢的農具和器械劃歸給自己和親友。他們的政治人脈有助於他們取得供給吃緊的物品和原料，而這些物料可以拿到成長快速的黑市脫手獲利。

最早在鄉村出現的另一個問題，與所有權有關。發展農村市場的基本先決條件之一就是土地使用私有化，即使所有權問題仍未定案。農民原先在家庭聯產承包責任制下使用的土地，形式上來說是從集體生產隊短期租用的，在法律上仍屬公有財產。一九八四年的一道政府條例，允許農地租用期最長可達十五年。一九九三年時又延長了三十年，於是最長可租用四十五年，而且大家普遍認為土地能傳給後代。這實質上建立了土地自由市場，因為向公家租來的地可以出租、買賣、抵押借款，就跟能完全自由交易的私人財產一樣。然而家戶並未擁有土地所有權，這個問題往往在政府收回農地來發展基礎設施或商業時顯露無遺。

一九七〇、八〇年代，改革開放啟動了中國社會的深層改變。貧窮慢慢銷聲匿跡於大部分地區，四億農民的生活水準得到顯著改善，為數十年來首見。就連在偏遠的鄉村，冰箱、洗衣機之類的現代家電都變得普及。嶄新的高樓大廈依舊少見，汽車大多仍是公家車，但細微的潛移默化已開始轉變中國社會。個人和家庭擺脫公社的集體控制，自己管自己，重拾自主權，但也得學習處理更多風險。家庭再度成為重要的社會單位。市場的影響力進入幾乎所有中國人的日常生活，滲透日常考量和習慣。國家社會主義機構局部被市場經濟取代，而這個過程中讓普通百姓感受到解放，卻也感到不安。新的機會出現，但不平等與不安全感也在上升。新的差異化形式進入中國社會，形成日後衝突的根源。黨牢牢掌控大權，但平等主義和集體主義緩緩瓦解，成了過時的觀念。

中國文化辯論

在知識界和文化領域，中國也改變甚大。中國全面對外開放的決心，不只帶來新貿易和新投資，還有新知識與新觀念。改革開放政策強調擺脫教條、解放思想，過程中撤除了部分限制。與外界的接觸有增無減，促成知識界熱烈討論中國文化該如何改變、中國的社會與政治體制該如何改革。鄧小平等領導人知道，外來者所導致的改變和歸國留學生會給中國帶來巨大挑戰，但他們仍堅信只有「接軌」，也就是敞開大門迎接來自外界的貿易、技術和知識，中國才能成長。

為展開與西方的知識及科學交流，中國首先得重振並改造高等教育體制。這個體制必須整頓，使其有助於推動知識和專門技術，而非意識形態和教條。一九七〇年代毛澤東當政時，中國已展開國際交流，並在一九八〇年代時以此為基礎，持續派愈來愈多官員及學生出國、翻譯外國書籍和文章，以及歡迎外籍顧問與企業高階主管來華。[27]但是也有人擔心外國人事物湧入會損害中國人的生活方式、信念和利益，因而對此發出批評。鄧小平時代的總體氣氛，就在反「左傾」思想與反「資產階級自由化」之間擺盪，同時也無可避免地對世界更加開放。鄧小平走中間路線，他拒絕文革對階級鬥爭的強調，希望建立政治共識。此路線使中國的教育、文化及藝術制度得以漸漸去政治化，儘管去政治化的過程並不是暢行無阻。去政治化趨勢在幾個事件中受到質疑——在一九八一年批判作家白樺的運動、一九八三年打擊「精神汙染」的運動，以及一九八七年反對「資產階級自由化」的運動中最為顯著——但中國政治的重心繼續轉向更大幅度的社會去政治化、更大規模地運用市場力量，以及對社會多元和知識多元更加肯定。從許多方面來看，一九八〇年代是中國現代史上最自由、最富創造力、最敢於冒險嘗新的十年。

如同在中國現代史上所常見的情況，藝文界率先猛力往前衝，成為最早考驗意識形態界限和最早呈現出新觀念的領域。[28]第七章有提到，周作人、沈從文、施蟄存、張愛玲等中國重要作家的作品，一九五〇年代起就遭禁。只有被認定意識形態夠進步而不致受到這些作家「腐化」的人——大多是黨的幹部和一些學者——才能讀到他們的作品。這些人也獲准擁有、查閱印量有限的現代西方文學翻譯本，亦即所謂的「黃皮書」，例如沙林傑的《麥田捕手》、貝克特的《等待果陀》。[29]文革期間，下鄉青年交換閱讀「黃皮書」，因為他們許多人的父母是有資格取得這些禁書的黨幹部。其中有些人受到外國作品啟發，加上對官方出版的文學作品失望，在一九七〇年代期間創造出蓬勃的地下文學界。他們最優秀的作品出版於一九七〇年代後期，最終在一九八〇年代初期登上官方文學刊物，當時有些作品已經完成了十餘年。北島、舒婷、芒克、顧城、楊煉等年輕作家的「朦朧詩」尤其引人注目，其中許多人如今已揚名國際。但「朦朧詩」衝擊了共產黨的文學體制。自一九四〇年代起，共黨就要求文學必須為革命服務、以寫實主義打動群眾；「朦朧詩」卻以內容相對無關乎政治和艱澀的意象為特徵。這種新文學打動了飽受文革折磨的數百萬讀者，尤其是知識分子，並且傳達出一種急切的懇求，希望政治、社會與文化有所改變。

一九八〇年代後半，官方政策鬆綁的程度已足以讓實驗性小說刊登在官方文學雜誌上。實驗性手法包括不可盡信的敘事、碎片化，尤其會使用不同的語域（language register）和方言，這也是另一種前衛作品，通稱「尋根」文學的書寫特色。尋根者想要探討的議題，清楚表現在尋根文學代表作家韓少功（1953- ）的作品中，他致力於發掘中國文化傳統的多樣性和民間宗教及少數民族文化的多樣性，藉此挖掘出被主流正統文化傳統掩蔽的根。這一尋根之舉，部分靈感來源是作者年輕時下鄉插隊的經驗，還有偏遠鄉村聚落的生活、語言及次文化。

一九八〇年代，隨著時日演進，中國的知識界變得多樣且多元。[30]有的知識分子與官方只有最低程度的瓜葛，自覺與政治沾不上邊——這個趨勢在一九九〇年代仍持續著，但內涵不同。與此同時，自由派知識分子推動浩大的出版計畫，把出版焦點放在西方政治、經濟、社會、技術和文化上。他們發起他們所謂的「新啟蒙」運動，諸多團體藉此努力打造不受國家影響且不被當局干預的公共空間。一九八〇年代期間，許多西方經典名著，例如尼采、康德、韋伯、卡夫卡的著作被翻譯成中文，介紹給中國讀者。閱讀熱席捲中國將近十年，書籍銷售量為今日所無法想像。最重要的新啟蒙團體，以叢書和刊物為核心而聚集在一塊。例如金觀濤擔任主編的《走向未來》叢書，不到五年（一九八四至一九八八年）就出版了七十四本書。《中華文化書院文庫》由湯一介、李中華、王守常等人在北京大學主持，以集結演講和發表文章為主。《文化：中國與世界》叢書由甘陽與劉小楓發起。《讀書》雜誌在這場啟蒙運動中也扮演了重要角色。總部設在上海的《世界經濟導報》大膽討論中國的政經改革，全盛時期發行量達三十萬份。這些出版品取代了老舊制式的共黨媒體，成為暢銷書刊，對公共辯論影響很大。

這些團體和出版品共同助長了一九八〇年代後期的「文化熱」，一九八八年電視系列節目《河殤》則是此熱潮的代表作。[31]《河殤》的內容全面批判中國文化的深層結構，引人側目。這個節目意圖分析中國傳統文化核心一個存在已久的缺陷。在解答曾經強大的中華帝國為何落後西方如此之遠的老問題時，這部紀錄片比較了黃河、黃土高原的「黃」和大洋、天空、從外太空所見地球的「藍」。《河殤》腳本利用中國人心裡藍色海洋與外國事物的關連性（「洋」一詞也用來指稱「外國的」或「西方的」），把藍色海洋和海上貿易、探索、資本主義擴張、文化活力的意象連在一塊。反之，在此部紀錄片中，「黃」被說成與封建、保守、農村落後密不可分。尤其是渾濁、洶湧、粗暴的黃河，成了中國傳統文化裡無知、落後的象徵。《河殤》認為只有向西方開放、衷心擁抱包括市場、啟蒙運動與民主在內的西方制度和價值觀，才能挽救中國。片中不難看出，節目製作者指出歷史的發展軌跡，藉此拒斥毛澤東思想遺緒，並且支持面向西方的新經濟改革政策。

這套紀錄片在電視上播了兩次，廣受矚目，也在學生和知識分子之間以及黨內引發熱烈辯論；有人讚賞，也有人批判。此一具有挑釁意味的系列節目能製成，並且在中國中央電視臺播出，單憑這點就顯示一九八〇年代自由派在黨內得勢。自由主義成為一九八〇年代知識界的主流論述。隨著文革結束，中國的政治菁英與知識菁英開始驚嘆被視為源自啟蒙運動精神的西方文化、物質與技術竟有如此成就。他們先前對社會主義優越性的信仰破滅，轉而對西方文化社會的自由主義層面大為景仰。此時的政治局勢，亦即黨領導階層的分裂，也助長了這個趨勢。以胡耀邦、趙紫陽為首的真正改革派遭到猜疑且保守的強硬派反對，導致最高領導階層局部癱瘓，造就了這段猶如曇花一現的驚人開放期。

一九八九年六月四日——局面從此改觀

鄧小平一九七八年呼籲開放、創新、擺脫教條，為經濟改革與藝術實驗開了路，但也不可避免地導致一些中國人——尤其學生和知識分子——期望得到更多自由，也提高了民間的政治參與。在一九七〇年代末，新時代開始之際，就有許多學生和知識分子希望除了經濟改革以外，也要有大膽的政治改革。在一九七八年三中全會的辯論和談話中，他們看到政治鬆綁的希望。會後不久的北京之春期間（一九七八至一九八一年），北京的「民主牆」運動吸引全世界目光，鬆綁跡象清楚可見。中國人民可能會突然意外看到北京西單民主牆上貼出一張張內容驚人的大字報，內容鉅細靡遺地描述文革所帶來的惡行和苦難，並挑明要求中共誠心從過去的錯誤中學習。大字報和文章表示，那些錯誤主要與缺乏民主機制有關。有張大字報由魏京生（1950- ）撰寫並署名，要求政府在鄧小平已揭櫫的四個現代化之外，將「民主」列為「第五個現代化」項目。文中寫道：

我們要自己掌握自己的命運，不要神仙和皇帝，不要相信有什麼救世主，我們要做天下的主人。我們不要做獨裁統治者擴張野心的現代化工具，我們要人民生活的現代化。人民的民主、自由與幸福，是我們實現現代化的唯一目的，沒有這第五個現代化，一切現代化不過是一個新的諾言。我號召同志們：團結在民主的旗幟下，不要再相信獨裁者的「安定團結」。法西斯集權主義只能帶給我們災難，不要再對他們抱有幻想，民主是我們唯一的希望，放棄民主權利無異於重新給自己套上枷鎖。相信我們自己的力量吧！人類的歷史是我們創造的，讓一切自封的領袖和導師滾蛋，他們把人民手中最寶貴的權利騙走已好幾十年。[32]

儘管民主牆運動在大部分議題上並非意見一致，卻趁此機會對鄧小平的改革開放政策提出批判，並且要求更全面地理解現代化。這項運動的積極分子支持鄧小平的經濟改革和四個現代化，但是要求加上他們對社會主義民主的願景，視之為更加徹底且永續的中國社會現代化工程裡不可或缺、甚至勢在必行的一環。一九七九年春，當局下令將民主牆移到北京西部的一座小公園，並宣布凡是有意張貼大字報者都必須向當局登記姓名、地址。一九七九年三月鄧小平提出「四項基本原則」，強調共產黨的領導和社會主義道路，此時民主牆運動領導人（以魏京生最引人注目）遭逮捕、審判、入獄。公開提倡政治民主成了禁忌，因為改革派堅持改革開放在政治上要有極限。他們主張，中國的改革不包括容許針對政治自由發表意見或談論個人權利。黨也表明，有必要時會用武力壓下公開批評或示威。在這方面，黨的做法明顯和毛澤東時代沒有兩樣。於是，民主議題成為領導階層最重大的挑戰之一，而此挑戰又是改革的必然結果。

政府雖然強力干預，一九八〇年代政治異議與不滿的聲浪還是持續高漲，知識分子愈來愈敢於測試黨領導階層所畫下的紅線。[33]有些人質疑起共黨政權的意識形態基礎，有些知識界菁英甚至開始把共產主義視為問題癥結所在，把市場經濟和西方民主視為唯一的解方。例如，劉賓雁（1925-2005）是原本支持黨的知識分子，但在毛澤東時代的生活經驗讓他認為不只有經濟需要改革。他是「報告」文學的推手，這種文學體裁結合調查式報導和文學敘事技巧；他探討的主要議題之一是地方貪腐。他主張作家必須揭露社會弊病、批評黨國，使黨國得以修改政策，更周全地服務人民。他強調若沒有自由，這個任務不可能完成。他堅持必須讓知識分子和新聞從業人員可以自由揭發社會與政治的弊病，因此不久就和當局及審查人員產生衝突。[34]另一個鼓吹知識自由的思想家是科學家方勵之（1936-2012）。他從和別人迥然不同的角度出發，在演說和書信裡否定馬克思主義是一門科學理論，而在當時的中國，馬克思主義仍被視為是科學的。在他筆下，馬克思主義是來自十九世紀的過時思想。他也提倡發表意見和演說的自由，認為這是中國建立科學與現代化的先決條件。[35]在方勵之看來，黨必須保護知識自由，使其免受政府干預和大企業施壓。科學唯有不受政治干預，並且能自由進行研究而不受意識形態約束，才有望在中國蓬勃發展、為中國的現代化做出重大貢獻。但鄧小平領導的中共容不下這種抱負，方勵之很快就被劃歸為異議人士。一九八〇年代末期，劉賓雁和方勵之都流亡到美國，在那裡度過餘生。

黨內並非人人贊同鄧小平的強硬政策，甚至領導階層裡也有人持不同意見。一九八七年一月，鄧小平拔掉胡耀邦的中共總書記之職，說他心裡支持外界的民主要求，處理社會上的異議分子不力。接他位置的是總理趙紫陽，但他同樣支持政治改革。他與北京一些學界人士和智庫有合作關係，此前就曾請他們就漸進改革政治體制的可能性做研究。黨內外愈來愈多人認為政治自由化和政治改革是重要課題。

要求自由與民主的呼聲令中國的大學和學生群情騷動。學生期待改變，期待新的自由權利，期待接觸自由主義理論和知識的振奮機會，但這些期待再度牴觸到一黨專政的現實，以及黨為了壓制日益高漲的期望所做的努力。一九八三年的反精神汙染運動和一九八七年的反資產階級自由化運動，大半精力都用於攻擊與政治自由主義有關的著作和思想；黨內的正統馬克思主義者認為它們屬於資產階級，而且很危險。這類運動惹火許多學生和知識分子，把他們推向了激進之路。

一九八〇年代後期，經濟前途未卜使得情勢更加惡化，為大規模的抗議運動創造了有利條件。一九八八年，貨幣改革導致政府的宏觀經濟調控能力大失，引發的通膨危機衝擊整個社會，而且抑制不下來。一九八八年最後三個月，通膨達到高峰，為了降低通膨而規劃的撙節政策又導致混亂和實質所得受損，不滿隨之在城市地區蔓延開來。通膨和貪汙橫行引發不少民怨，成為一九八九年抗議行動的推手。

一九八九年的北京學運，是中華人民共和國建國以來最大規模要求政治改革和民主的自發性抗議運動。學生要求自由、民主，但他們的抗議也是在對高通膨、官場貪汙橫行、學界人士經濟前途日益黯淡等新出現的社會弊病表達最直接的不滿。北京地區的大學生得知胡耀邦猝逝後，立即於一九八九年四月十五日發動學運。學生知道胡耀邦對異議和民主呼聲的寬容，帶著鮮花和吊唁信聚集於天安門廣場。緬懷胡耀邦的活動漸漸轉化為自發性且脆弱的政治運動，提出的要求也開始得到城市居民的同情與支持。一番遲疑之後，《人民日報》刊出一篇社論，內容環繞在鄧小平對天安門運動的定調。鄧小平將這場學運斥為受到「極少數別有用心的人」操縱的「動亂」。四月二十七日，十萬學生走上街頭抗議那篇社論，並有數萬市民加入助陣，事態演變為對鄧小平等領導人發出的空前挑戰。學生要求官方否定那篇社論，學運迅速擴大。

在北京，學生也要求與黨領導人平起平坐晤談。[36]抗議者罕見地要求公開政治對話與官方承認，震驚了領導階層。考慮了頗長一段時間後，黨表示願意做有限度的讓步，提議雙方閉門會談。與此同時，幾名學生於五月十三日展開絕食抗議，以更激進的手段要求政治自由，尤其是民主。他們在一九八九年五月十三日的絕食宣言中，說明了目標：

我們最純潔的愛國熱情，我們最優秀的赤子心情，卻被說成是「動亂」，說成是「別有用心」，說成是「受一小撮人的利用」……我們的感情卻一再被玩弄，我們忍著饑餓追求真理卻遭到軍警毆打。學生代表跪求民主卻被視而不見，平等對話的要求一再拖延，學生領袖身處危難……民主是人生最崇高的生存感情，自由是人與生俱來的天賦人權，但這就需要我們用這些年輕的生命去換取。[37]

這些動人的言語和絕食行動，把全國數十萬支持者團結在一塊。絕食者的身體狀況一出現明顯惡化，平民往往會在各自單位的組織下，立即上街表達對學生的支持。這時，抗議蔓延到數百個城市，全國有數百萬城市居民參與示威。黨內也有人表態支持。趙紫

圖 10.1　上海時裝商店聲援六四學生運動的直幅布條

來源：Wikimedia Commons, Uploaded from https://www.flickr.com/photos/45154726@N05/8937031730

陽就在回憶錄裡憶及許多重要公眾人物和資深黨員紛紛寫信或打電話給黨中央，力促領導階層「正確對待學生運動，承認學生的愛國行動，改正對學生的錯誤態度」。[38]對於要如何理解和處理抗議，黨內似乎嚴重分裂。

藉由絕食，學生成功動員了群眾，成果驚人。數百萬市民上街支持學生反政府，中共的統治遭遇人民堅決的反抗。抗議也打斷了一九八九年的中蘇高峰會。由於中國的高層領導人此時大多對這波抗議行動極度反感，政府便在五月二十日宣布戒嚴——然而在執行上遇到了困難。當天夜裡，北京市民深信黨已經派出軍隊，天安門廣場上的學生處境堪憂，於是有數十萬人出門力挺學生。主要道路和十字路口都被市民堵住，老婦和小孩在馬路上露宿，軍隊被擋在郊區，進不了北京。部隊（大多沒有武裝）被迫撤退，天安門廣場依舊被抗議者占領。學生及其支持者贏得他們最大的一場勝利。

鄧小平和總理李鵬（1928-2019）對廣大人民公開反抗黨國勢力感到無比驚訝。他們深信不能坐視如此的藐視行為，否則北京等城市的情勢會失控。中共中央政治局委員喬石（1924-2015）認為，「當前情勢已是騎虎難下」。五月二十一日晚間與趙紫陽交談時，他說：「軍隊進不來，戒嚴令不起作用，成百萬學生、市民、工人、機關幹部湧在街頭，湧在天安門廣場。這樣下去，首都確有陷入癱瘓的危險。」[39]基於這個理由，政治局決定派軍隊清場。六月三日，軍隊再度進入北京，[40]也再度遭遇抵抗——然而這次政府的指令明確，所以軍隊朝抗議的市民、學生開火。六月四日凌晨，軍隊強勢挺進北京天安門廣場，造成數百人死亡，數千人受傷。

屠殺事件成為國際焦點後，政府終究扼殺了這場民主運動，並且稱之為反革命政治動亂。然而黨下令朝手無寸鐵的年輕學生開火一事，引發國內外無數人憤慨。儘管此後中共嚴加審查出版品，這場運動還是烙印在許多人心中。此運動對中國高層政局的確切影響仍有待探明，但運動的餘波衝擊到社會、政治的每個角落。中國官方想方設法要抹除天安門事件，不過但凡有思考能力的觀察者都能察覺到此事件對今日生活的影響。中國的政治有很大一部分沾染了這場運動的精神和後續效應。[41]

四個後果當下立見。首先，這場前所未有的運動，一時之間加深了黨內的裂痕。時任中共總書記的趙紫陽主張與學生好好談，並表示那些學生很「愛國」。他竭力想讓鄧小平相信必須採通融路線，但鄧無法接受妥協。決定派兵鎮壓後，鄧小平要趙紫陽支持黨的決策；趙拒絕退讓，此舉被視為存心要分裂黨，嚴重違反一黨專政原則。他受到調查，撤除所有職務，並且遭到軟禁。這不但令趙紫陽從此噤聲，也令黨內大量挺民主的自由派人士失勢。較開明的領導人遭拉下臺，由江澤民（1926-）及後來的朱鎔基（1928-）取代。新一代領導人有兩個共通特質：都是一九八〇年代期間在大城市主持改革的重要領導人，面對民眾抗議時也都把穩定視為第一要務。黨內分裂隨即得到弭平，也不再有人談及或提倡政治改革；這個話題變成禁忌。此外，黨緊縮對大學、學生組織、新聞與出版界，以及藝文界的控制。中國自此經歷了一段長久的政治穩定期，和一九八〇年代政治動亂頻仍的局面形成強烈對比——這個結局讓許多觀察家跌破眼鏡。

其次，一九八八年的經濟動盪和一九八九年的政治動盪過後，中國的經濟改革暫時停下腳步。關於計畫經濟和商品經濟孰優孰劣的經濟辯論，轉成了關於社會主義、資本主義孰優孰劣的政治辯論。於是，政府施行了一些具體政策措施，包括發展鄉鎮企業與強化國營企業的主導地位，藉此抑制私營經濟。這些政策措施造成幾個不可避免的後果，其中最顯著的是GDP成長率陡降、失業人數開始暴增。一九八九與一九九〇年的GDP成長率分別只有四．一%和三．八%。但在另一方面，過熱的經濟降溫，經濟情勢變得比較穩定。

第三，一九八九年的社會運動是城市社會運動，揭露了城市經濟發展過程裡的矛盾與市場擴張過程裡產生的社會混亂。為了防止類似動亂再起，政府深化城市改革，以改善生活水準為目標。由於一九八九年的危機，城鄉分歧開始擴大；一九八九至一九九一年，農民所得基本上已經停滯，城鄉所得差距回到一九七八年之前的程度。因此有更大比例的農民遷出農村，使得城市工業有龐大且廉價的人力可用。一九八九年後，城市發展顯然是優先要務，發展過程中往往是農村被犧牲。

第四，天安門事件必須放在全球形勢的脈絡下來看。一九八九年當然也是東歐和全世界出現鉅變的一年。諷刺的是，中國的事件發生得比其他地方的示威還早，激發了東歐境內的抗議運動。一九八九年中國領導人對示威的暴力反制，令共產主義受到東歐的示威者唾棄，因為此舉清楚揭露了一黨專政的暴力面。中國的殘酷鎮壓與蘇聯共產集團國家面對類似情況時的回應截然相反，後者並未動用暴力。與天安門廣場上的開槍舉動相較，後社會主義時代歐洲、波羅的海三小國與俄羅斯政權的順利轉移最令人驚訝之處，就在於過程相對平和；而且在上述大部分地方，受到挑戰的政府往往是猝不及防就交出政權。

雖然一九八九年的重大事件和影響集中在東歐共產主義體制垮臺，但中國的情況也提醒世人，世界上許多區域和地區從動盪的一九八九年得到了不一樣的結果。一九八九年之後，東歐的市場、政治制度和文化規範頻頻失敗，導致新式反西方秩序的活動迅速興起。舉例來說，政治伊斯蘭（political Islam）不再把矛頭指向信仰共產主義的敵人，轉而對付自由主義的西方。拉丁美洲民粹主義的反西方氣息日益濃厚，而東山再起的威權主義統治，也以新型態出現在世界上許多地方，從土耳其到俄羅斯都有。因此，中國恢復威權主義在很大程度上可說是為了避免遇到東歐在一九八九年之後經歷的危機和弊害。從這個意義上看，冷戰終結對歐洲來說感受最為強烈，但中國、甚至大半個世界的反應卻不一定是這樣，不僅分歧也常出乎意料。

這些鎮壓一九八九年學運所產生的後果，明顯與一九八九年之後核心政治策略的兩大特點有關，而「兩手硬」一詞具體而微地說明了這兩個特點。[42]兩手指的是經濟改革和政治穩定，硬則是指在這兩個方面都保持強硬。天安門事件和一九八九年不只代表改革受挫，還永久改變了中國的改革進程。此後，經濟改革加速並擴大，以中央集權和有廉價民工可供使用為基礎。與此同時，穩定和安全成為政治、文化及社會領域的優先考量。一九八九年社會運動所提出的基本議題和關注重點，例如民主、自由、公平的機會，都被刻意避談。一個專制卻自信的新中國出現了。在天安門廣場的血腥混亂與一九八九年的世界變化之中，中國模式誕生。

第十一章

CHAPTER 11

整體推進

一九九〇～二〇一二年

經過一九八九年的政治和經濟劇變，中國停止所有改革約三年。黨內保守派提議重新採行計畫經濟，公開反對社會進一步自由化。一時之間，中國似乎真的有可能走回頭路。一九九二年，鄧小平出手干預，提出被稱作「重點突破，整體推進」的新戰略。[1]市場導向的改革會擴及整個經濟領域（因此叫整體推進），也會著重國家部門、課稅、銀行業、企業體制，以及外匯方面的改變（構成重點突破）。這個策略為日後的驚人成就打下基礎，中國則靠這番成就躋身經濟超級強權之林。中國的崛起令中國本身徹底改頭換面，但也在世界各地造成反響。中國的經濟發展是史無前例的全球現象，具有逐步改造世界的力量。

與大膽的經濟改革截然相反，中共在政治領域並不願從事類似的無畏改革。在中國領導階層眼中，一九八九年推翻俄羅斯及東歐共黨政權的高漲民怨，主要是由貧窮、落後和隨之而來的種種經濟弊病所激發的。蘇聯與東歐衛星國的垮臺令中共深有所感，在危機過後那段時期裡對中共的政策影響也很大。[2]為了繼續控制國家和社會，黨把自己的未來和經濟快速發展掛鉤。中共還將民族主義精神當成一種積極的回應來加以鼓吹，目的是藉由強調團結抵禦外部威脅的必要性來加強對社會的掌控。追求國家大業和中國復興，成了政府宣傳的主旋律。中國也向全球擴大接觸，與世界各區域都建立了政治與經濟的連結。

黨內緊密團結

國際對天安門屠殺的負面反應，甚至敵意反應，也影響了中國國內情勢，特別是促使領導階層緊密團結；這點很諷刺地為政府帶來更大的影響力和衝勁，得以鞏固體制高層的權威和資源，也得以挑選各種既偏重國家需要、同時著重維穩的政策。天安門事件過後的領導人江澤民與朱鎔基發展出非常好的工作關係，尤其在經濟政策方面。前者從一九八九至二〇〇二年擔任總書記，一九九三至二〇〇三年擔任國家主席；後者從一九九三至一九九八年擔任第一副總理，一九九八至二〇〇三年擔任總理。他們都認知到經濟發展是眼下第一要務，沒有快速的經濟成長，就別指望政治穩定。與此同時，老一輩革命領導人開始凋零。到了一九九七年，包括鄧小平在內的重要元老都已去世。因此，江澤民與朱鎔基才能夠終結最高領導階層中意識形態和權力分裂的現象。這份強烈的內部共識促成了一段黨內權力鬥爭比較不外顯的長時期，也讓前後任政府的銜接十分平和順利。

一九九〇年之後，「國家利益優先」程度提高，提升了中國的經濟與社會管理能力。[3]在這個大環境下，活絡的私部門存活下來、甚至成長，但完全是在公部門設定的範圍裡進行，而且此時公部門獲得支持的程度遠甚於以往。朱鎔基於一九九八年出任總理之前，就在政府裡扮演重要角色，在充滿幹勁和遠見的他領導下，一九九〇年代的改革有三大重點：著眼於重新採行集中管理，並且重建財政與貨幣基礎，以利於宏觀經濟穩定；強調市場一體化；推動所有權改革和改善管理。同時，這個中央集權程度更形提高的政府對小規模且無關政治的公民團體及非政府組織多少比較寬容，前提是它們不被視為威脅到黨的統治。從勞工權益維護到環境保護的許多領域，都有非政府組織成立。

改革時期之初，中共就致力於擴大黨的基礎。一九九〇年代，江澤民積極吸收商界與市場界人士入黨。此舉顯然需要更改中共黨章，因為中共向來將自己界定為工人和農民的黨。江澤民提出「三個代表」，以合理化這個擁抱資本家的新方針。二〇〇一年七月一日，中共建黨八十週年那天，他在一場講話中對此概念提出其最詳盡、最重要的闡述。[4]江澤民的政策意味著黨要轉向菁英政黨。在經濟改革時代，黨必須代表三股力量：「中國先進社會生產力的發展要求」；「中國先進文化的前進方向」；「中國最廣大人民的根本利益」。因此，江澤民要求讓改革時期在經濟界（黨要代表的第一個群體）和科學、教育界（黨要代表的第二個群體）出現的新菁英入黨，包括民間企業家、高專門技術人士、科學家、創新者等。中共領導階層顯然認為黨必須納入中國那些因為技術變革、經濟成長和全球化而得到影響力的各種群體。江澤民力促黨吸收他們，允許他們在黨內發聲。「三個代表」的新意識形態信條，認可非官方企業和外國企業的企業家、技術人員、經理人為「中國特色社會主義的建設者」。到了二〇〇六年，黨員組成已經遠比以往多元，黨員人數也大增，達到七千餘萬。

黨拒絕政治體制的全面改革，但允許地方層級做漸進且有限的改變。公共行政、法律和地方政府都啟動了小幅的制度性改革。這些改革的效應之一，是把舊的幹部體制改造為現代文職公務員體制，並且把古代的科舉制度當成這個新體制的基礎之一。在此背景下，中國也為中央政府公務員的選任建立了標準化的考試——朝向只依據明確規範的成績標準來建立透明的菁英取向選才制度，邁出了重要的一步。各層級都嚴格執行公開、公平的考試，以確保人員晉用以競爭和適任為基礎。起初落實相當困難。例如，有些單位被發現無視考試結果，以自己的選任標準招人。從一開始，公務員考試就包含黨思想和黨史的政治考題。二〇〇三年，招考過程增加了面試。公務員考試報考者眾。二〇〇八年約有七十七萬五千人應考，角逐約一萬三千五百個公務員職位。最多人報考的中央政府部會是商務部、外交部和國家發展改革委員會。[5]照官方說法，公務員不再需要具備黨員身分（但如今仍有八成公務員是黨員）。有些敏感職位，例如人事管理職，只留給黨員。但即使是最高階的政府職位，包括總理和部會首長，正式來講都是公務員體系的一部分。想要出人頭地的公務員和未來的高層幹部都得通過考試取得資格，而要得到中央政府的任何初階職位，報考者都得和數百個、甚至數千個考生競爭。力爭爬上政府高層的人，也得先在下級政府單位取得好表現，而且每升上一個層級，考評標準就更加嚴苛，每個層級的升遷都需要通過新的一套考評辦法來核實應考者的領導能力。為招收和升遷政府公務人員，中國建立了世界上最競爭的制度之一。

一九七八年，政府就已經在選定的農村辦地方選舉。這些改革從一九九八年起在全國試辦。一九九八年，中國全國人民代表大會正式通過並頒布新版村民委員會組織法，指示所有村子透過競爭性選舉成立村委會，所有候選人都由村民提名。許多候選人得以競選任期三年的村委會委員。投票率通常很高。到了二〇〇八年，已有約九億人在七十三萬四千多個村子裡投票選出約三百二十萬個村領導。這些選舉代表了制度上的一個重大發展。藉由將村級選舉制度化，黨領導人意欲賦予地方政府更多責任並改善既有行政體系的功能，[6]但無意藉由村選舉促成政治體制的民主化。

中共採取多種措施來改革政治制度、開放政治過程、強化責任歸屬，但這些措施規模有限，不符合部分批評者所要求的大規模政治改革。中共成了更務實且愛國的執政黨，但若要說意識形態在中國已過時或消失，還言之過早：政府文件和官方媒體仍經常使用馬克思主義的術語。

經濟改革的深化

歷經三年的削減開支和國際孤立後，中國的改革於一九九二年鄧小平表達強力支持擴大經濟改革與經濟實驗時，呈現出新的光景。他公開南巡，以展現對繼續改革的堅定支持。此次南巡期間，他說：「不堅持社會主義，不改革開放，不發展經濟，不改善人民生活，只能是死路一條。」[7] 一年後，中共第十四屆三中全會通過《中共中央關於建立社會主義市場經濟體制若干問題的決定》，清楚表明不只要繼續改革，還要深化改革。[8] 此一轉向為中國經濟帶來顯著的激勵，以及可能是歷史上所有社會中最快速的經濟成長。中國新興的市場經濟深度融入全球市場，到處都可見到全球化的影響。

一九八九年這個轉捩點之前與之後所施行的改革，差異很大，從這些差異切入，極有助於探明這個時期。[9]一九九〇年代的改革措施以系統化的連貫性為特點，與一九八〇年代的改革迥然有別。最關鍵的一步是於一九九三至一九九九年推行一套雄心勃勃的制度性改革；一九九九這一年，中國與美國就進入世界貿易組織一事達成了協議。[10]在這個階段，總理朱鎔基領導下的政府實行了一系列措施，均是攸關中國「整體推進」經濟策略成敗的重要一步。

制度方面的創新可分為六類。首先是強化各省和各縣公共行政績效的競爭。[11]一九四九年起，中國已發展出一套制度，鼓勵地方幹部爭取中央政府關注和分配資源。進行改革之前，衡量地方幹部的表現時主要以政治立場和意識形態為標準。進行改革之後，這些衡量標準被發展指標和成長指標取代，例如GDP成長率、出口額、外資流入額。因此，省領導和地方官員若要仕途得意，就得搞好自己省分或地方的經濟。[12]官員提升本地經濟成長的意願很強，因為他們的事業前景取決於他們治理區域的經濟發展。地方經濟高速成長，當地領導人就有機會晉升到中央政府任職，獲得嘉許、拔擢和獎金。經濟成長當然也意味著官員轄下的公共收入和企業獲利增加，而他們可以針對這部分做不同程度的調控。他們能為家人、朋友擴大商機，也能提高流向官方機構和機構負責人的租金（不管是合法的還是非法的）。這些政策於是加劇了貪汙和賄賂的現象，但同時也把中國的地方政府和省政府改造為經濟成長與發展的強力推動者。各縣開始競相打造機場、公路、科學園區、電信設施和地方產業，深怕落於鄰縣之後。不可否認，中央計畫體制仍然存在，但是給了地方政府一些決策與主導空間。由此而產生的競爭，推動了自一九九〇年以來在中國經濟裡一直顯而易見的「投資熱」。地方政府為了勝過別的縣，往往會違抗中央政府切勿過度興建和擴大設施與基礎結構的指示。在經濟發展上相互競比高下，是中國公共行政領域的獨家特色，與開發中國家地方政府的做法截然相反。在開發中國家，地方官員多需倚靠當地菁英；許多這類官員致力於榨取資源，而不是促進成長。中國的地方官員則只有靠促進經濟成長，才能榨取到資源。

如果說強化公共行政的競爭是一九九〇年代最大的制度性創新，那麼第二大的衝擊就來自中國讓人民幣實質貶值三成三。這項大幅調整發生於一九九四年初，在此之前，中國有兩個官方外匯體制和令人困惑的雙匯率：一種是外國人用的，對中國人比較不利，另一種則對符合資格的中國企業較有利。由於兩種匯率有價差，透過非法匯兌就能從中得利，導致黑市與貪汙猖獗。作為諸多改革的一環，中國統一了兩個官方外匯體制，讓適用於外國人的匯率與中國企業在國內匯兌市場用的匯率相當。這次貶值為中國出口的增加創造了有利條件，外來直接投資也變得更有吸引力。中國當時占全球經濟的比重較

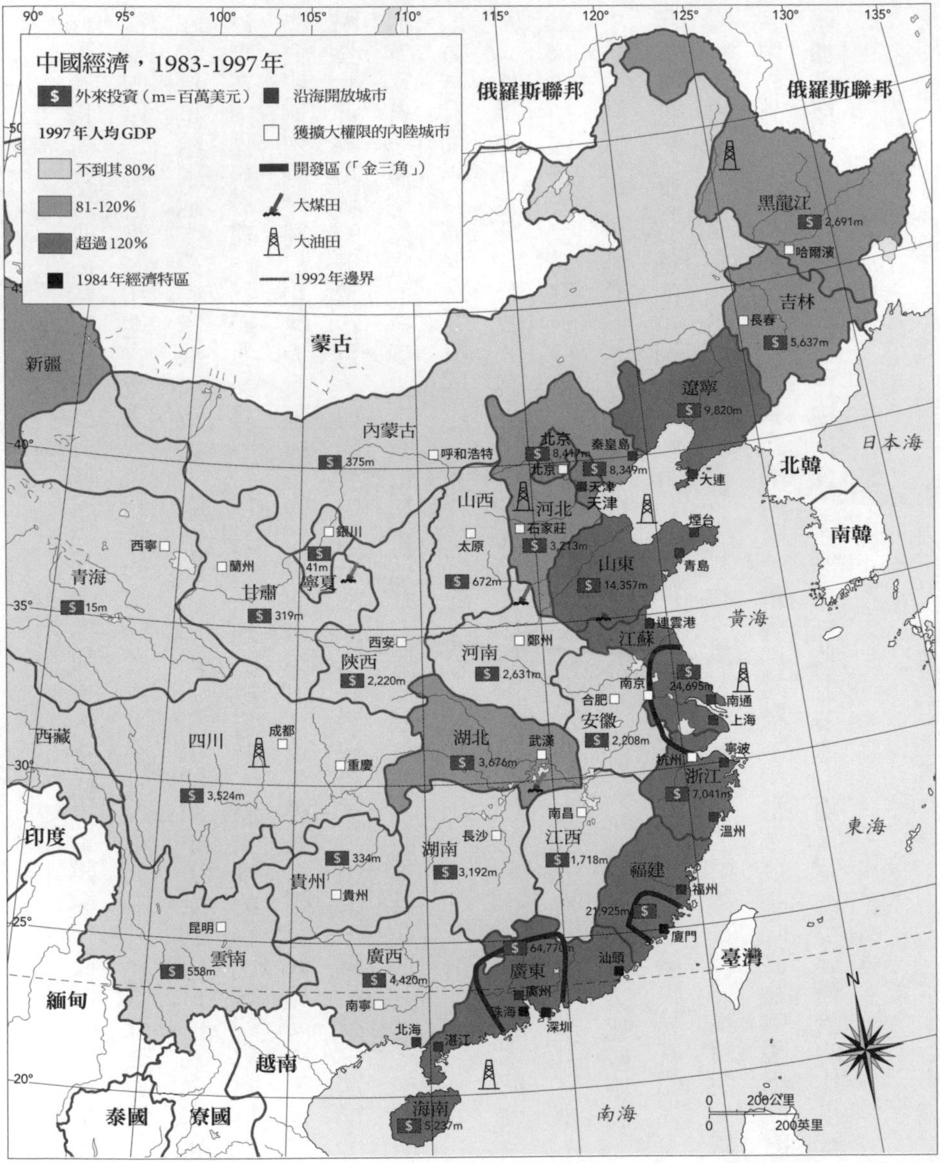
中國經濟，1983-1997年
外來投資（m=百萬美元）
1997年人均GDP
不到其80%
81-120%
超過120%
1984年經濟特區
沿海開放城市
獲擴大權限的內陸城市
開發區（「金三角」）
大煤田
大油田
1992年邊界
俄羅斯聯邦
俄羅斯聯邦
黑龍江
2,691m
哈爾濱
吉林
長春
5,637m
遼寧
9,820m
蒙古
新疆
內蒙古
呼和浩特
375m
北京
8,447m
北京
秦皇島
8,349m
天津
天津
大連
日本海
北韓
南韓
山西
河北
石家莊
3,213m
太原
672m
煙台
青島
山東
14,357m
銀川
41m
寧夏
西寧
蘭州
青海
15m
甘肅
319m
連雲港
黃海
江蘇
西安
鄭州
陝西
2,220m
河南
2,631m
南京
24,695m
南通
合肥
安徽
2,208m
上海
西藏
四川
成都
湖北
武漢
3,676m
重慶
寧波
杭州
浙江
7,041m
3,524m
南昌
江西
1,718m
溫州
東海
印度
長沙
湖南
3,192m
334m
貴州
貴州
福建
福州
21,925m
廈門
昆明
雲南
558m
廣西
4,420m
64,770m
廣東
廣州
汕頭
臺灣
緬甸
南寧
珠海
深圳
北海
湛江
越南
泰國
寮國
海南
5,237m
南海
200公里
200英里
N

小，所以美國與其他國家並未反對此次貶值。

第三個制度性創新是逐步放寬農村往城市遷徙的限制。[13]對人口流動設限，不只限制了勞動力的轉移，也限制了資本、商品和觀念在計畫經濟體制下跨行政區的轉移，令城鄉生活水準的差距無望拉近。在毛澤東時代，戶籍制度是控制社會的有力工具，但在改革時期就非常不利於工人走出農村投入工業和城市服務業。這類限制鬆綁後，來自農村的民工便可以赴城市找工作。即使民工不能永久定居於落腳地，戶籍限制的放寬仍讓愈來愈多勞動力得以源源不絕地從鄉村遷移至城市；日益擴張的城市產業因此有龐大的人力可用，同時持續壓低勞動成本。

官方鼓勵地區競爭，也撤除了國內遷徙的障礙，第四個制度性創新於焉誕生：稅改。政府把國家利益視為重中之重，所以一九九四年的稅改旨在使中國的財政更為穩固。預算收入占GDP的比例在一九九五年來到一〇．八%的低點，但隨著改革見效，在二〇〇一年陡升為一六%，二〇〇八年則達到二〇．五%——是很了不起的成就。一九九四年稅改的成功，擴大了稅基，提高了收入，也強化了中央政府的預算。

第五個改善中央政府預算情況的因素，是國營企業大幅裁減人力。[14]具體原因是國營企業面對的公開競爭遠甚於以往，加上財政方面的預算限制變得更嚴格。一九九二年頒布的國營企業營運條例也授權給國營企業經理人，由他們任免工人、訂定工資、執行與企業資產有關的交易。讓國營企業得以存活的雙軌定價制逐步廢除，由一體化的市場取代。數千家賺不了錢的國營企業永久停業。小型國營企業的私有化，在一九九五年大舉啟動。兩年後，這些企業有一半以上私有化了。許多小型、中型國營企業與更多的鄉鎮企業，被賣給或交給國內買主或外國的私人買主。在僅僅略多於十年的時間裡，傳統國營企業的員工因為提早退休和自願離職，從一九九二年的四五〇〇萬人減為二〇〇七年底的一七五〇萬人。國營企業勞動人口總數少了二七〇〇萬，也就是減少近四成。[15]只有最大最賺錢的公司仍歸中央政府控制，其中大多在天然資源領域或戰略領域。這類國營企業約有一千家。在獨占性事業仍被視為正當合理之領域，國營事業得到保留，但能源、電信方面的獨占性事業則拆成兩到三家彼此競爭的國營企業，並且執行更理想的公司治理制度。許多大型國有企業被推動上市或轉型為股份制合夥事業。中央政府決意把中國的「國家龍頭企業」牢牢抓在手裡，但是總體而言，推動所有權多元化的力道甚猛，造成完全國有的非金融企業變得很少見。國營企業也獲准以破產、清算、上市、賣給私人公司、拍賣資產和負債的形式重整。這些制度性創新提升了國營事業的效率和獲利能力，儘管未消除對國家補助的依賴，但總歸還是把這份依賴減輕了。

最後，有個最大最重要的問題，即中國的經濟該如何與國際經濟連結、要連結到何種程度。自一九七〇年代後期首度對外開放以來，中國與外界的貿易劇增。一九九〇年代中期，中國為了增加外來投資而放寬關於外人所有權的規定，外來直接投資因此大增，卻也引發了該不該放寬外來投資規則的質疑。這類質疑當然與中國想要加入世界貿易組織有關連。中國在一九九九年談成入世協議，二〇〇一年成為世貿正式會員。世貿會員身分的取得，不只正式確立了在進口方面更大幅開放的方向，也確立了外資企業在中國國內市場自由營運、販售的一套基本規則。基於世貿會員身分，中國必須遵守世貿針對國際版權法、商標、簽證、營業許可，以及國內產業保護方面的規範。但是在中國，做法上有重大變更。外國公司在中國成立分部時，中國通常會要求這些公司轉移先進的重要技術和智慧財產。在許多戰略領域，中國只讓外國公司以合資的方式營運，而且中方合夥人的股權要占多數。這些規則令外國公司牢騷滿腹，抱怨中國強迫它們交出商業機密，也抱怨自己受到不公對待。

一九九〇年代對改革成敗的重要性，遠大於一九七〇或八〇年代。總理朱鎔基沒有在改革上退縮，也沒有用行政措施來重新平衡經濟，而主要是倚賴嚴格的貨幣政策和嚴守預算的方針，來推動公部門進行痛苦但必要的重整——此舉令他與中央政府和地方的許多既得利益者產生歧見。一九九〇年代的改革有兩個特點。第一個是願意讓參與經濟活動者在各層級面對更多的競爭，導致成本很快就開始轉嫁到個人與社會群體身上。第二個是決心保護政府資源和國家利益優先。中央政府成功將財政資源做了一定程度的再集中，而且在失業率因改革而開始快速上升時，為城市居民構築了安全網，包括失業保險和保障最低生計的抗貧計畫，以及經過整頓的退休金體系。改革者也把心力轉移到以下方面：為剛經過改造和剛私有化的國營企業建立有效的公司管理制度；改革並重振銀行與金融體系的活力；為市場經濟建立適合的規範體制。於是，激勵因素、流動性與市場三者的大幅擴張，為新企業的成立和既有公司的成長創造了前所未有的機會，包括進入新市場的外國公司。進入市場的新公司多得驚人：製造業公司從一九八〇年的三十七萬七千三百家增為一九九六年的將近八百萬家。[16]

中國轉向多邊主義

一九八九年後，中國面臨國際孤立，政府承受極大壓力。天安門鎮壓是中國對外政策的一個重要轉捩點，迫使領導階層重新調整對世界的展望。世人多抱持支持心態看待中國在一九八九年之前的改革，然而後來局面完全改觀。世人的看法大幅改變，尤其是歐美自由派菁英與新保守派菁英，而這樣的改變影響了此後數年的決策。為了回應中國以暴力對待自己的人民，美國和其他國家對中國進行制裁，與中國的關係變得很複雜。許多國家之所以做出這樣的回應，不只有受到中國發生的事件影響，還有這個事件出現的時機。在短短幾年裡，東歐和俄國似乎都隨著冷戰結束而揚棄了威權統治，轉向擁抱民主自由。中國則證明任何形式的政治自由化在中國都不可能實現，還會遭到鎮壓，這令中國與世局的演變嚴重脫節。

一九九〇年代，「中國威脅」之說開始在西方學界與官場擴散。中國威脅論者認為中國採威權統治、易生衝突，地緣政治的對決終究無法避免；他們根據這樣的假設，警告世人提防中國威脅。一九九三年，哈佛大學政治學家杭亭頓（Samuel Huntington）提出他的「文明衝突」理論，把儒家中國說成對西方文明的威脅。另外有人警告說，由於中國沿海地區、香港、臺灣，以及亞洲各地的華人社群在經濟上日益整合，「大中國」超級強權正在成形。而從地緣政治觀點看，中國在外交上打壓臺灣、中國與日本和印度的區域性對立情況日漸升高、中國對美國全球霸權構成挑戰，都指出中國崛起背後潛藏著很大的危險。[17]

天安門事件過後，中國著手因應美國與西方對其人權紀錄的批評。例如在一九九一年十月提出人權白皮書，接受外國人權代表入境。與此同時，北京強調生存權與發展權，並且抨擊美國自身警察執法殘暴和種族歧視方面的人權不良紀錄，暗示美國沒有資格批評他國。[18]

中國知道在國際上廣結善緣會減輕天安門事件後的孤立處境帶來持久影響，起初將心力集中在亞洲。一九九〇年，中國得到長久不相往來的印尼與新加坡外交承認，也先後和沙烏地阿拉伯及南非建交。外交上的成功出擊使臺灣處境更為緊蹙，但一開始對中國與美國關係的正常化沒什麼助益。

然而，中國遭到制裁的時間很短。一九九一年秋，美國政府已願意撤銷制裁。第一次波灣戰爭結束、打敗伊拉克後，美國加深了對中東事務的參與。同時，東歐和蘇聯的情勢惡化，民族主義和族群衝突升高，也需要西方關注。為了集中心力處理這兩個戰略領域，美國境內出現一種意見，主張應該減緩與中國的緊張情勢並想辦法恢復正常關係。江澤民認知到如果對美關係更為穩固，經濟改革會更容易持續。一九九〇年代後期中美關係的改善，在一九九七年江澤民訪美和一九九八年美國總統柯林頓訪中時達到頂點。[19]

維持有利於經濟成長的國際環境，仍是中國對外政策的重中之重。第二個目標則是恢復和捍衛領土完整性。在這方面，首要之務是致力於促成臺灣、香港、澳門回歸，以及維持國內政治穩定。具體作為方面，中國阻斷了外界對西藏、新疆及內蒙自治區分離主義團體的支持，並竭力阻止或限制臺獨勢力得到支持。中國也示意已準備好守住它在東海及南海主張擁有的領土。中國爭取鄰國的支持與同情時，也決意防範他國宰制亞洲區域。中國大體上採行一種務實策略，目標在於保持領土完整和區域穩定，最重要的是一路維持高度經濟成長。在具體的政治及外交政策上，中國著重於互蒙其利、維持與幾乎所有國家和機構的友好關係，以及擴大最有助於中國經濟發展的關係。[20]

中國外交轉向多邊主義，[21]致力於與美國等強權建立「建設性的戰略夥伴關係」，同時尋求和亞洲的多邊安全與經濟機構合作，例如亞太經濟合作論壇、東協地區論壇。中國主動發展與俄羅斯和其他前蘇聯國家的戰略夥伴關係。一九九六年俄國總統葉爾欽（Boris Yeltsin）訪問北京期間，中華人民共和國和俄羅斯聯邦簽約締結劃時代的戰略夥伴關係。莫斯科和北京也解決了黑龍江畔一度可能使中俄兩國兵戎相向的長年邊界衝突。同年，中、俄、哈薩克、吉爾吉斯、塔吉克五國元首在上海會面，同意拍板定案邊界協定，也同意啟動在中亞建立信任的措施。「上海五國」安全體制在二〇〇一年演變成正式組織。中國也改善了與印度長年緊繃的關係。一九五九年印度給予十四世達賴喇嘛政治庇護後，雙方關係即凍結，後來又在一九六二年秋天於喜馬拉雅山區打了一場短暫的邊界戰爭。[22]一九九一年十二月，李鵬成為三十一年來第一個訪問印度的中國總理。江澤民則在五年後的一九九六年十一月訪印。中國也數次接待來訪的印度總理和總統。這次外交正常化後，兩國的貿易關係飛速發展。江澤民也於一九九六年重啟中國與非洲的合作。一九九〇年，國家主席楊尚昆（1907-1998）訪問拉美五國；此行為中國愈來愈多的高層出訪揭開了序幕。二〇〇一年，江澤民完成十二天出訪，以鞏固與拉丁美洲的經濟關係。他走訪的重要國家包括巴西、阿根廷，以及委內瑞拉。

中國擁抱多邊主義，有一部分出於非常現實的理由。中國想結束天安門事件後遭國際孤立的處境、提升在世界上的影響力。然而，中國也很在意自己的國際地位，因為中國想獲國際社會承認為「負責任的大國」。二〇〇〇年代，中國發動全球性的「魅力攻勢」，意欲改善自身的國際形象、建構軟實力。政府的一項新政策也鼓勵中國企業「走出去」（投資海外），力促中國地方和組織更全面地追求「全球化」。到了二〇〇〇年代中期，已有形形色色的中國組織、地方和個人在國際上大展身手。

二〇〇四年，胡錦濤列出數個目標，強調確保邊境安定的使命不可懈怠、領土糾紛日漸增加需要重視，以及為中國經濟成長提供可靠資源來源的需求、維持一定軍力來防止其他強權對中國發動大型戰爭的必要。他也想方設法希望減輕外界對中國崛起的恐懼，提出了兩個基本概念來描述中國處理對外關係的做法：追求和平發展、創造和諧世界。強調「和平發展」，是為了化解西方普遍憂心中國崛起會破壞亞洲及全球穩定的心態。中國信誓旦旦地表示，中國當下與未來的成功都取決於商業和技術的全球化，所以唯有透過和平手段才能追求中國的利益。中國也拒斥任何形式的霸權與擴張主義行為。「和諧世界」一詞，意在傳達下面多個意涵：中國持續支持多邊主義、國際機構、國際論壇與國際倡議；中國對全球人道和開發援助計畫的貢獻日增；中國尊重全球政治文化、傳統及價值觀的多元性；中國捍衛國家主權原則。中國也表達了根據一九五〇年代中國「和平共處五項原則」來發展友好關係的總體期許。這五個原則是：互相尊重主權和領土完整；互不侵犯；互不干涉內政；平等互利；和平共處。

追求國家偉大

如同前面幾章所指出的，民族主義早在中華人民共和國創建之前就已經是中國境內一股強勁的推力。從毛澤東到鄧小平，早期領導人採取民族主義思想和用語，在此架構下將中共描繪成唯一能引領中國進入民族統一與偉大時代的政黨。隨著社會主義的殘跡在一九九〇年代慢慢從中國社會消失，隨著社會主義的某些重要承諾（例如平等、社會福利救濟、社會安全）對許多中國人來說變得虛幻，政治思維裡的民族主義成分，對黨也變得更有用、更重要。黨和政府需要一個能重振人心的願景，讓它為新出現的秩序帶來正當性。單純仰賴馬克思主義、視之為政策及發展的教條式指導原則，這種做法已經不夠，也無法說服人。就經濟發展來說，黨已把大部分符合馬克思主義理論或毛澤東思想的概念與解決辦法拋在腦後。總的來說，從一九九〇年代後期起，黨就開始凸顯國家偉大的敘事。

同樣在這個脈絡下，一九八九年代表了一個重大的轉捩點。黨暴力鎮壓學生所領導的天安門廣場示威，造成受過教育的菁英不再相信黨。政府先是向人民鼓吹愛國情懷，藉以在這次危機過後重新掌控大局。一九九一年，中國領導人推行愛國主義教育運動，力促學生團結支持黨的領導，還說學生若不這麼做，中國會陷入混亂。此運動也號召眾人記得二次大戰期間日本的戰時暴行，以及一八四〇年之後外國入侵所帶來的百年恥辱。一九九四年九月，愛國主義教育擴及全民，包括軍隊。接著在一九九五年十一月，《愛國教育指示選集》出版，匯編了毛澤東、鄧小平、江澤民談愛國主義的文章。江澤民利用此運動來力促黨在「民族主義的新旗幟下」自我重建，也主張對群眾反覆深入灌輸愛國主義的價值觀，尤其是對學生。[23]與此同時，當局一般都會勸阻人發表文章談論黨犯下的「歷史錯誤」，例如大躍進和文革。一九九〇年代的愛國主義教育運動收到成效，是因為這個運動在中國社會引發了一種民族主義的保守氣氛。刺激民族主義興起，是有意讓政府受益，以及找回部分在一九八九年六月失去的民心。

除了需要保住控制權，黨還日漸面臨一個更根本的系統性難題。在官方聲明裡，政府不再聚焦於實現共產主義，不再把這當成明確的目標，而是提倡維持秩序與穩定和達到高度成長與繁榮，以打造「小康社會」，從而促進民族「復興」。黨在官方說法裡仍然宣揚以馬列主義為基礎的正統性，畢竟這攸關政治體制的穩固，但政府理解到其統治中國的正當性，其實大多來自促成經濟成長與國家偉大的表現。大部分中國人漸漸覺得，以經濟成長和繁榮為表現形式的「產出正當性」（output legitimacy），相較於用來合理化政府持續掌權現象的政治意識形態，重要性已高出許多。因此，中共必須將自身從「革命黨」轉型為「執政黨」，並以促進中國的富強為主要職責。在二〇〇一年中共建黨八十週年大會上，江澤民說，中國富強是中國共產黨作為執政黨的核心使命：

新中國成立後，經濟、社會快速發展，國家日益昌盛，人民的社會地位、物質生活水準和文化教育水準顯著提高……中國人民和中華民族一切愛國力量深深認識到，中國能從最悲慘的境遇向著光明的前途實現偉大的歷史轉變，就是因為有了中國共產黨的領導。沒有共產黨，就沒有新中國……從十九世紀中葉到二十世紀中葉的一百年間，中國人民的一切奮鬥，都是為了實現祖國的獨立和民族的解放，徹底結束民族屈辱的歷史。這個歷史偉業，我們已經完成了。從二十世紀中葉到二十一世紀中葉的一百年間，中國人民的一切奮鬥，則是為了實現祖國的富強、人民的富裕和民族的偉大復興。[24]

承繼江澤民之位的胡錦濤，也常使用類似的言論來喚起人們想起「中華民族的偉大復興」。[25]這個在黨領導下促成中國復興、國家富強的願景，用意在激勵人民支持黨的領導。江澤民與胡錦濤領導下的黨，也開始重新界定中國儒家傳統和「中國特色社會主義」間的關係，這大幅偏離毛主義的立場和政策。中共以樹來比喻，主張中國的傳統文化可以視為樹根，馬列主義可以視為樹幹，世界各地各式各樣文化的傑出部分則可視為樹枝。[26]中共向來自認在精神上是承接揚棄中國儒家文化遺產的五四運動傳統，這個樹的比喻卻把當今的中國說成是以中國傳統文化的成就為根柢而發展出來的。儘管此論點受到黨內左派批評，但可以理解成是想延續從改革初期以來的努力成果。黨很早就體認到必須調和中國的傳統遺產和革命成就，好讓後者被視為前者的延續，而非對前者的拒斥。

民族主義不只是取代過時理論的意識形態，也具有統合的作用，能把因為經濟快速發展而脫離正軌或分裂的社會團結起來。由於社會衝突繼續加劇，黨需要轉移注意力。民族主義能克服並打擊經濟發展時無法預料的政治效應，包括「對意識形態冷漠」、「愛國精神下降」，以及糟糕且有增無減的「拜金」傾向，為中國的社會與政治帶來凝聚力。[27]

愛國主義運動大抵成功打造出以一種兼容並蓄的敘事作為基礎的國家認同，此一敘事融合了歷史迷思和真實歷史創傷。一九九〇年代後的中國民族主義由黨刻意培養，以推動黨的計畫；這種民族主義由兩種彼此矛盾的感覺形塑而成，即歷史屈辱感和民族自豪感。中國教科書的一大特色即是利用講述百年國恥來定義中國現代史。[28]鴉片戰爭被視為百年國恥的開端，經過這一役，英國海軍迫使中華帝國開港通商。百年國恥敘事一一點算在外國侵略者和腐敗中國政權的內外交逼下，主權如何受到踐踏，領土如何遭到瓜分，中國人民受到如何巨大的苦難，中國遭到如何徹底的羞辱。接著列出外國侵略者和帝國主義者加諸中國的種種入侵、戰爭、占領、劫掠，以及不平等條約。中國自己製造的災難及其帶來的損失與破壞，在此一敘事中則巧妙地略過不提。

此一敘事接著說道，為了擺脫這種難堪的屈辱，中國必須變得強大和現代化。在黨的願景裡，中國之「復興」要包含日漸強大的軍事力量，可抵擋國內外的對手——日本是最大假想敵，還有日本的主要盟友美國。這股軍事力量須足以強力捍衛國界和戰略利益，並堅決維護國家主權。百年「國恥」和昔日軟弱政府導致中國蒙受國恥的說法，成為官方說詞裡的有力元素。國恥說形塑了中國的戰略現實觀念，從而影響中國在國際角力中的行動。國恥說也意味中國自認易受外侮，因而亟欲維護國家安全與強化防衛能力，並且意欲成為足以和亞洲或亞洲之外任何競爭者一較短長的強權。強權地位可以彌補一些過去蒙受的恥辱。

一九九〇年代起，政府投入不少心力，積極提倡和支持愛國民族主義。這些努力可不是與現實脫節的獨角戲；同一期間，有一股半出於自主意願的民間民族主義從下層與社會內部興起。如同他國歷史所清楚指出的，民族主義始終跟政府與人民之間的互動脫離不了關係，因此必須將其視為一股強大力量；這股力量不是靜態的，而是經由談判形成，且過程爭議不斷。國家和人民都無法完全掌控民族主義。由於政權正當性危機四伏，檢視黨和中國人在中國民族主義的場域裡如何互動，就很重要。民間的民族主義者支持、但也質疑國家的正當性主張，所以發布自己的民族主義理想，與國家版的民族主義抗衡。面對自己的民族主義資格受到質疑，黨既予以壓制，也予以回應。但壓制正當的民族主義主張，可能會破壞政權的穩定。反之，如果對民間的民族主義訴求回應得當，黨就能贏得民族主義者的肯定，鞏固其政權正當性。

一九九〇年代，民族主義的風氣在中國知識分子、他們的讀者和一般閱聽者之間突然高漲，而且脫出了政府的掌控。許多高學歷的中國社會科學家、人文學者、作家、專業人士，還有最重要的學生，都發言支持以建設強盛中國為目標的民族主義計畫，甚至成為起而行的運動者。[29]這股風氣有很大一部分是由城市商業文化興起和消費文化蓬勃發展所促成。譁眾取寵的書刊問世，往往獲利甚大。無數消費者導向的電視系列節目播出，而且由北京電視臺、中央電視臺和其他地方電視臺帶頭。經濟與商業活動大增，知識分子和學者轉向市場，即所謂的「下海」。容易吸引大量讀者和觀眾注意的話題當中，包含了中國或中國人遭外國人歧視、羞辱或不當對待這類帶有民族主義性質的主題。先前默默無名的作家因為商業出版日益壯大而有機會得到廣大的公眾矚目。當時出版的書籍中，最轟動、最暢銷的是文集《中國可以說不》。在這本書裡，年輕的中國作者要求中國挺身對抗美國。西方被描述成日益衰落的文明，復興的中國則被描繪成以儒家傳統為本，國勢正在蒸蒸日上。另一本書《妖魔化中國的背後》也很令人矚目。這本書由八位中國頂尖大學的畢業生寫成；他們有的已拿到美國的博碩士學位，有的還在美國攻讀研究所。此書是為了糾正太過理想化的美國形象而寫，並且言之鑿鑿地主張美國的政府、媒體和學術機構聯手抹黑中國。

這些著作對西方抱持嶄新且公開的反抗立場，在一九九〇年代談論「民間民族主義」的敘事中，占有很大的分量。它們表現出對西方世界和西方價值觀的敵意，所以在中國境外引起了擔憂。但是在國內，這些著作的中心思想裡更有意義的部分在於作者暗指中國發展受到阻礙，除了要歸因於外國勢力所能發揮的力量，中國內部軟弱心態的影響也很大。

民間民族主義在數場示威和公開抗議中猛然迸發。[30]一九九六年，中國與日本為了東海上八座小島的主權歸屬問題而槓上。中國人把這八座小島稱作「釣魚台」，日本人則稱之為「尖閣」。這個領土糾紛引發了一場民間基層運動，大出政府意外，而且此運動不只動員了中國大陸的中國人，還把香港、澳門、臺灣、乃至美國、加拿大境內的華人也動員起來。一九九六年九月二十二日，美加境內的示威在舊金山有約四千華人參與，在溫哥華有約兩萬人參與。就連異議人士和公開批評中華人民共和國者，例如王希哲、劉曉波，都發了「公開信」給北京和臺北當局，力促動用武力收復釣魚台。眼見民間民族主義可能反噬，中國政府開始擔憂。中共突然面臨來自民間日益激進的要求，於是決定結束抗議，終止示威活動，即使可能因此在媒體上失去民族主義勢力的支持亦在所不惜。

三年後，北約轟炸中國駐南斯拉夫大使館，也激起大型抗議。一九九九年六月，北約宣稱誤炸中華人民共和國駐貝爾格勒（Belgrade）的大使館，造成三名中國使館職員喪命。由於民間民族主義興起，許多中國人為此滿腔怒火，或許也就不足為奇。有三天時間，數千中國人包圍美國駐北京大使館和美國在中國十個城市的領事館，朝這些建築物丟擲石塊、瓶子。在成都市，暴動民眾放火焚燒領事館建築。貝爾格勒轟炸事件的抗議活動並非黨所組織；反之，民間民族主義人士的憤慨讓黨高層差點控制不住情勢。鎮壓這波抗議同樣有風險，尤其是這次有中國人喪命，民眾非常激動。為了維繫民族主義正當性，加上政權的穩定受到威脅，中共必須安撫抗議者。二〇〇〇年代的類似狀況也顯示有一股民間民族主義出現，日漸挑戰中共對民族主義正當性的主張。中國的民間民族主義和官方民族主義有許多共通之處，但民間民族主義的獨立存在，削弱了中共對民族主義論述的獨占地位，也促使黨更加擁護民族主義。

值得注意的是，許多提倡民族主義的知識界菁英都曾在西方待過，一九八〇年代時甚至提倡西方自由主義理念。民族主義的興起，不純粹是政府宣傳所致，儘管黨國發現民族主義團結人心的作用對自己有利而確實有加以宣導。表面上看，北約轟炸這類特定事件在挑起中國民族主義情緒上扮演了重要角色。但在更深的層次上，民族主義受到其他更常態性的因素影響，至少許多知識分子這麼認為。一九八〇年代，蘇聯日薄西山那幾年，大部分知識分子都對啟動蘇聯民主化的戈巴契夫改革開放政策大為興奮。中國知識分子欣賞蘇聯的改革開放政策鼓勵公開討論政治和社會議題之舉，也批評鄧小平只關注中共的威權和經濟。蘇聯解體和接下來內部政治混亂、經濟衰弱的現象令許多中國人失望，但也讓他們開始擔憂。害怕中國會出現類似情況的恐懼從此在許多知識分子心中揮之不去。此外，他們注意到西方國家並未在俄國痛苦的民主過渡期提供有效的援助，反倒似乎比較想要趁著俄國國際地位漸趨下降時謀取自身利益。與此同時，知識分子雖然深知中國有許多問題，自己卻開始因為自一九九二年以來的種種正面經濟發展而獲益。最後，他們對美國媒體大多從負面角度報導中國一事也非常失望。在中國，許多學生和知識分子認為美國媒體報導中國時立場偏頗；對他們而言，那正揭露了西方霸權式的政治與文化態度。許多人察覺到，以懷疑和敵視眼光看待中國崛起的美國政治人物普遍都有一種對抗心態。某種程度上，這的確是實情，諷刺的是這反而成為燒旺中國民族主義激情的助燃劑。

然而，還是有一些中國知識分子對民族主義情感的熱潮抱持憂喜參半的態度。王朔（1958-）成為中國最當紅的叛逆作家。在他語帶嘲弄的筆下，主人公為了自身利益而試圖欺騙、玩弄體制。「王朔現象」反映了嘲諷性反體制大眾文化的發展，這種大眾文化憑藉自身的感染力蔚然成風。王朔也寫了一部尖刻諷刺中國受傷自尊的小說，名叫《千萬別把我當人》。[31]此書誇張模仿各種民族主義論調和宣傳，形同深刻批判所有被中國民族主義視為神聖不可侵犯的事物。小說開頭，某個自由搏擊競賽的組織委員會觀看影片，片中西方拳擊手痛擊中國對手。委員會的人問道，中華民族要怎樣才能挽回顏面，不被西方人羞辱？委員會決定，首先他們必須將名字改成全總（全國人民總動員委員會）。然後，該會開始尋找一個國家拳擊英雄來為中國贏得理應享有的尊重。後來他們找到一個人力三輪車夫。此人叫唐元豹，不只是武術高手，據說還是大夢拳傳人，十九世紀義和團戰士的現代化身。全總的一名委員意識到，「這一百多年的惡氣不找個人替咱們出就出不來了」。英雄找到後，有個市民被迫出來公開慶賀，他的意見開啟了一段饒富深意的對話：

「我怎麼記得早年間也上過這麼一回街。」……「手裡拿著小旗，沖人哆嗦。」「四九年。」

「還早。」

「那就是三七年了。」（中日戰爭開打之年，民族主義熱情開始散播）

情節發展到後面，大夢拳傳人拿不下任何一場比賽，後來被派去參加一種新式的武術競賽，即世界「忍術」大賽。能忍下最大羞辱和苦難的國家所派出的選手，在這種比賽裡奪冠機會最高。中國選手的確經歷過種種苦難和折磨，包括抽打自己嘴巴的自我羞辱考驗。唐元豹把自己的臉打成「紫茄子」，厚厚的臉皮「腫得像紙一樣薄，一樣透明」。其他參賽者撐不住而敗下陣來時，他反倒笑臉以對，享受痛苦的滋味。來自中國的選手最終以名副其實的「丟臉」（不成人形的臉）贏得比賽。經大會宣告，他成為眾望所歸的世界冠軍，在奧運風格的頒獎儀式中領取獎牌。故事最後，中國國旗升起，國歌奏起，收看頒獎典禮直播的全體中國人歡欣鼓舞。

在民族主義情緒高漲之際，王朔發表這部諷刺意味十足的小說，冒著被指責的風險不厭其煩提醒讀者，中國的民族主義歷史悠久；激發民族主義的國家苦難，最近可以回溯到一九三七年，而且中國的民族主義源於深入中國人思維中那股挽回顏面的需要。他的小說也是寫來告誡讀者，若任由最惡劣的民族主義衝動擺布，中國只會丟臉。

超高速成長的時代

二〇〇一年進入世界貿易組織後，中國打造出舉世稱羨的經濟奇蹟。急速成長的市場經濟使中國成為「世界工廠」，因此而產生的富裕和繁榮讓許多中國人民受益。「生產力」成長——亦即GDP和其隱含的生產投入——是政府的首要目標；從刻意且成功推動快速成長的政策性計畫，就可看出這點。為了達成並穩住高成長率，中國政府與經濟體系的各個部分合作，在經濟與社會領域嘗試多項制度性修正。[32]

中國的決策者面臨輕重緩急的抉擇時，始終把達成快速成長看得比其他目標還重要。在許多領域，都可看到這一偏重的明顯證據。在改革之初，中國削減投資率（即固定投資占GDP的比例），好讓經濟有空間喘息，使消費得以成長。後來，中國變成穩步推動有利於生產者及有利於成長的偏重投資政策，這也讓投資率回升。地方政府出售土地以闢設工業區或推動商業計畫，竭力開發新的投資機會。其結果是龐大資本被持續調度使用在投資上，而且大多投入出口部門。這些政策有利於資本密集的產業，其中國營銀行的低利貸款、被低估的匯率、土地和能源等主要投入成本的低廉，對這些產業助益最大。此外，稅務政策也有利於投資，政府貨幣政策所定的低利率導致信貸成本偏低，收不回的債務也往往得到豁免。

中國的投資率成長幅度，高於先前其他任何大國所曾達成的成長幅度。[33]一九九二至二〇〇二年，投資率已達三八至三九%左右，媲美日本、韓國、臺灣在各自的高投資、高成長階段所達成的最高水準。二〇〇三年起，投資率升至前所未有的水準，超過四〇%。[34]中國透過國內儲蓄籌得其資本形成毛額（gross capital formation）的約六成，並透過外來直接投資籌得剩下的四成，也就是說西方資本大量流入。

中國於一九七〇年代末期開始改革時，一年的外來直接投資不到二十億美元。二十年後的一九九〇年代中期，中國的外來直接投資一年累計總額已超過四百億美元，成為收受外來直接投資金額最高的開發中經濟體。從一九七九至二〇一一年，中國吸收的外來直接投資累計達一兆一七七〇億美元。[35]大部分投資於一九九二年開始流入。從全球的角度看，中國吸引的外資數額之高也叫人驚嘆。一九九二至一九九九年，流入中國的資金占全球外來直接投資的八．二%，在流入開發中國家的資金裡占二六．三%。大半個一九九〇年代，中國都是外來直接投資的第二大收受國，僅次於美國。二〇〇二年，中國超越美國，成為最受青睞的外來直接投資對象。二〇一〇年，流入中國的外資達一一一六億美元，大約是同年流入美國外資的一半。

但有一點必須指出，即一九九〇年代的大半期間，西方與日本大型跨國公司的投資，只占流入中國的外來直接投資總額的一小部分。將近六成來自「大中華圈」，主要是香港、澳門、臺灣。大部分投資人是中小企業，從事簡單且勞力密集的生產及組裝作業。外資企業對一些中國產業投下鉅資，對中國面向世界的出口行銷管道有相當大的控制權。[36]外來投資的重大效應之一，是不只提供資本，還讓中國取得現代技術和企業營運專門知識，從而得以在全球市場大展身手，增加出口。全球五百大企業約有四百家在中國總共投資了兩千多項專案，包括居世界龍頭地位的電腦、電子產品、電信設備、製藥，以及石化公司。微軟、摩托羅拉、通用、奇異、三星、英特爾、諾基亞、西門子等跨國企業，都在中國設立研發事業。舉例來說，微軟對一家中國研究機構投資了八千萬美元，並宣布有意增資以創立微軟亞洲技術中心。[37]

外來直接投資的效應和對技術基礎的升級作用，可在中國輸出高科技產品的能力提升上看到。二〇〇〇年，中國出口了價值三七〇億美元的高科技產品，其中八成一由境內的外資公司或合資公司製造。但鉅額外來直接投資的效應不僅於此。這些投資在公司層級並且透過法律體系，將所有權和生產置於更全球性、更競爭性的脈絡裡，從而創造出競爭高度激烈的環境及催生出新制度。

出口成長大多靠私營企業達成，而非國營事業。中國國營部門由中央、地方兩個部分構成，但是由於鄉鎮企業私有化，由許多中型企業組成的地方國營部門已不存在，至於中央國營部門，裡面多數是不賺錢的大型企業，則成功渡過種種改革。政府理解到國營部門亟需改變，在國內和全球市場上才會更有競爭力。二〇〇三年，中國宣布創立一個國有資產管理機構，以制度化的新方式來行使中央政府對國有資產的監管權。[38]國有資產監督管理委員會（簡稱國資委）擁有一九六家最大的中央所屬企業（但不含金融類企業），所以在名義上控制了龐大財富。二〇一二年《財星》雜誌列出的全球五百大企業中，四十五家屬國資委所有，綜合資產達四兆五千億美元。國資委成了世界上最重要、權力最大的組織之一，雖然聽過這個名字的人不多。一九九〇年代中期國營部門大幅縮減後，國資委的宗旨是保有中國經濟戰略領域的大型國營企業。中國的農工商業已變成以私人企業為主，但天然資源、能源、通信、基礎設施、國防等領域仍是強勢大型中央企業的天下。這些領域尚未開放私有化及外人投資，所以只歸國有。大型國營企業由自身管理階層收購之事不再出現，中央政府也加強了對名下資產的控制，但私有化仍在地方層級緩慢而漸進地持續進行。因此，國資委的成立標誌著較大型國營企業在中央政府主導下私有化的實質終止，以及強化國營部門的開始。這一步邁得相當成功，因為接下來數年國營部門發展得很順利。國資委從根本上改革了公司治理；公司化的過程促成了效率提升。執行董事會被賦予更大的權限和責任（包括重整、分拆、合併、募資，以及付款與薪資），政府對日常業務的干預也受到限制。一般來說，國資委致力於專業化、專門化，以及創立具國際競爭力且最終能成為頂尖世界級企業的公司。

為提升國營部門，中國政府積極重整大型中央企業，塑造它們的市場環境。通常情況下，每個市場區塊裡都有至少兩家大企業彼此競爭。舉例來說，旗下有中石化等子公司的中國石油天然氣集團有限公司（CNPC）和中國石油天然氣股份有限公司（PetroChina）、中國海洋石油集團有限公司（CNOOC），三強瓜分石油市場，中國移動、中國聯通、中國電信則瓜分電信市場。[39]這些企業都歸中央的國資委所有。在航空業，則有中國航空、中國東方航空、中國南方航空這三大由中央管轄的航空公司，加上幾家較小的公營及民營航空公司。這樣一方面可避免獨占市場的情況出現（市場被獨占容易效率不彰且腐化）。另一方面，國家能持續掌控戰略性敏感事業。其結果是出現了國營企業彼此進行結構化競爭（structured competition）的體制。由於此一重大的制度性創新，強大的國營部門穩定下來且變得更加健全。國營部門的獲利在一九九六至一九九八年觸底後，於二〇〇〇年代強勁反彈。

一個奇特的混合型經濟體制興起了，而這個體制的基底是幾家戰略領域的大型中央國營企業，以及和地方政府官員維持緊密連結的私人企業。有些學者稱這樣的體制為「國家資本主義」，因為在國家眼中，國營企業及國家參與從來不只是政府政策的工具，也可說是鞏固政權認同和政權正當性的工具。[40]國營企業仍是北京官方所謂「中國特色市場社會主義」的核心。此體制使中國得以步上一段快速成長期，產生支持國家和政治菁英所需的資源，讓更多人民利益均霑（包括私人利益和社會福利救濟相關利益）。此體制也掩飾了部分效率不彰的弊病。在這段結構快速改變和經濟成長顛峰時期，中國國家資本主義相當成功，讓黨國從中獲益。

儘管有部分領域歸國營事業獨占，儘管地方存在貿易障礙，日常經濟生活還是充斥著激烈競爭。汽車業就是完美的寫照。一九七〇年代後期中國開始開放經濟時，北京必須從國外招攬企業和投資人。美國汽車公司（American Motors Corporation）是最早進入中國的跨國企業之一，在北京蓋了一間工廠。計畫起初是要生產吉普車供出口澳洲，而非針對中國消費者生產汽車。四十年後，中國汽車製造業者每年生產兩千四百萬輛汽車，數量遠超過其他國家。數十年的激烈競爭把死氣沉沉的國營寡占事業改造為多家汽車廠爭雄的場域，奇瑞、吉利之類的汽車界後起之秀與國營重量級對手及全球汽車製造商爭奪市占。生產、品質、種類、生產力急速成長，加上價格急降，結果創造出一個充滿活力的新領域，不只為中國經濟帶來交通工具、零組件、物料的製造，還引進了汽車經銷商、公路服務區、停車設施、賽車、出版品、汽車旅館，以及觀光業。[41]價格戰和廣告這兩個象徵市場競爭激烈的明顯指標，變得司空見慣。熊貓（電視）、海信（家電）等往日領導業界的企業衰落，而阿里巴巴（線上買賣）、萬向集團（汽車零件）、海爾（家電）或騰訊（網路）等原本沒沒無聞的企業崛起成為業界新龍頭，顯示競爭已為中國市場結構增添了新的變動因子。中國很快就成長為世上最大、最有活力的經濟體之一。

由於世界市場把中國當成多種出口型商品的最終組裝地，中國才會有傲人的發展。看似源源不絕且相對廉價的勞力，讓中國在全球生產製程的勞力密集最後階段占有重大的比較優勢。勞力市場的競爭也變得激烈多了，儘管歧視民工的現象和區隔化的勞力市場，城市工人仍享有些許保障。

中國的高成長模式也有其弊病。一面倒的「追求成長」政策偏重高收益的經濟產業，導致扭曲和失衡。資本撥用於國家大型龍頭企業，也令收益較高、規模較小的民間企業所得到的投資變少。例如，中國的資本存量從二〇〇〇年占GDP的二四八％成長為二〇〇八年的二九五％，凸顯出中國在那個時期的雙位數成長有極大部分是靠資本支出和投入所推動的。但中國經濟發展過度倚賴成長和投資，造成總體經濟大失衡，限制了職缺的增加，壓低了勞動所得在經濟體系裡所占的分額，也減少了家庭消費。勞動所得分額只占經濟成長的〇．九％。中國家庭並未從國營企業靠補貼投資所賺的利潤中獲取很多利益，這使得經濟更加不平衡。實際上，工資占國民所得的比重在二〇〇七年降至三九．七％，而十年前還有五二．八％。所得和職缺的增加都受到抑制，因此二〇〇八年中國家庭消費只占GDP的三七．一％，低於其他許多國家（尤其是美國，六一．一％），也就不足為奇。[42]

因此，在中國進入世界貿易組織後，關於中國經濟發展能否長久延續的疑問開始浮現。中國試圖逐步採用新的發展策略，以調整成長方向。在胡錦濤、溫家寶領導下，政府政策致力於讓中國的成長更能持續、讓社會上更多人享受到成長的好處。[43]二〇〇二年秋天胡錦濤出任中共總書記後，社會正義議題開始得到新政府更大的關注。

二〇〇六年，中共在第十六屆六中全會上正式決定將改革的重點從江澤民時代無限制的成長轉為追求較平衡的發展。此後，在胡錦濤—溫家寶政府的第二個任期裡（二〇〇七至二〇一二年），有許多官方法規和主動作為在短時間內推出，以化解此前三十年非常高速、卻也非常不均的成長期間所產生的問題與民怨。新的發展策略有時被稱作「胡溫新政」或「科學發展觀」，強調永續且公平的發展。政策文件和胡溫談話裡的關鍵詞語，例如「科學發展觀」、「和諧社會」、「民生」、「統籌城鄉」、「農業、農村、農民問題，也就是三農問題」，都反映了新政策的方向。新策略旨在減少不平等現象和保護經濟上最弱勢的群體，具體措施包括農業金錢補助、社會福利救濟計畫、減稅、調漲最低工資、增加掃貧支出。[44]這一計畫還納入了勞動法、醫療保險方案，以及退休金。中國重新調整改革方向，轉而追求提升「人道主義」（以人為優先）和實現「和諧社會」（尋求平衡成長）這兩個目標，過程中以胡錦濤提出的「科學發展觀」為指導。

這個政策也針對了城鄉經濟差距日益懸殊的問題。[45]「社會主義新農村」建設計畫承諾讓每個村子都有柏油路與外界相通、二〇二〇年時讓全體農民都有醫療保險、將居民最低生活保障制度（低保）從城市擴及農村、提升農業機械化程度。在隨後舉行的二〇〇七年十月的中國共產黨第十七次全國代表大會上，主要議題中有一項就是要不要將承諾「平衡」城鄉發展一事納入黨章。城鄉整合也是二〇〇八年十月第十七屆三中全會的核心議題；黨在會中保證重新啟動「農村改革和發展」，承諾讓農民所得在二〇二〇年翻倍，也承諾進一步改善農村基礎設施。高層領導人亦指出，他們會努力消除城鄉失衡。二〇〇六年，農業稅徹底廢除，以改善鄉村經濟情況。鄉村經濟因此有小幅改善，但生活水準仍遠遠落後城市地區。黨也承諾改革戶籍制度，好讓農民更容易定居城市。

在這個新發展策略下，中國經濟繼續成長，但失衡情況不變。從二〇〇二至二〇一二年，成長的好處仍未能雨露均霑。個體家庭受惠程度遠低於公司和投資人，城市地區的領先幅度愈來愈大。胡錦濤領導的政府努力改變發展模式，但是從各方面來說，成果都不如預期。例如，政府推行國家醫療保障制度。中國成功將醫療保險擴及九成五的國民，但實際上遺漏了許多工人。當今中國醫療照護的品質和方便取得的程度，反映了城鄉的天壤之別。城鄉在得到高品質醫療照護上的差距，基本上創造了一個兩層式體制。中國醫保制度的上層和已開發國家所能得到的醫療照護接近，但下層的情況則比較接近開發中國家。[46]

中國農村地區的核心問題，與土地所有權息息相關。依照法律規定，所有農地都歸村子共有，外包給個體農戶耕種（「承包」）。這表示土地所有權最終受國家控制，於是官員有權力決定何時開發土地和土地開發期限。一九九八年，江澤民為了讓農民安心而宣布土地承包效期至少為三十年。一九九〇年代後期過後，地方政府開始奪走農民的土地或城市土地，而且不付賠償金或是付得很少，然後高價賣給開發商。[47]農民沒有土地所有權，除了放棄自己的農地並搬到城市找工作以外，幾乎毫無選擇。中央政府把收入撥給地方政府，但把大部分財政收入留在手裡。許多縣鎮官員抱怨，中央政府的撥款不夠讓地方達到中央領導人所設定的目標。中央政府指派了許多需要龐大經費才能完成的任務給地方政府。一心想替轄內居民覓得工作機會、在官場更上層樓的縣市政府官員為了支應營建及商業計畫的開銷，也背上了高風險的債務，而且往往拿共有的土地來抵押借款或吸引投資者。

雖然農民並未持有土地，卻開始買賣所承包之土地的經營權。二〇〇七年的《物權法》允許轉讓被承包之土地（承包田）的經營權，並要求縣級或縣級以上的地方政府發放土地承包經營權證給土地承包經營權人。該法還載明，農村土地未經政府許可不得用於非農業用途。承包期明定為三十年，屆滿後「由土地承包經營權人按照國家有關規定繼續承包」。[48]有些觀察家希望，為土地經營權的轉讓提供法律依據，能成為向土地集中化邁出的一大步；而農業經濟若要提高獲利，土地集中勢在必行。二〇〇九年，一道新法詳細說明了解決土地糾紛的指導原則。這些指導原則重申土地管理權，並且試圖強化農民在農村中的地位，特別是那些容易滋生一些重大爭議農村衝突的地區。然而，除非中國的領導階層找到辦法解開土地及財政問題的癥結，許多農民在自己的土地被政府重劃以進行開發時，得到的補償還是會太少，不夠讓他們安然移居城市。

二〇〇〇年代，中國開始提高對人力資本的投資，並為此特別強化教育領域，好將國家的經濟發展推進到下一個階段。[49]中國開始大舉擴展高等教育體系。中國的大學也朝國際化邁進，這是由一個改善研究品質的運動造成的。從受教育的學生人數來看，晚近中國高等教育體系的變化，比起戰後美國高等教育的大擴張或一九七〇、八〇年代歐洲大量招生之大學的增加，都更加劇烈。文革十年，大部分中國大學停課；後來在一九七八年重開時，學生人數不到百萬。一九九八年，入學人數已達三四〇萬，但還遠少於當時美國一四五〇萬的入學人數。二〇一七年，中國境內有二七五〇萬名學生就讀高等教育機構，比美國大學生和學院生的人數多了約七百萬。[50]此時，私立學院及大學在中國高等教育機構中所占的比例超過四分之一，成長得比公立院校快。大公司也投身高等教育。例如阿里巴巴旗下的淘寶便成立淘寶大學，最初旨在培訓電子商務的業主、經理人和銷售人員。這所大學表示會盡早為百餘萬名學生提供線上商業教育。

隨著中國的大學矢志成為高創造力研究的搖籃，以將研究與創新轉化成更高的生產力，中國每年培育的博士人數開始超越世界上所有國家。中國政府和其他許多資金來源向頂尖教育機構投入大筆資金。中國一流大學的研究經費，預計不到十年就會逼近歐美一流大學的水準。在工程和科學領域，中國的大學已經向著躋身世界頂尖之列邁進。然而儘管中國仍需要進一步改革，如同中國在大學裡所討論的，黨卻依舊牢牢扎根於高等教育部門的結構裡。這點著實耐人尋味，而且可能成為創新的絆腳石。

總而言之，二十一世紀的頭十年裡，高速發展因為成本與負擔增加而無法持久的趨勢愈來愈明顯。有需要對建立在高速發展這個假定上的經濟結構進行再調整一事，在二〇〇〇年代曾受到熱烈討論，但大體上議而未決。這種從低所得基礎展開的高速成長，是透過一項追求成長的發展策略來達成；而這項策略的基礎則是工業化、都市化，以及大量從鄉村移至沿海城市的低技能、低度就業勞動力。企業把收益累積起來，而非回饋公眾，從而抑制了家庭所得；這些企業中有許多是國營企業。與此同時，個人儲蓄額很高，原因之一在於社會安全網薄弱，家庭只好積攢現金以備不時之需。這導致中國的支出失衡，投資率極高，但是消費者需求占GDP的比重卻極低。只要有高經濟成長提供足夠的投資機會，此一結構就能運作。然而，各方的疑慮在胡錦濤任期快結束時升高了。投資似乎陷入收益漸減的狀況。中國的勞動及用電成本大增，也在侵蝕中國製造業的競爭力。剩餘勞動力的儲備逐漸減少，意味著成長必然變慢。根據戰略顧問公司波士頓顧問公司（Boston Consulting Group）的說法，為求提高生產力而調整的製造業工資，在過去十年已調漲將近三倍，從二〇〇四年的時薪四．三五美元增加為二〇一五年估計的時薪一二．四七美元。[51]舉例來說，中國的紡織品產業因為多年來工資上漲、電費增加、物流成本上升、環境規定，以及政府訂定新的棉花進口配額，所以愈來愈難獲利。這就造成一個過渡性問題。中國必須停止依賴由出口推動的高成長，找到奠基在國內需求和技術創新上、且較能長久維持的模式。許多人開始擔心：如果投資萎縮，但消費和創新沒有趕上來填補缺口，會出現什麼情況？

第十二章

CHAPTER 12

雄心與焦慮

二十一世紀第二個十年期間，中國必須接受高速崛起的後果並想辦法處理。二〇一二年，習近平領導的新政府上臺，其施政似乎仍被一股焦慮推著走，憂心若無法維持經濟成長、施展政治實力、嚴格控制日益富裕和多元的社會，共黨在中國的統治可能會和蘇聯一樣崩毀。習近平政府繼續大力提倡民族復興和恢復中國應有之世界地位的願景，並嚴加監督可能與黨爭奪權威和權力的對象，包括商業領域、網路、出版業、學界、軍隊、其他公權力領域——以及八千九百萬餘名中共黨員。在國際上，中國開始施展龐大的經濟影響力，並且以更強勢、更宏大的對外政策保護自身利益。同區域和區域外的許多鄰國開始擔心中國強勢捍衛領土主張的作為。習近平政府也再度致力於為軍隊打造一套攻擊範圍遍及全球的一流戰鬥裝備，所以大幅提升軍事支出。中國提出「一帶一路」倡議，在海外投資基礎建設以結交新盟邦，然後把新盟邦的經濟與中國經濟串連起來。中國在尋找資源的同時建立了全球影響力，開始改變世界上的權力平衡態勢。

在國內方面，中國必須處理經歷過劇烈改變且異質多元的社會，以及長年積累下來有待解決的問題。用習近平主席的話來說，黨認清了國家發展是「不平衡」且「不充分」的。[1]過去幾十年的高速成長的確令許多人受益，但也創造出新的緊張和衝突。不平等的現象日益惡化，環境汙染威脅生活品質。有些社會群體，例如女人、老人及少數族群，遭遇到新型態的困境和歧視。醜聞揭露了治理和公共責任方面的弊病，各式各樣的公眾抗議和網路行動隨之出現，呼籲政府解決那些弊病並要求建立問責制，但只招來官員的鄙視。總而言之，愈來愈多人憂心中國所走的方向不夠周全，若不加以修正並大幅改變政策便無法長久；甚至有人為此而憤慨。令中國許多人不安的最迫切問題是，中共的統治正當性如果受到威脅，中共會如何回應。中共會擁抱更民主的制度，還是重拾「強人」統治？黨在意識形態與政治上的保守心態，和遠比以往複雜、憂慮、焦躁、活力十足、講求務實的社會之間，開始出現裂痕。

習近平主政

二〇一二年後期，以習近平為國家主席的新政府上臺。[2]接下來的二〇一三年，李克強被任命為總理。新政府意識到中國需要繼續經濟改革，好讓更多人民分享到經濟成長的好處，並解決經濟失衡。習近平以經濟政策的總設計師自居——設計經濟政策通常是總理的職責——誓言讓經濟改頭換面。二〇一三年第十八屆三中全會根據他的提議通過了名叫《六十條》的大膽改革綱領，[3]其中的二十二條勾勒了要「使市場在資源配置中起決定性作用」的新經濟政策。具體的經濟目標是擴大市場在能源及自然資源領域的作用、增加家戶投資和消費、鬆綁貨幣與金融市場。其他三十八條著墨於延續法律改革（有十一條聚焦於此目標）、社會政策（九條）、環境（四條），以及軍隊（三條）。也有數條宣布要加強社會控制，並且強化落實黨的政治思想。

習李上臺兩年後，政府遇上中國經濟成長愈來愈慢的局面。經濟成長速度為二十五年來最慢且似乎還會更慢，令政府官員擔憂。二〇一五年八月，領導階層下調人民幣價值，貶值幅度為二十多年來之最，全球股價隨之下跌。此舉說明中國領導階層對經濟前景的憂心。中國領導人似乎出於顯而易見的政治因素而害怕經濟衰退，無論衰退期有多短。他們讓低利信貸充斥經濟體系，促成股市一片大好，想藉此支撐國內需求。政府也力撐股價。大股東不得出售股票；國有機構和國營企業受命買股；許多股價下跌的公司獲准暫停交易。各界並沒有因為這些政策而停止憂心中國的經濟體質，反倒由於債務日增和「影子銀行」體系的存在而更加擔憂。「影子銀行」基本上不受政府規制，而且隨時可能出現擠兌潮。政府忙於處理四處起火的迫切經濟問題，因此二〇一三年宣布的大膽改革措施，只有少部分落實。

習近平政府也宣布正式打擊可能危害統治權和黨正當性的貪腐。貪腐成風與較深層、較系統性的弊病有關。此現象可以說點出一件事，即一直以來積極促成特定經濟結果的都是內部利益團體，而非公共利益。一個由政商人士組成、根深蒂固且盤根錯節的利益團體網絡已開始奪占許多機構，例如國營企業和政府機關。舉例來說，獲利豐厚的土地交易收入和國營企業的盈利，往往未流入國庫，而是被局部、甚至全部輸送到利益團體手裡。這些嚴重弊病不只吸走重要資源，也危害到政權正當性，而改善透明度、競爭性與公共監督（乃至私有化），或許可以解決這些弊病。然而，習近平的解決辦法卻是打「老虎和蒼蠅」。[4]他開始強力執行反腐運動，把中國一部分最有權勢的人（即「虎」）拉下來，並將十萬多名低階官員（即「蒼蠅」）免職。反官場貪腐運動的持續時間之長，觸及的層級之高，成果之豐碩，超乎大部分人預期。遭起訴的人包括前國家主席胡錦濤的幕僚長令計劃（1956-）和曾主掌國安的中共中央政治局委員周永康（1942-）。令計劃是胡錦濤的人馬，周永康則靠江澤民提攜而崛起。習近平也拉下前中共重慶市委書記和中央政治局委員薄熙來（1949-）。這三人都因受賄而遭判長期徒刑。許多人認為反腐運動被習近平用來除掉一些他最強的政治對手和政敵。查貪行動甚至擴及軍隊最高層。郭伯雄將軍（1942-）於二〇一五年四月正式受到調查，二〇一六年七月被判無期徒刑。他曾是軍中最資深的現役將領達十年，二〇一二年退休。徐才厚將軍（1943-2015）也遭起訴，但是在因賄賂罪名等待軍法審判期間去世。其他勢力龐大的中國軍方領導人也受到調查。二〇一五年，有報導指出十四名將領因受賄而被定罪或接受調查。

反腐運動及其他作為讓習近平得以比先前的國家領導人更牢牢控制軍隊，而且能夠任命新指揮官。二〇一二年十一月成為中國共產黨總書記和中央軍事委員會主席之後，習近平與人民解放軍走得甚近。有別於江澤民與胡錦濤，習近平躋身領導階層之前曾在軍中待過。一九七九年中國與越南打了一場短暫但慘烈的戰爭；習近平從當時起擔任國防部長祕書數年，開始在黨內崛起。他常走訪軍事單位，和軍人聊天、督促軍隊擁抱改變，同時將軍隊譽為中共勢力的堡壘。

習近平更進一步強化民族主義論述，提倡「中國夢」——一種追求國家復興和軍力強大的感性訴求。在二〇一二年十一月接任中共中央總書記後的第一場公開講話中，習近平說「中國夢」是要「實現中華民族偉大復興」，他認為那是「每個中國人的夢」。「復興」一詞，先前的國家領導人江澤民、胡錦濤就用過，意指中國必須恢復國家的強大和社會穩定，藉以在世界上重返核心領導地位。習近平強調他的「中國夢」事關每個人，因為只有靠「一代又一代中國人共同為之努力」，中國才可能復興。[5]只有實現中國共產黨所制定的國家共同目標，中國人民才可指望實現他們共同的夢想。[6]就在中國人民對共黨統治正當性的主要來源——黨促進經濟成長的能力——開始失去信心之際，習近平揭櫫這個目標，繼續推動民族主義大業。

在習近平領導下，黨也開始強化政治思想。習近平似乎刻意重拾並重組毛主義象徵事物與宣傳手法的重要成分。二〇一六年春節假期，習近平走訪井岡山，行程有電視轉播；一九二七年時，毛澤東就在井岡山成立第一個中華蘇維埃共和國，是受中共控制的自治區。影片中，習近平像個與群眾齊心協力的大家長，在毛主席海報前與農民一同用餐。大體上，黨很強調革命的遺產及用語仍適用於當今政治。此後，「紅色文化」便不斷受到重新發掘和運用。

透過反腐和「中國夢」之類的運動，習近平取得的權勢和影響力超越了在他之前的歷任國家領導人。他也掌控了黨內許多核心領導小組。這些領導小組成立於一九五〇年代，負責黨政之間特定政策的協調，從臺港事務到內部安全、法制、「維穩」等種種事務都屬於其業務範圍。最重要的小組負責制定政策，例如以涉外事務為重點的小組。小組蒐集資料、進行研究，然後做出重要決定。也有一些小組職司較具體的任務或暫時性的計畫，例如三峽大壩或掃貧。最後，為了處理非常情況或救災，黨中央成立了一些短期小組。習近平權力愈來愈大，儼然要打破自毛澤東去世以來、得到黨內廣泛共識支持的集體領導原則。習近平不再只是領導班子裡居首位之人，更成為黨宣傳機器極力吹捧的黨「核心」。

二〇一二年，習近平走訪清華大學和北京大學，闡明兩個要點：教育機構的主要角色之一是培養黨的未來領導人，以及黨對高等教育的影響應該增加而非減少。中國大學教職員能談論的話題面臨了更嚴格的限制。黨宣揚「七不講」——避免與學生討論的七個主題。這意味著教職員不該談中國共產黨過去的失敗。司法、行政分立、人權、新聞自由、公民社會的自由也在禁談之列。大學教職員甚至不准談論中國共產黨是否歸中國憲法管轄。這些限制對學界論述和知識環境的衝擊極大，而針對紙本版或線上版評論性出版品的審查也加強了。二〇一五年，中國頒行一部涵蓋範圍極廣的國家安全法，以保護國家的「核心利益」。「核心利益」指的是中國領導人眼中國家的三大神聖支柱：維持政治體制和不受質疑的中國共產黨統治；保衛中國主權和領土完整；經濟發展。這代表被中國視為毫無商量餘地的事物範圍，遠比先前擴大了許多。

在習近平時代，高成長率下滑，國家又需要繼續進行社會及政治改革；與此同時，政府對內採行較高壓保守的政策。就連提出政治改革議題都是禁忌。這點出一個觸及根本但懸而未決的問題；一個非常迫切，而且可能導致經濟與社會發展脫軌的問題：改頭換面後的中國適合哪種政治體制，中共的未來會如何？[7]只要這些根本問題未得到處理，「走不出過渡期」的危機看來便很實際，而中國似乎有可能陷入緩慢的政權衰敗過程。「走不出過渡期」是指這樣的情況：黨明知某些制度性改革勢在必行，但又擔心這些改革會危及其政權、其根深蒂固的利益、其取用國民財富的管道，於是改革無法實行，而且必然會遭到忽視。中國或許能設法避免這種情形並維持現狀，但這樣的風險說明了中國的未來已開始出現更大的不確定性。

全球雄心

在習近平時代，中國的全球活動和對外政策大多與中國的經濟發展及其需要息息相關。那些需要也把中國推上全球舞臺，占得重要地位。[8]中國對全球的衝擊，在每個大陸，在大部分的國際機構，以及在許多全球議題上，感受都愈來愈明顯。中國的高速成長令世界經濟改頭換面，是企業策略、金融市場和地緣政治決策的強大推手。按照多種標準來看，中國已是世界第二大強權，僅次於美國；而且中國的總體經濟預計會在二〇二五年左右超越美國。

經濟發展使中國富強，但也創造出新需求，例如需要能源等商品來驅動經濟，中國因此不得不在國外尋找投資機會，以滿足對資源的需求。石油是推動此一對外投資的主力。中國成為全世界最大的石油買家，因此對產油區域的影響力很大。能源計畫和股份占二〇〇五至二〇一五年中國對外投資的五分之二。[9]隨著對外國石油的依賴加深，中國領導人仿效美國等大型經濟體，尋求擁有更多國外油田，以穩定石油供給。中國那些由國家控制的石油公司大舉入股了非洲、中亞、中東、拉丁美洲和美國的石油事業。

中國也成為許多國家的第一大貿易夥伴。鐵礦砂是煉鋼的主要原料之一，而隨著中國各地大興土木，建造新的摩天大樓、鐵路等基礎設施，全球鐵礦砂價格維持漲勢達十餘年。中國的對外直接投資——花在國外買地、興建工廠等商業活動上的金錢——僅次於美國。二〇一六年，中國的對外投資首度超越自身收到的外來投資。[10]中國的公司在一股全球營建熱潮中位居核心，各地廣建機場、公路、港口、鐵路的資金大多來自中國的銀行。工程學更形重要，因為中國的公司在東歐蓋電廠，在非洲蓋玻璃廠、水泥廠。

例如在非洲，中國成為比美國更有分量的貿易夥伴，在整個非洲大陸留下了印記。[11]中國採雙管齊下策略，既向安哥拉等石油及礦藏豐富的國家提供開發貸款（以自然資源採掘權這類事物抵押），也在包含奈及利亞、衣索匹亞、尚比亞在內的數個國家闢設特別貿易與經濟合作區。特別經濟區的設立，使非洲國家得以改善那些地區貧乏的基礎設施和效率不彰的機構。二〇一三年，非洲已成為中國第二大原油進口來源。[12]安哥拉、赤道幾內亞、奈及利亞、剛果共和國和蘇丹成了中國前幾大原油供應國；這些國家都因為缺乏民主程序和透明治理而受批評。中國也經常提供低利貸款給信用評等不佳的政府，據稱是為了換取採油權及採礦權。

中國勢力也大舉進入拉丁美洲。[13]中國與拉美經濟關係的成長，同樣主要受中國對商品的需求推動。與中國的貿易，讓巴西等資源豐富的國家經濟快速成長。巴西這個拉丁美洲最大的經濟體成為世界上某些食品原料（例如甘蔗、橙汁、大豆）的最大出口國，而這主要得歸功於中國的購買。中國也從南美洲買進石油。為了滿足與日俱增的工業需要和消費者需求，中國投資巴西、委內瑞拉、厄瓜多的多個拉丁美洲石油生產商，並跟它們簽訂協議。

中俄關係更加深厚了。[14]俄羅斯和中國於二〇一四年在地中海及日本海舉行了聯合海軍演習。兩國在聯合國聯手反對美國在利比亞和敘利亞的行動，並且對伊朗問題也採行類似的策略。二〇一四年五月，中俄簽訂一筆總值四千億美元的天然氣交易，使莫斯科得以把自身最大的出口產品打進有利可圖的中國市場，也加深了這兩大強權的經濟關係。

中俄之間的歷史並不平順，有結盟也有對立，但當下兩國仍持續拉近關係。雙方都想抗衡美國在全球經濟、政治、軍事方面的獨霸地位，以及歐洲在這些方面僅次於美國的支配地位，所以都致力於限制美國在中亞、中東和北太平洋的影響力。

中國打造出的全球影響力舉世矚目。這個國家的經濟發展和貿易成長緩和了其與周邊國家的緊張關係，打開了進入世界的大門。二〇一〇年左右，中國國家開發銀行的國際放款額超越了世界銀行（World Bank）。為了打造一個由國際出資的機構來為亞太地區的交通等基礎建設籌得資金，亞洲基礎設施投資銀行（亞投行）於二〇一四年成立。亞投行得到全球五十七國支持，包括幾個美國最親密的盟邦，不顧美國反對加入該組織。二〇一五年後期，中國的貨幣「人民幣」獲認可為全球儲備貨幣，自此與美元、歐元、英鎊、日圓平起平坐。二〇一六年，中國擁有將近四兆美元的外匯儲備；政府決意將這筆錢投資海外，藉以獲利並發揮中國的影響力。

在習近平領導下，中國啟動雄心勃勃的新計畫「一帶一路」。這個用詞很令人困惑：「一帶」意指貫穿中亞和歐洲的陸上貿易路線，「一路」則指從東南亞經印度洋到中東、非洲、歐洲的海上路線。這個計畫尋求透過貸款、基礎建設規劃，以及收購，先在六十八個國家興建公路、鐵路、電信網，藉此重振古絲路，而這些網路全部與中國相通。「一帶一路」旨在興建重要的基礎設施，讓更多地方繁榮，並且推動全球發展，但中國推動這些工程也是為了取得關鍵資源、輸出閒置的工業產能，甚至朝著有利於中國的方向塑造世界秩序。

對中國較不利的是，深度涉入全球流動帶來了一批全新的安全難題，造成新的壓力，導致相互脆弱性（mutual vulnerability）達到新高。有些壓力並非中國能夠隻手遏制的，例如全球金融危機爆發、貨幣衝擊，以及全球商品市場的波動。但是對於特定的地緣戰略問題，例如捍衛中國的全球影響力和保護全球基礎設施，中國則以持續增強軍力回應。15

一九四九年共黨革命後，人民解放軍扮演對外抵禦外來威脅、對內守衛黨統治地位的角色。解放軍的兵力組成，始終側重於駐守中國各地以牢牢掌控國內情勢的陸軍。中國領導人想要增加投入海空軍的花費，以將影響力擴及國外，並且維護中國對爭議島嶼及水域所主張的主權。為了達成目標，中國開始投入鉅資建設海軍，包括核動力潛艇。二〇一二年中國第一艘航母下水後，中國開始建造定於二〇一九年開始服役的第二艘航母山東號。中國的海警總隊迅速壯大，擁有世界上最大的海警執法船；那艘一萬公噸的船在江南造船廠建造，廠內工人稱之為「怪物」。海上武力日益強大，意味著向來是陸上強權的中國正漸漸轉型。這樣能保護中國在重要海上航道沿途的利益；這些航道從南海經麻六甲海峽、印度洋到非洲、中東、然後進入歐洲，是中國許多商業貿易和能源供給都會經過的路線。

中國官方公布的國防支出以名義人民幣計算，從二〇〇二年以來已經增加到過去的將近五倍。二〇一七年，中國的國防支出占其（快速成長的）GDP約一．三%。從占比來看，大體上維持不變。二〇一七年的軍事預算大概在一千五百億美元左右，中國因此成為世界上第二大軍事支出國，僅次於美國。但美國的軍事支出，比排名第二至第九的八個國家加起來還要多。中國的實際軍事預算幾乎肯定是高於官方數字，但仍遠少於美國。許多人對於中國快速擴張軍力一事心存疑慮，而中國政府的低透明度又讓這份疑慮變得更深。中國政府沒有定期發布其軍力統計數字，專家只能仰賴估計。外界普遍認為中國陸軍兵力約一百六十萬，海軍二十四萬，空軍四十萬。中國招募的新兵，有許多是來自鄉村或高中剛畢業的青年，缺乏在擁有高科技裝備的現代軍隊裡充分發揮戰力所需的技能。二〇一五年，習近平宣布裁軍，要把中國的兵力減至兩百萬。這是一九九七年以來最大的一次裁軍；根據官方機構所言，一九九七年那次裁軍復員了五十萬人。裁軍後，中國仍擁有全世界最龐大的軍隊，美國的現役軍人員額是一百四十萬。[16]

外界普遍認為，中國的軍力擴張規模符合其經濟上的實力與成長幅度。儘管如此，中國日益強大的軍力和軍隊的現代化，仍令其他亞洲國家擔憂，其中許多國家近幾年來都和中國有過外交衝突。在與日本、與越南等鄰國的海上領土歸屬糾紛裡，中國也表達了政府會以武力保護其所主張領土的決心。因此，中國對領土爭端、資源爭端所採的政策，成為其與周邊許多亞洲國家關係上的爭議來源和重大議題。在這方面最切身相關的國家包括日本、越南、菲律賓，軍力稱霸亞洲的美國亦然。美國強調通常情況下它對領土爭端持中立立場，但會維護此地區的穩定和航行自由。除了為東海、南海一帶領土爭端可能引發的衝突預作綢繆，由於視臺灣為中國領土的一部分，中國軍方也頗用心於針對臺海之間可能爆發的戰爭做部署。而根據一九七九年美國與臺灣簽署的協議，美國政府不顧中國強力反對，同意軍售臺灣。美國也保證在臺灣受攻擊時護衛臺灣。

中國成為國際政治領域和全球經濟市場上的龐大存在——然而經常有人評論說，從許多方面來看，中國在世界舞臺上的存在是「局部」或者不完整的存在。[17]中國予人的形象和實際的足跡之間有落差。中國成為許多國際機構的一員，但是和這些機構的關係並不緊密。中國經常獨來獨往，在拉攏親密盟友上不盡如願。就連與走得最近的俄國或北韓之間的關係，在檯面下也一直存有猜忌和對立。中國的外交也似乎極度謹慎，只圖本國利益。中國常對事物表態反對，但鮮少表示積極支持。「和平崛起」或「和諧世界」之類的概念，說服力不甚強，而且北京在說明或傳達中國的全球雄心時，也無法取信於人。中國的勢力和區域關係日漸強大，往往令許多國家對未來感到不確定、不安心。中國的行為有時會招來強烈反彈。軍事支出高漲和軍事現代化，使東亞情勢變得更難捉摸。因海上邊界和領土歸屬而起的長期糾紛持續升溫。二〇一二年，亞洲軍事支出總額超過歐洲，為現代史上首見。不過最值得注意的是，無論中國的真實意圖為何，北京軍力愈來愈強大這個客觀事實令其他國家感受到威脅，而且中國表現得很強勢——從它快速擴張軍力，還有對爭議領土及它周邊其他地物的政策來看，更是如此。

中國的全球經濟影響力帶來了類似的不確定感。經濟發展或許傲人，但似乎很脆弱，易受外力衝擊。長期身為全球成長引擎的中國，因為涉入不穩定的政權、易變動的新興市場，以及中國自身無法掌控的其他經濟力量而承擔了新風險。雖然中國資產雄厚經受得住嚴重的經濟衰退，但這攸關到經濟的整體健康狀態。中國成長放緩時，世界各地仰賴中國經濟成長的公司、產業、經濟體都受到影響。一方面，中國在全球經濟裡舉足輕重且無所不在；但另一方面，中國把不確定性傳播到了世界各地。許多產業和區域制定策略與計畫時，是以中國的持續成長為基礎。中國的成長若不順利，就會有公司和國家要面臨衰退。

總而言之，中國的全球表現讓人憂喜參半。中國仍在夢想恢復昔日盛世、成為富強現代的國家。中國已有長足的進步，但未來的方向還不明朗。儘管成就斐然，中國的國際事務卻有許多地方讓人覺得政府欠缺可長可久的長期方向或藍圖，反而太過專注於進行一連串有效卻屬於臨時應急的短期調整。

社會緊張升高

中國因為從統制經濟過渡到市場經濟而享有長期的雙位數成長，生活水準也蒸蒸日上。過渡到市場經濟所產生的社會效應，在中國的經濟、社會、政治、文化各層面掀起漣漪，影響廣泛，或許甚至還造成了劇變。隨著中國在世界經濟的地位有所變動，改變也擴及整個社會，觸及每個國民，使個人和群體都付出代價。社會與國民身分的界限規範在根本上有了變化。

南部城市深圳的發展過程，反映出中國路線的成功及其面臨的挑戰。位於珠江三角洲的深圳離香港很近，原本一直是個貧窮村落。一九七九年中國向資本主義和外來投資敞開門戶時，鄧小平選擇將深圳闢為中國第一個經濟特區，在這裡啟動改革。深圳的發展速度快過其他任何地方，三十年後已經擁有一些中國最大的摩天大樓和購物中心，還有一個嶄新的地鐵系統。在世界各地銷售的消費性電器，大多數在深圳和周邊的廣東省境內組裝。這個地區也被視為科技創業人士青睞之地。然而深圳的成長激烈且失控，也反映了中國許多最嚴重的問題，例如過度擁擠、貪汙、汙染、缺乏問責機制。廣大電子工業園區的工作環境惡劣，勞動待遇大有問題，也成為深圳的馳名特色。富士康工廠短期內傳出多起自殺與意外事故，更加凸顯這些問題。富士康是臺灣人開設的公司，在中國僱用數十萬員工，以組裝iPhone、iPad等蘋果產品聞名。[18]自殺和意外事故據說是工時長和工作環境不安全所造成。

在深圳之外，因為中國改革而出現的新機會，使社會能夠有更高的自主權，得以從事多種獲利豐厚的生產活動。社會分化持續進行且速度加快：許多屬性各異的社會群體出現，包括事業有成的城市年輕人、被解僱的工人、農民、民工、乃至乞丐，取代了過去寥寥幾個較大的社會階級。但新風險和新威脅導致不安全感升高、物質與文化上的損失增加，情況對社會弱勢群體的成員尤其不利，例如老人、農民工、年輕人、女人，以及少數族群。一個社會就此崛起；這個社會的特色是日漸加深的社會裂痕和失序，無論從性別、世代、社會階級、族群關係，還是從城鄉區別的角度衡量皆然。可以看到的是，伴隨新的全球化市場經濟而來的不平等現象在不斷擴大，而人們對此反應不一。

一胎化政策成為現代時期最困擾人、最富爭議、最敏感的社會議題之一。這項在一九八〇年九月宣布的決策限制夫妻只能有一個孩子，在國內外引發重大分歧和爭議。此政策對人民的侵擾包括強制墮胎和重創家庭生計的罰鍰，引發了強烈民怨，尤其是在鄉村。二十世紀下半葉諸多擔心人口爆炸的國家裡，只有中國訴諸如此激進的政策。

一胎化政策始於一九七〇年代後期，當時中國科學家和官員開始討論人口成長問題。[19]最迫切的重點是放慢中國人口成長速度，人口成長過快被視為現代化的一大障礙。中國在一九五〇年代因為社會秩序恢復與醫療體系建立，國人平均壽命因而大幅提高。與此同時，出生率成長，於是根據人口普查資料，人口從一九五三年的五億八千三百萬增加為一九八二年的十億多。基於當時中國人口學家和統計學家的計算，許多人擔心人口成長會失控並消耗經濟成長，令中國無法脫貧。對中共來說，人口控制似乎是發展順遂的先決條件。起初在一九七〇年代，黨開始有計畫地鼓吹晚婚、拉大前後胎間隔、少生孩子（「晚稀少」）。這項運動成功讓出生率大幅降低，從一九七四年每名婦女生四．二胎，降為一九七六年的三．五胎，再降為一九八〇年的二．六胎。[20]

不過政府覺得這波出生率下降幅度不夠大，想要更快速解決人口問題。一九八〇年，政府決定推行每對夫妻只准養一個小孩的政策，目標是讓中國更快轉型為富裕且現代的全球強權。接著，政府又為了確保夫妻只養一個小孩而採取有計畫的措施。然而有幾類人不受此限，包括少數民族、邊疆地區居民、海外返國的中國人，以及頭一個小孩因失能而日後無法工作的夫妻。在盛行養兒防老的農村，此政策經常遭遇抵抗。最重要的例外通融措施在一九八六年之後針對農村施行，讓家中第一個孩子為女孩的農民夫妻能生第二個小孩。後來，又多了一個例外規定：父母本人皆為獨生子女者可以生第二個小孩。二〇〇二年，一項人口與計畫生育法案通過，為國家控制家庭生育計畫的政策提供法律依據。二〇一三年，中國放寬一胎化政策的部分限制，允許夫妻一方為獨生子女者也能生養兩個小孩。但許多合法夫妻不願生第二個小孩，理由是社會競爭激烈，養育小孩的開銷和壓力太大了。中共領導階層擔心人口老化會危及中國的經濟成長，便在二〇一五年十月鬆綁已經實施數十年的政策，宣布所有夫妻都可以生養兩個小孩。[21]二〇一八年有傳言說政府會徹底廢除一胎化政策。由於出生率下滑，政府甚至在想辦法勸婦女生更多小孩。

一胎化政策的執行，一般來說採賞罰並行的方式。中國政府在整個工作單位體系制定了各種罰則，以在城市地區落實一胎化政策，尤其是在一九八〇年代。多生了一個小孩的夫妻，依法必須支付他們加諸社會的額外負擔——因為他們必定會用掉較多的公共資源。於是違反一胎化政策的夫妻就要承受支付重稅、失業、被減薪、失去工作單位福利等懲罰，而且有些人還因此拿不到發給其所屬工作小組的獎金。在農村地區，政府成立家庭鼓勵機制，提供獎金給遵守一胎化政策的家庭。除了頻繁的宣傳運動，國家計畫生育委員會還監督強制性措施的執行，例如在簡陋設施強制墮胎、強制安裝子宮內避孕器，也有一些強制進行絕育手術的例子。據估計共有一六四〇萬女性、四二〇萬男性接受了絕育手術，還有許多新生兒被強行送養。

根據二〇一〇年的全國人口普查，政府推斷中國人口已達十三億四千萬（二〇一六年為十三億八千萬），相較於上次（二〇〇〇年）的普查結果，多了七千三百九十萬，也就是五．八％，[22]低於聯合國人口學家所預測的十四億，創下近五十年來最低的人口成長率。中國政府表示計畫生育使中國少生了四億人，為中國快速的經濟發展提供了助力。但在學界和人口政策圈，這個議題仍然頗有爭議。我們有理由相信，就算沒有這些強制性且代價高昂的政策，中國的出生率還是會下滑。與此同時，在改革時期執行一胎化政策，無疑引起了一連串社會問題和始料未及的後果。最嚴重的後果是人口的長期展望堪慮。中國生育率已經跌到了人口替代水準（每對夫妻二．一個小孩）以下。而且檢視十年分的數據，許多地方的生育率從未超過一．五人。在上海，許多年輕夫妻因為兩人都是獨生子女而可以生兩個小孩，但二〇一〇年人口普查顯示，上海的生育率只有〇．七人，即人口替代水準的三分之一。二〇一三年時，平均一個領取津貼的老人有五個納稅工作者在支應。預測顯示，不久後會掉到只有兩個納稅工作者對應一個領取津貼的老人。中國政府很快就得處理人口老化產生的諸多問題。人口老化的影響在鄉村尤其顯著；人口大量外移，留下年長的村民，沒有成年子女就近供養。隨著政府漸漸收回對老人的扶助，老人照護變得更加倚賴家庭，也令這個人口問題更嚴重了。社會老化所帶來的難題，連德國、日本這種先進經濟體都覺得棘手。中國國內財富分配極為不均，導致這個難題加劇。對許多已開發國家來說，人口老化不是什麼新問題，但有人憂心忡忡地認為，「中國會未富先老」。[23]有些人口學家指出，接下來的幾十年，中國會處於勞動力不足的窘境。

家庭成員數減少了，尤其是在城市地區。這件事對社會的影響之一，是出現一個由雙親和四個祖父母養育長大的獨生子女世代。他們集三千寵愛於一身，導致出現某些人所謂的「小皇帝綜合症」現象。[24]一方面，這些獨生子女備受寵溺，但是另一方面，他們的家人把希望都寄託在他們身上，造成了必須要出人頭地的龐大壓力。

限制家庭成員數之舉，也導致男女性別比例失衡。[25]自古以來的文化觀念裡，中國家庭都是由兒子負責照顧老人，還要傳宗接代、繼承家產。所以，中國家庭偏愛生兒子，尤其在農村地區。在一胎化政策下，殺害女嬰的事情頻頻發生，只是難以查明確切數字。有人估計，從一九八〇年起，每年有二十萬女嬰遭殺害。女兒也常遭棄養，但是沒有可查詢的估計棄養數字。許多女孩出生後沒有報戶口，因而無法享有法定權益，包括受教機會和其他種類的社會福利。最後，超音波等先進技術的運用，讓被拿掉的女胎增加了。這些現象造成中國的男女人口數差距頗大。根據中國的統計資料，報戶口的新生兒裡，男嬰超過女嬰的趨勢在農村和城市都是只升不降。中國人口普查數據顯示，一九八二年每百個女嬰對應一〇七個男嬰，一九九〇年為一一〇個男嬰，二〇〇七年是一一七個男嬰。一胎化政策廢除後，這個比例也下降了。[26]

無論用意為何，一胎化政策都是源自「社會工程是國家的合法作為」這個看法。此政策侵犯了最基本的人權之一，而且很可能多半也沒有必要執行，因為先前以自發性節育措施為基礎的政策已經降低了生育率。一胎化政策可能會以後毛澤東時代中國最嚴重的政策錯誤之名而名留青史。

改革開放政策還有一些其他後果，造成的變化與一胎化不相上下。改革政策放寬了國家對許多領域的控制，使數億人得以改變工作和居住地點並尋找新就業機會。有無數

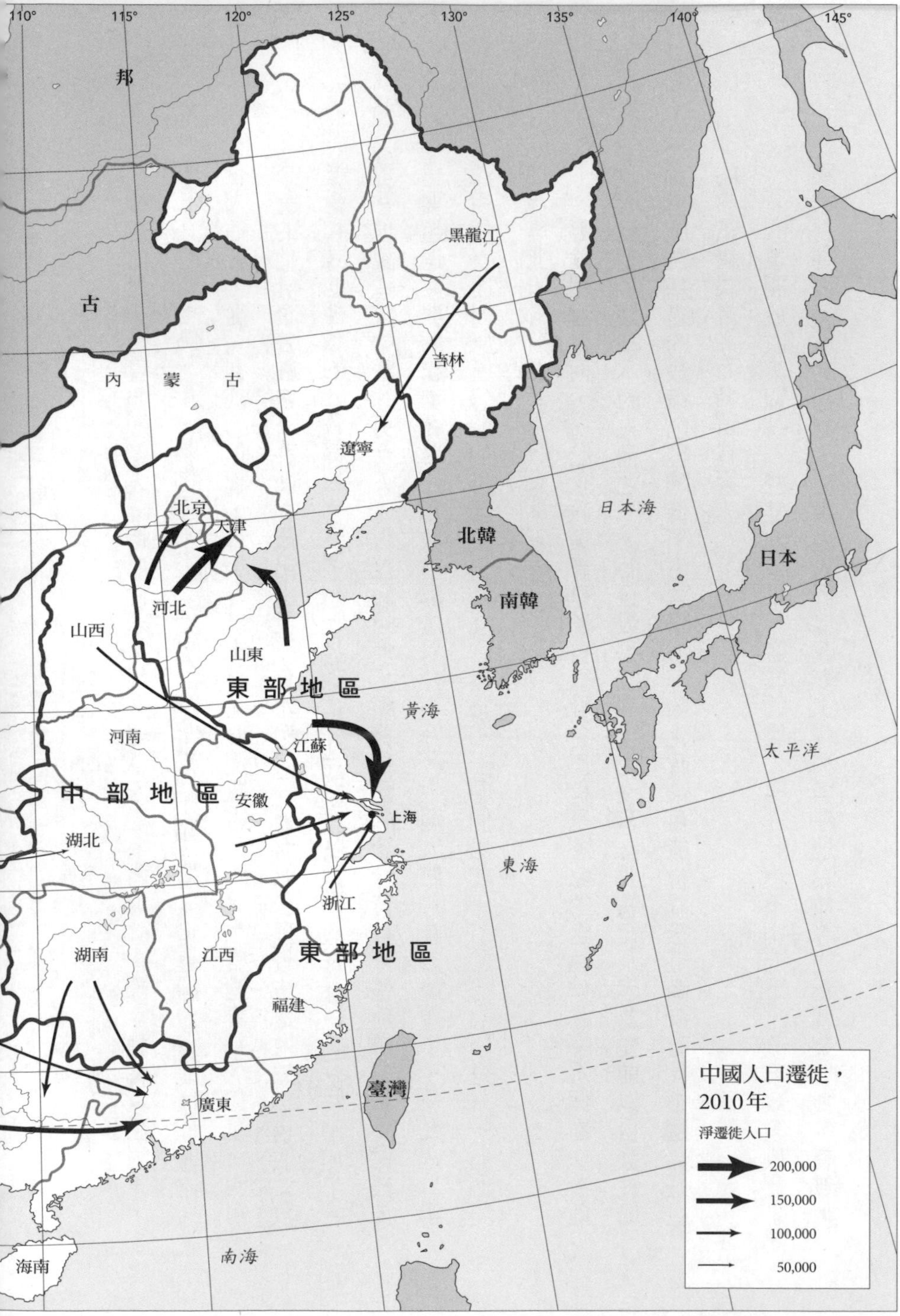

110°
115°
120°
125°
130°
135°
140°
145°
邦
古
內 蒙 古
黑龍江
吉林
遼寧
北京
天津
河北
山西
山東
東部地區
黃海
河南
江蘇
中部地區
安徽
上海
湖北
浙江
東海
湖南
江西
東部地區
福建
廣東
臺灣
海南
南海
日本海
北韓
南韓
日本
太平洋
中國人口遷徙，
2010年
淨遷徙人口
200,000
150,000
100,000
50,000

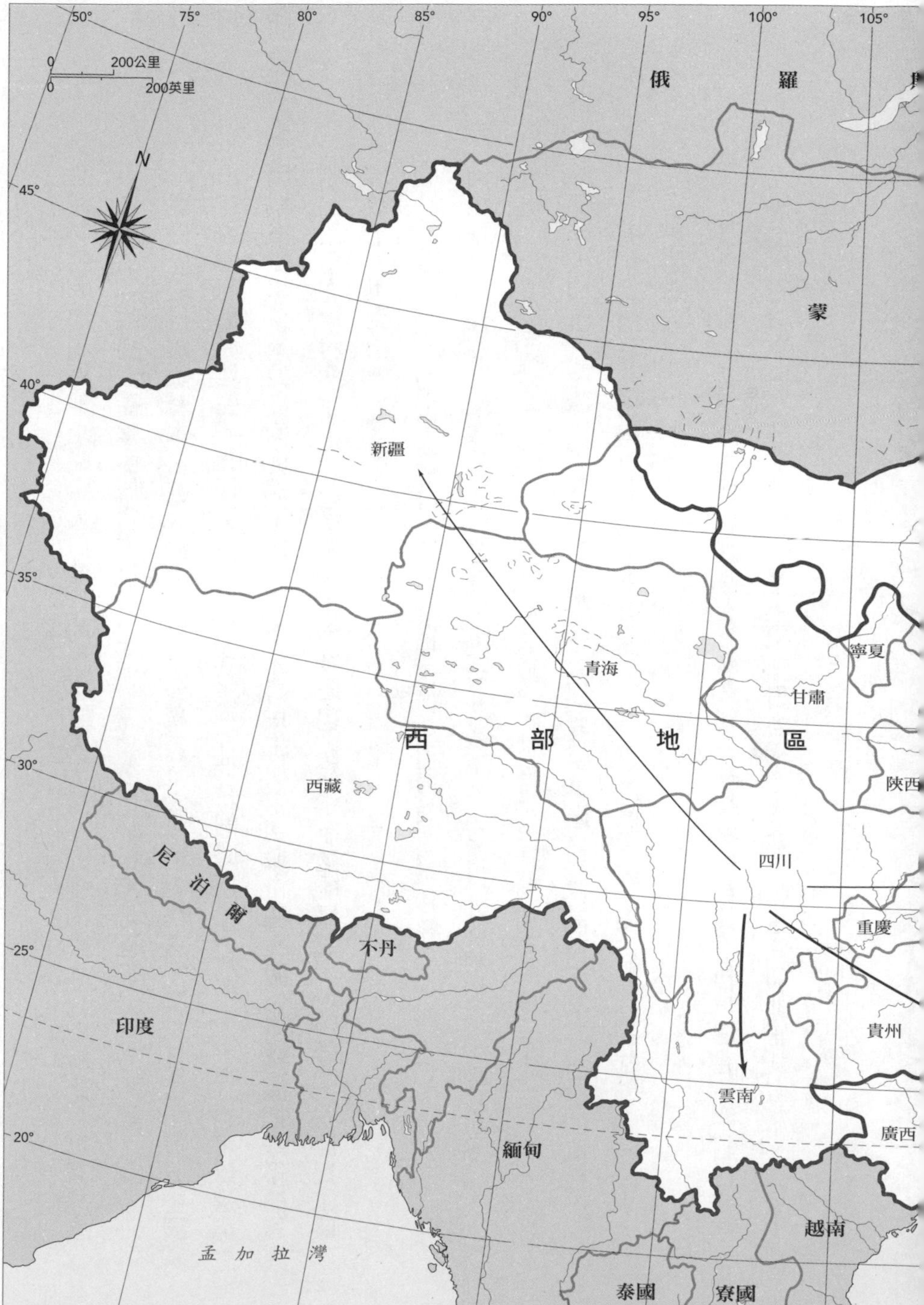
50°
75°
80°
85°
90°
95°
100°
105°
45°
40°
35°
30°
25°
20°
0
200公里
0
200英里
N
俄
羅
蒙
新疆
青海
寧夏
甘肅
西
部
地
區
西藏
陝西
四川
重慶
貴州
雲南
廣西
尼
泊
爾
不丹
印度
緬甸
越南
孟加拉灣
泰國
寮國

農村勞動人口到外地求職。人口遷徙的根本原因，是在許多內陸省分的鄉下，就業機會不足。改革的經濟衝擊由於官方投資之故，密集著重於沿海地區而非內陸地區，讓沿海地區優先取得國際資本、進入國際市場。公私資金大舉流入快速工業化且帶頭促成中國出口激增的沿海地區。農民工可以選擇在家鄉幹低薪的農活（或無所事事），也可以選擇到城市從事薪水較高的低端工作。大部分農民工決定到城市闖一闖，希望能把賺得的錢寄回給留在農村的家人。許多農民工前往離自家村子不遠的城鎮，但也有一些農民工跋涉數千公里到沿海大城。

「農民工」一詞指從鄉村遷移至某地工作、但沒有當地戶籍的勞動人口。[27]這類工作大多是季節性的，配合農活時程安排（冬天農活不多，所以外移的農民工數量較大）。一九九二至二〇〇六年，農民工增加了一倍多，從五千三百萬增至一億一千五百萬。二〇一〇年人口普查記錄了更大規模的國內人口遷徙，推斷有超過兩億六千一百萬的國民（二〇一七年：兩億九千兩百萬），也就是將近五分之一的人口，不住在戶籍地。[28]這些人大部分是農民工。

農民工對中國經濟成長貢獻極大，卻受到許多歧視和對其不利的待遇。他們在城市或較富裕的農業地區打工時是「外人」，面對各種令人洩氣的正式與非正式限制。農民工在城市沒有合法戶籍，因此沒資格享受在籍者擁有的許多權益和福利，包括讓子女在當地公立學校受教的權利、醫療保險和福利救濟、乃至租買公寓的法定權利。他們也很容易遭人剝削和逐出城市。國家始終把農民工視為二等公民，稱他們是「流動人口」。國家也始終防著他們，把他們當成潛在的衝突來源。隨著農民工大增，城市的永久居民也開始認為農民工敗壞治安，且愈來愈覺得他們可能會奪走自己的工作。[29]

如此大規模的內部農民工遷徙，導致地區發展失衡和沿海地區快速都市化。結果一九八〇年過後不到三十五年，中國的城居人口就增加到原來的四倍多（從一九八〇年的一億九千萬增加為二〇一五年的七億九千兩百萬）。根據預測，二〇三〇年時會達到驚人的十億。屆時中國的城市人口會比北美洲與南美洲加起來的總人口數還多。[30]三個成長最快的區域是北京、上海、天津這三個直轄市。二〇〇〇至二〇一〇年，北京、上海都增加了約六百萬人口，年均成長率超過三％。廣東、浙江兩省的人口成長率居次，兩省都是中國經濟成長的發動機。廣東增加了約一千八百萬人口，成為人口最多的省分。中國城市地區的房地產價格經歷了一波暴漲。在前幾大城市，二〇〇三至二〇一三年實際價格年成長一三．一％。前幾大城市的實際地價則在二〇〇四至二〇一五年飆漲了近五倍。價格上漲的同時，建設也欣欣向榮。

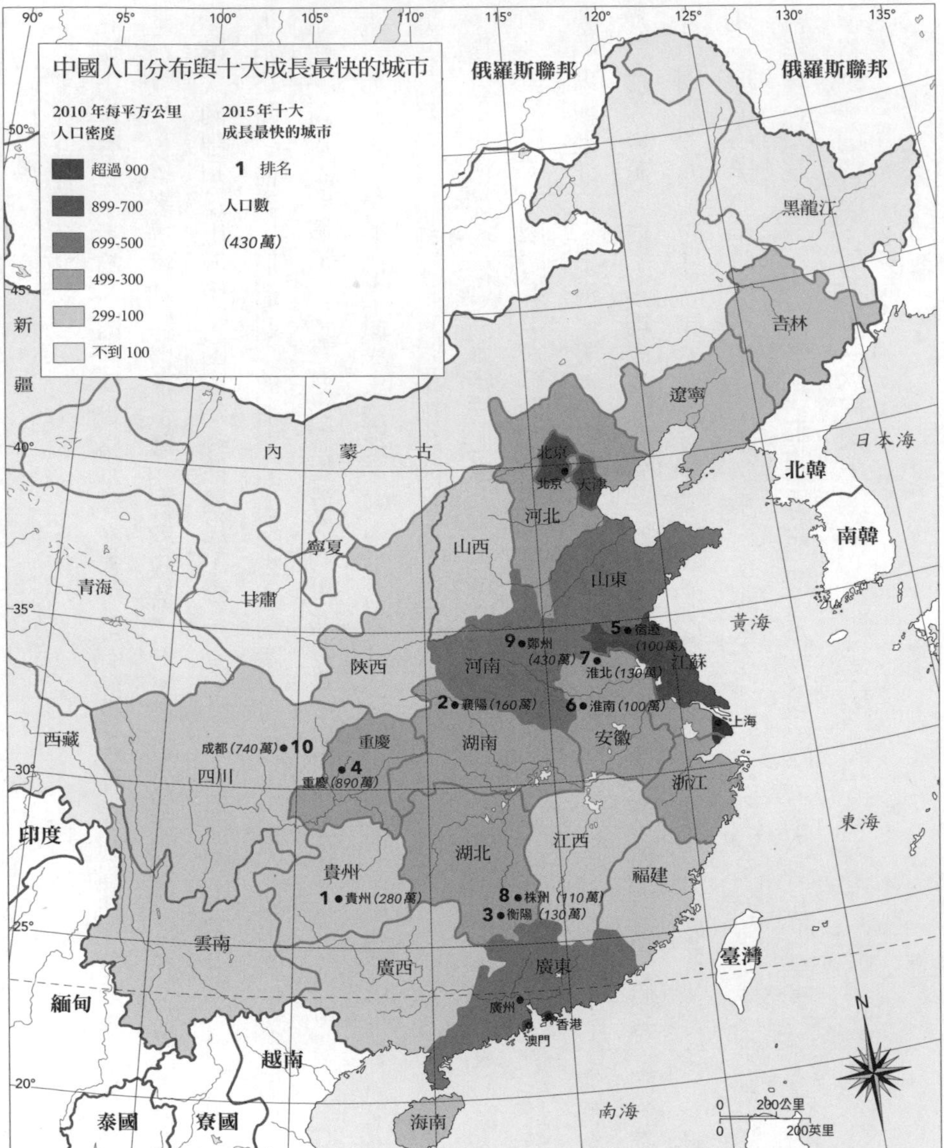
中國人口分布與十大成長最快的城市
2010 年每平方公里人口密度
超過 900
899-700
699-500
499-300
299-100
不到 100
2015 年十大成長最快的城市
1 排名
人口數
(430萬)
1 貴州(280萬)
2 襄陽(160萬)
3 衡陽(130萬)
4 重慶(890萬)
5 宿遷(100萬)
6 淮南(100萬)
7 淮北(130萬)
8 株洲(110萬)
9 鄭州(430萬)
10 成都(740萬)
俄羅斯聯邦
俄羅斯聯邦
黑龍江
吉林
遼寧
內蒙古
北京
天津
河北
山西
山東
寧夏
青海
甘肅
新疆
西藏
陝西
河南
江蘇
上海
安徽
湖南
重慶
四川
湖北
浙江
江西
福建
貴州
雲南
廣西
廣東
廣州
香港
澳門
海南
臺灣
印度
緬甸
越南
泰國
寮國
北韓
南韓
日本海
黃海
東海
南海
0 200公里
0 200英里
N

改革也劇烈改變了決定所得和社會地位高低的因素。一九九〇年代，數千萬國營企業員工失去了終身職的保障和附加的福利。此外，企業私有化之後，被解僱的員工也失去他們長期辛苦工作爭取的退休金等福利。保住飯碗的人必須與雇主簽訂僱用合同，起初最多可簽五年約，後來往往只簽一年。終身職的「鐵飯碗」遭打破，員工處境極為不利。又有更多工人簽了短期僱用合同，工作沒有保障，也沒有任何福利，還必須和農民工競爭；而農民工都願意領取比先前國營企業員工薪水還低的工資。[31]低技術和年紀較大的城市工人也面臨愈來愈多來自農民工的競爭，而且經常被拒於勞動市場之外。與此同時，城市急速成長，具有高技術的年輕工人和利用特殊門路在新經濟中取得機會的人提高了收入。所得不均的現象大幅惡化。富人與窮人、不同社會群體、不同族群間的差距大幅擴張。相較於毛澤東時代的強調平等，改革者更願意接受鄧小平那句讓人安心的口號背後的不平等：「讓一部分人先富起來。」獨立研究者、國際組織和政府機構所做的多項研究，都為社會與經濟不平等的大幅升高留下了紀錄。[32]當然各方推估的不平等程度有所不同，但所有觀察家都同意，一九九〇年代之後，曾經相當平等的中國在所得、財富和機會方面，已顯示它是世界上最不平等的社會之一。

社會制度也有所改變。例如單位乃至於戶口，在毛澤東時代原本具有提供救濟和社會安全保障的功能，這時則失去了大半。但若認為單位和戶口已完全過時，那就錯了；反之，這兩者在轉型成市場經濟的過程中得到了別的存在價值。單位之類的制度緩和了市場經濟的衝擊。[33]它們保留了農村經濟和城市工作單位體系裡固有的某些社會權利，往往能緩解組裝線上工人受到的極惡劣剝削。例如，工作單位允許國營事業工人以經過補貼的價格購買從前的福利房。這項住房供給的改革讓工人成為私人財產的擁有者，即使遇到企業破產，經濟上都有保障。飽受批評的戶籍制令農民工淪為二等公民，變成供全球資本取用的廉價勞力，但也讓那些在農村有戶籍的人有了土地經營權。這些制度使人民對國家的忠誠程度來到新高——這是個經常被忽視的效應。

地域差距和階級差距，以及經濟、社會上的不平等，時時因為族群差異而擴大。後毛澤東時代的中國領導階層呼籲少數民族團結起來，支持中國邁向富強。少數民族占中國人口約八．五％，也就是一億一千萬人。他們居住的地區占中國陸地面積一半以上，包括九成的邊疆地區；而且中國的森林、畜牧業、肉品生產、礦物，以及藥草，大半在少數民族居住區。

政府維持少數民族地區自治的政策。一九八四年（二〇〇一年修訂）的《中華人民共和國民族區域自治法》規定，「各少數民族聚居的地方實行區域自治」，包括五個省級自治區、三十個自治州、一一七個自治縣；一九九三年後新增了一一七三個自治鄉或民族鄉。在一九九二年召開的第一次中央民族工作會議期間，江澤民就這個議題發表了重要講話。他強調全民必須團結，駁斥了任何少數民族區域獨立的要求。但他也宣布政府會繼續執行少數民族自治政策，強調少數民族區域的經濟發展和少數民族的社會福利非常重要，還說經濟發展會讓這些區域跟上中國其他地區。[34]十五年後，胡錦濤在二〇〇七年十月中共第十七次黨的全國代表大會上發表談話時，重申了許多同樣的觀點，強調必須「鞏固全國各族人民的大團結，加強海內外中華兒女的大團結，促進中國人民同世界各國人民的大團結，為戰勝一切艱難險阻、推動黨和人民事業取得新的更大勝利提供強大力量」。[35]

許多少數民族樂見經濟改革，尤其是因為有多個民族於文革期間受了很多苦。他們很欣慰能看到少數民族文化的獨特性再度被強調，傳統和信仰也更受尊重。然而中央政府宣布打算開發某些自治區的豐富自然資源，衝突便隨之出現。北京似乎也鼓勵漢人遷至邊疆地區，而隨著可以得到現成土地及其他獎勵的消息傳開，西進的漢人也增加了。於是，少數民族在許多自治區不再是多數。大部分區域變成以漢人居多。由於漢人湧入，少數民族在經濟上陷入劣勢。從內地移居到邊疆尋找經濟機會的漢人愈來愈多，形成了

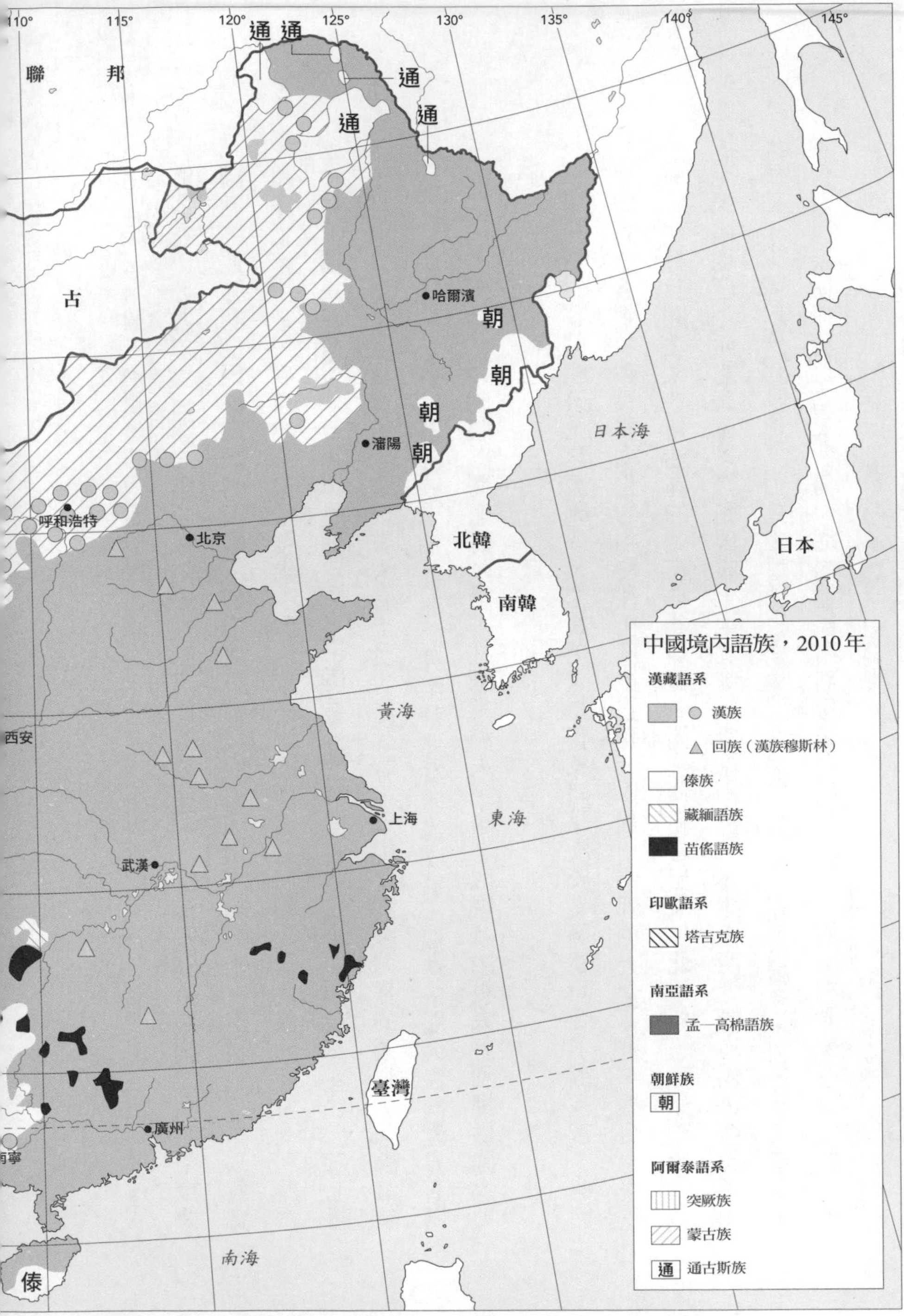

110°
115°
120°
125°
130°
135°
140°
145°
聯
邦
古
通
朝
哈爾濱
瀋陽
呼和浩特
北京
北韓
南韓
日本
日本海
黃海
東海
南海
西安
上海
武漢
廣州
南寧
臺灣
傣
中國境內語族，2010年
漢藏語系
漢族
回族（漢族穆斯林）
傣族
藏緬語族
苗傜語族
印歐語系
塔吉克族
南亞語系
孟—高棉語族
朝鮮族
朝
阿爾泰語系
突厥族
蒙古族
通
通古斯族

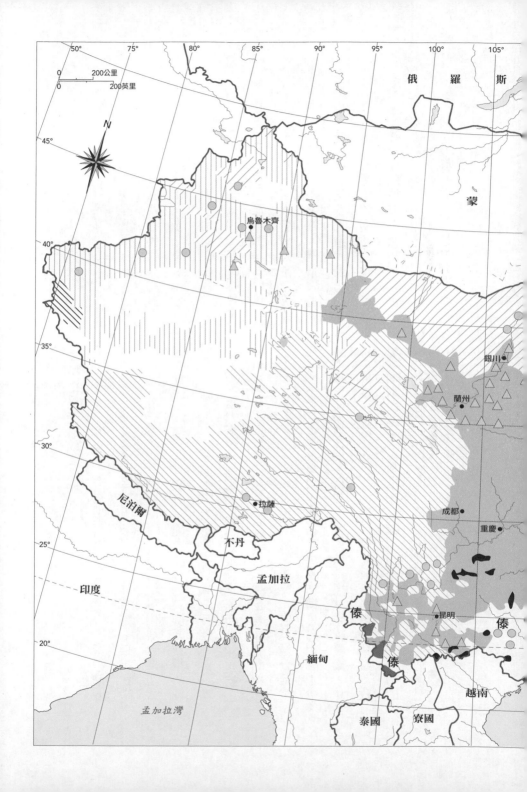

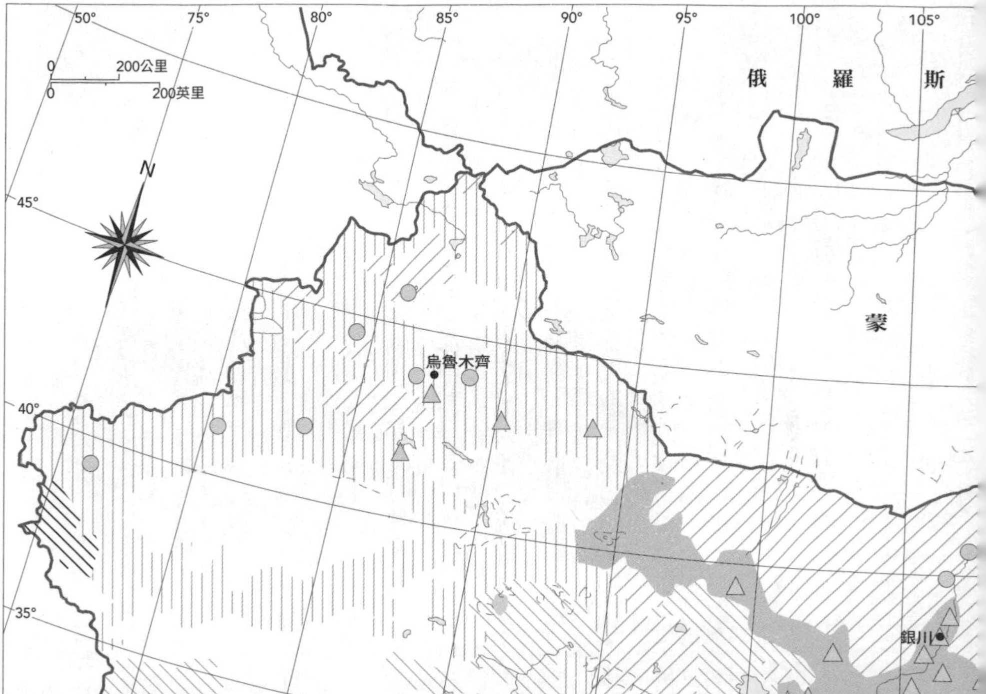

50°
75°
80°
85°
90°
95°
100°
105°
0
200公里
0
200英里
N
45°
40°
35°
30°
25°
20°
俄
羅
斯
蒙
烏魯木齊
銀川
蘭州
拉薩
成都
重慶
尼泊爾
不丹
孟加拉
印度
傣
昆明
傣
傣
緬甸
越南
孟加拉灣
泰國
寮國

日益興旺的獨立經濟網絡，而且往往拒絕接納當地人。[36]

族群衝突時有所聞，尤其是漢人與藏人，以及漢人與維吾爾人的衝突。[37] 盛產石油的新疆境內族群緊張升高，令政府特別憂心。新疆是維吾爾人的家鄉，維吾爾人信奉伊斯蘭教，一九八〇年代時約有八百萬人。一九三三和一九四四年，新疆兩度出現分離主義政府（見前幾章所述），兩次都試圖推翻漢人當家的省政府，建立獨立的東突厥斯坦。西藏同樣有過一段不受中國管轄的歷史，在一九一二至一九五〇年處於獨立自治狀態。暗中醞釀的緊張和怨恨有時會爆發為大規模暴力衝突，例如二〇〇八年三月十四日在西藏，以及二〇〇九年七月五日在新疆。二〇〇九年二月至二〇一五年六月，六年多的時間裡，藏區有一四六名藏人自焚，據悉其中一百多人身亡。政府定調暴力衝突和自焚是分離主義分子煽動所致，但原因遠非如此單純。這些暴力衝突與地區經濟的結構息息相關；少數民族在這些地區處於劣勢，求職困難且薪資較低。有些少數民族，尤其是維吾爾人和藏人，開始認為漢人政府不尊重也不重視少數民族，特別是他們的政治與經濟利益。政府的國民教育也意圖「教化」或教育少數民族，尤其是在新疆、西藏這兩個局勢不靖的地區。要「教化」少數民族，就表示要逼他們學習漢人的語言、文化和歷史，而把自己的語言、文化、歷史犧牲掉。

中國共產黨和其政府用來處理民族主義及分離主義運動的策略，有兩個面向。首先是在短期內用武力強硬鎮壓分離主義。再來是推動旨在改善新疆與西藏人民生活條件的經濟發展和投資，作為長遠的解決辦法。官員相信，少數民族生活水準提升會使社會安定。但事實證明這些期望難以達成，這兩個地區經濟發展的結果有好有壞。中國政府鮮少回應少數民族的要求，例如保護他們的文化、信仰及政治自主權。中國境內族群衝突的增加，背後存在著更根本的爭議，那些爭議或許是關於民族認同和教育，或許是關於經濟發展所導致的不平等，又或許是關於國家族群政策所造成的問題。

社會轉型的影響，也衝擊到女性的社會地位。在毛澤東時代，女人具有高度象徵性的重要地位，因為促進男女平等是施政要務。在後毛澤東時代，那種政治上的重要性逐漸降低。改革時代社會快速變遷，帶來許多新機會，特別是對於高學歷的年輕女性。不久，就有約兩成的公司是由女人經營。《富比士》全球白手起家億萬富豪榜上的十四名女性中，半數來自中國。在中國有許多女性就業，對家庭所得做出貢獻。但也有比較不光彩的一面：教育程度較低的中老年婦女，往往只能在市場經濟的侵逼下自謀生路。許多較年輕的農村女子赴城市找工作。她們被稱作打工妹，在一九九〇年代後期占了「流動人口」的三至四成。其中有些人只能任憑各種權勢與資方剝削、壓迫。如果她們有小孩，孩子大多由農村家裡的父母撫養，這些「留守兒童」通常處境艱苦。

城市婦女比較容易被解僱，國營企業私有化或破產時，她們往往跟著失業。[38]中老年婦女，尤其是缺乏專門技能和訓練的，都被當成最累贅的勞工。女紡織工在遭解僱的女工裡占大宗；她們是工資最低的工人，在勞動力裁減潮中首當其衝。失業後，享有社會福利與保障的資格會跟著喪失。高學歷婦女也受到差別待遇。大學畢業女性求職時會看到明確寫著不接受女性應徵的招聘廣告。中國的女人突然領悟到，追求平等的革命理想其實是已幾成泡影或從未實現的夢想。

然而若一味從剝削、歧視的負面角度來陳述轉型成市場經濟所帶來的改變，又會產生誤導。政府雖把重點擺在經濟改革上，但是政治、經濟與社會體制在過去密不可分，所以經濟改革必然會導致擴及政治與社會層面的根本改變。原本受國家支配的個人、家庭及社團，愈來愈能在經濟抉擇上自己作主。由於私部門重出江湖，個人有了在新興市場裡追求個人利益和計畫的自由。隨著黨國不再扮演主要經濟決策者的角色、不再完全控制個人和其生計，個人便不再倚賴國家。政府官員的確仍握有權勢——例如拿官方特權換取優遇（例如住房安排）、謀取個人好處，或者壓下批評——但是已經不再能像毛澤東時代那樣完全控制經濟與社會資源。在市場上，個人只要經濟能力負擔得起，就可以取得幾乎所有的日常必需品。個人對工作單位和黨幹部的組織性依賴大抵消失，以工作場所內恩庇—侍從關係為基礎的權力關係瓦解。這個去集中化和去政治化的過程，也為公民參與創造了新空間。許多個人利用這份更大的自由從事社會運動、參與地方事務。[39]改革時期，多式各樣不同社會群體發起社會運動的現象大幅增加，包括工人、農民、環保人士、記者、自宅屋主、女性主義者、宗教社團、少數族群、愛滋維權人士、人權提倡者等。憤憤不平的社會群體在從事地方運動以向地方官員施壓時，會善加運用「赤腳律師」、街坊團結團體、中國國內法律、法院等地方資源。宗教、文化、女性主義和環境保護運動的運動者，建立了橫跨地方、區域、乃至國家的網絡。政府主動擴大法律體系，既是為了處理民間社會運動所帶來的挑戰，也是為了減輕伴隨經濟和社會重大改變而產生的焦慮不安與衝突。政府以一九九七年江澤民在第十五次全國代表大會上提出的「社會主義法治國家」概念為本，大刀闊斧地改革法制。黨強調法律的作用，同時也表明政府的首要地位不會改變。政府頒行法典，為種種議題提供指導原則，包括勞資關係、知識產權、環境、商務、土地使用、財產，以及非政府組織的結社權。一九七九至二〇〇六年，全國人民代表大會——中國的最高立法機關——制定和更新了兩百多條法律；這些法條大體上都符合國際法公認的原則。[40]政府發動大規模教育運動，廣為宣傳這些新法令。調解仲裁機構和法院的功能得到強化，以處理愈來愈多的糾紛和抗議，化解可能造成暴力相向的衝突。二〇〇四年三月十四日，全國人大通過十三個憲法修正案，向全面翻修司法制度再邁出一步。這些修正條款籠統地講述私人財產和人權，但是並未限制政府打壓抗議的權限。例如有一個修正條款載明，「國家尊重和保障人權」。另一個修正條款聲明，「公民的合法的私有財產不受侵犯」，以及國家徵收公民的私有財產時會補償財產的所有人。

最重要的是，政府欲藉由打造扎實的司法制度，將衝突場域由街頭移到法院。政府漸漸將大量權力讓予市場、法院與其他制度；快速變遷的經濟與社會每日所需的複雜決定與策略，就由這些制度解決。黨的這項局部退讓之舉，為所謂「中國特色社會主義法治」的發展，提供了某種程度的政治空間。於是，若說中國公民所享有的法律保護及保障程度達到了百餘年來的最高點，絕非誇張之詞——不過如果黨的核心利益受到威脅，黨當然還是能侵犯那些權利。

法律不只是治理的工具，還是一種可能被社會群體拿來利用的資源。社會群體用法律來申明其權利，以及迫使國家履行對勞動人民的法律義務、契約義務和倫理義務。在中國，法規劇增有助於啟動新的社會形構（social formation），因為有共同經濟利益的人開始利用法律來自保，防止自己的法定權利受到侵犯。但是公民想要在法庭上保護自己的合法權益，往往未能如願，從而引發抗議和所謂的「群體性事件」；憤憤不平的農民、工人、城市居民和自宅屋主，在這類事件中為了食品安全、環境汙染，以及那些挑戰國家或把國家捲入的工業事故而發動抗議。[41]他們有一些比較對抗性做法，包括封堵交通、阻撓拆遷，甚至發起暴亂和破壞政府機關。國家對這類民間抵抗的回應，乃是不時關閉直言不諱的報社或懲罰批評政府的記者和主編，並且公開譴責具有影響力的知識分子，逮捕抗議領袖，對抗議者騷擾和施暴。不過在許多例子中，國家卻大幅讓步。公眾的動員已迫使多個政府機關修正決定、改變政策、徹底改革，例如農村徵稅與醫療的改革、勞動法和產權法的修訂、社會保障擴及鄉村等。於是出現一個有幾分矛盾的現象；中國缺乏民主程序和民主制度這點，似乎提升了處理公共問題和政治挑戰的急迫性。[42]公開的群眾抗議讓政府不安，也因此迫使政府迅速行動，包括追究責任、逮捕官員、撥款補償。缺乏可供抒發及解決民怨的民主程序，絕對是這些社會與政治動亂會鬧大的主因之一，然而這個民主缺陷也迫使政府迅速找到有效的辦法來解決醜聞和社會問題。

本節討論的社會和政治劇變相當模糊，無法輕易歸類。往市場經濟轉型一事，造成了機會、收入和市場表現（market outcome）方面的嚴重不平等。這導致了與世代、地方、民族、性別等差異類似的區別，也令各個地方和工廠的公民、社會群體及少數民族的利益不再一致。與此同時，經濟與政治權勢的去集中化，使政府官員執行法規的責任變大，但也使他們在政策無效或錯誤時，成了地方抒發不滿並抵抗的對象，從而為社會運動和公民參與闢出新空間。

不確定性日增

中國經濟成長、開放、都市化、工業化的速度極快，造就的「經濟奇蹟」贏得舉世讚賞。但在中國內部，氣氛遠沒有這麼雀躍樂觀。對於快速發展的成就和結果，中國的人民和政府似乎都未能安然處之。中國躋身全球超級強權之列，的確令廣大人民感到驕傲，也的確令絕大部分人滿意，因為窮人和富人都從日漸拓展的經濟得到實際好處。然而激烈的基層抗議，揭露了民間對從土地強奪到環境汙染等種種弊病的強烈憤慨，而高層官員們則抱怨物欲追求、幹部腐化和所得不均對國家的傷害。在中國的網路上，人民發洩他們對種種爭議和問題的憂心、失望與憤怒；這些爭議和問題影響到他們的生活，或是在他們看來影響到社會福祉及國家前途。在這個流動性極高且更容易接觸到媒體（包括線上交流）的社會裡，公民對於所得差異、炫富性消費與官場腐敗行為的意識也增強了。社會不平等和緊繃局勢助長民怨，有時會激起反抗。情勢極不安定，結構性不公義和統治敗壞引起公憤，人民也開始尋找新的精神寄託和倫理道德來取代逐漸崩解的道德秩序。[43]這一切促成了對未來的焦慮不安和不確定感，並且塑造了中國在二十一世紀第二個十年期間的社會氣氛。

這些情緒有一大部分牽涉到一個與中國政治制度密切相關的根本問題。經濟體制徹底翻新後，可說是成為世界上最有活力的經濟體制之一，但政治體制大抵沒變，基本上仍是一黨制，由一個列寧主義政黨在其中行使威權統治。多變和創新的中國經濟是以廣納型制度（inclusive institutions）為基礎，和以排他型制度（exclusive institutions）為基礎的政治體制，處於緊張關係裡。日漸複雜、開放的經濟和社會與仍然一成不變的列寧主義黨國之間，存在著尚未得到調解的矛盾；中國似乎無法解決這個老問題。許多人認為熱絡的市場經濟和威權共產主義政體恐怕無法長久並行，這份疑慮助長了普遍的不確定感。在中國，只有少數人相信當前的政治體制能應付未來的需要，或者認為這個政治體制足夠穩定強健，能捱過重大社會危機。這與較成熟的政治體制迥然有別。在較成熟的政治體制裡，儘管有難題和衝突，但公民在行動時總是預設其政府制度耐得住也挺得過任何傷害。

這股焦躁不安在翻攪中國公共領域的諸多現象裡，都清楚可見。中國的自然環境愈來愈惡化，頻頻引發憤慨和絕望。尤其是那段超高速成長期，令環境受創極大。幾乎每個人都同意，經濟成長的代價是中國的空氣、土地，還有水資源；這些資源當中有許多早已退化，因為經歷了幾十年強調城市地區重工業發展的史達林式經濟計畫摧殘，以及近代開始之前長達數百年的森林砍伐。[44]二〇一二年，中國前五百大城市裡只有不到一%符合世界衛生組織的空氣品質標準。中國的空氣汙染嚴重，大多是使用化石燃料造成的，尤其是煤；中國的能源需求有七成靠燃煤。中國的煤供給量極大，每年燒掉的煤比美國、歐洲和日本自二〇〇七年以來所燒掉的總量還要多，不過消耗量在二〇一四年之後有所下跌。能源消費從二〇〇〇至二〇一〇年成長了一三〇%。隨著中國國民變得富裕、搬進城市，他們也用掉更多能源，加重了環境問題。車主增加所導致的繁忙交通，成了中國城市最大的空汙來源。

水的問題同樣嚴峻。中國的人均水資源只有美國的五分之一。中國南方雖然相當多雨，北方——住了約中國一半人口——卻廣袤乾燥，有成為世界上最大沙漠之虞。北方十省落在世界銀行的水貧乏標準以下，造成快速的土地退化與沙漠化。中國幾乎所有水資源

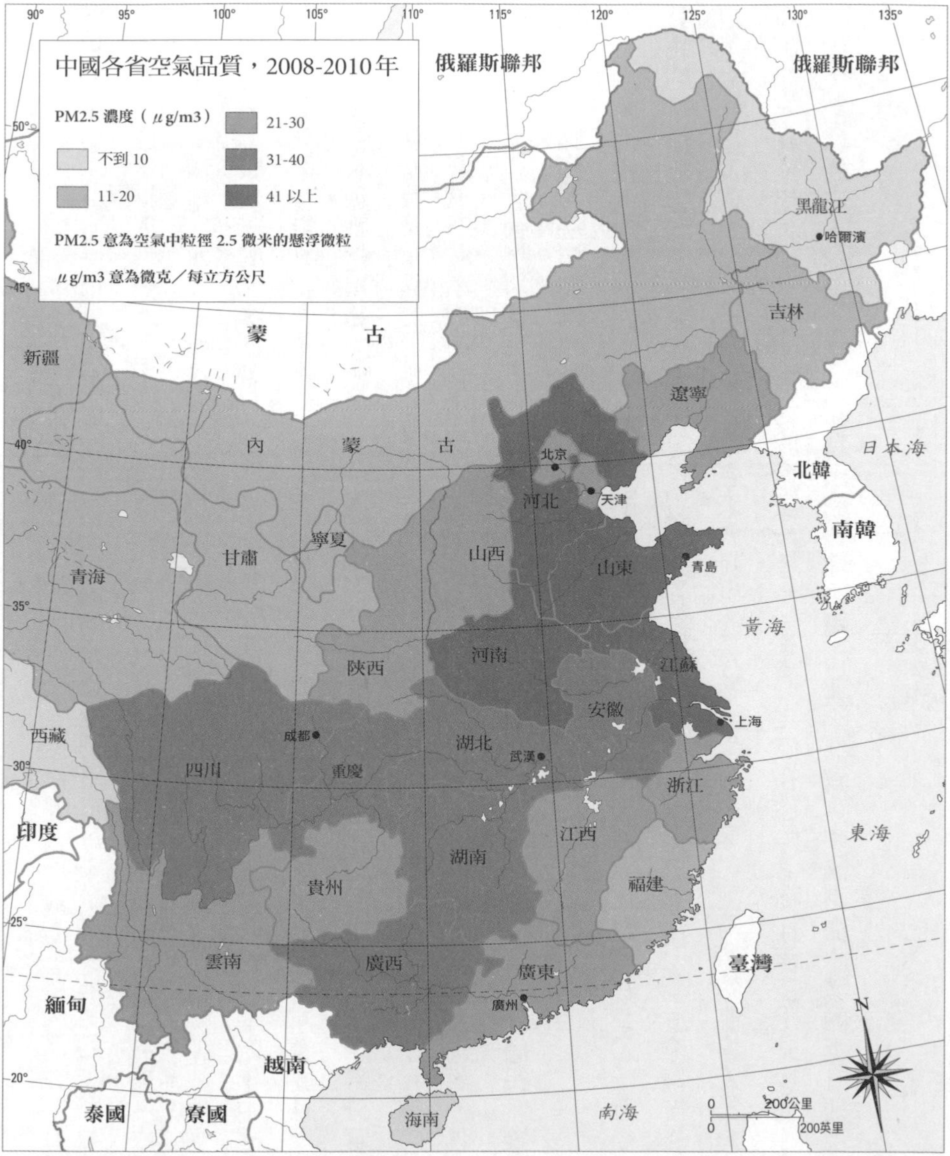
中國各省空氣品質，2008-2010年
PM2.5 濃度（μg/m3）
不到 10
11-20
21-30
31-40
41 以上
PM2.5 意為空氣中粒徑 2.5 微米的懸浮微粒
μg/m3 意為微克／每立方公尺
俄羅斯聯邦
俄羅斯聯邦
蒙古
黑龍江
哈爾濱
吉林
新疆
遼寧
內蒙古
北京
天津
河北
日本海
北韓
南韓
寧夏
甘肅
青海
山西
山東
青島
黃海
陝西
河南
江蘇
安徽
上海
西藏
成都
湖北
武漢
四川
重慶
浙江
印度
江西
東海
湖南
貴州
福建
雲南
廣西
廣東
臺灣
緬甸
廣州
越南
泰國
寮國
海南
南海
200公里
200英里
N

都用於工業和農業，但家用量也在增加。中國的水也受到嚴重汙染，許多地方的工廠和農田都將廢水排入地表水。中國的環境監控機關估計，三分之一河水和中國許多大湖（太湖、巢湖、滇池）水質退化達到最嚴重的程度，使得這些水不適合農用和人類飲用。[45]與此同時，工廠造成的土壤汙染也已導致中國一部分可耕地遭到嚴重毒害。二〇一四年中國政府公布一份報告，說中國將近五分之一的可耕地受到汙染——點出了中國高速發展且沒有針對商業活動制定規範的惡果。[46]土壤汙染嚴重影響了全國食物鏈。中國國民和部分官員愈來愈憂心農業重鎮的土壤汙染問題，因為可能會影響全國的食品安全。水汙染和空氣汙染急速惡化，帶來許多棘手的公共衛生難題。煤與燃料油排放的有毒物質愈來愈多，導致呼吸道及心血管疾病罹患率升高，酸雨亦有同樣的效應。中國主要河流沿岸的居民，罹患癌症、腫瘤等疾病和出現其他汙染相關健康問題的比例也升高了。

中國的重大環境問題，顯然只會隨著全球持續暖化而更加嚴重。政府在二〇一五年公布的一份報告，對於氣候變遷帶給中國的衝擊提出了很悲觀的科學評估。[47]這份報告強烈主張要投入更多經費來準備因應愈來愈有可能頻繁發生的大旱、洪災、熱浪等天災。海平面上升是報告中最受關注的威脅之一。令人憂心之處在於隨著海洋溫度上升與極冰融化，全球的海水都會上漲。而且由於各地的變化並不一致，中國沿海水域的上升速度已經比全球平均速度還要快了。根據調查結果，中國東部沿海的海水到二十一世紀末會上升四十至六十公分，造成上海和其他城市在漲潮時發生海水倒灌，以及受到暴風雨和颱風重創。這份報告也預測，中國內陸地區的降雨和降雪狀況會大幅改變，從而重塑農業面貌。氣溫升高也意味著空氣吸收更多水氣，然後水氣很可能以愈來愈難捉摸的降水模式傾瀉而下，尤其是在中國北部。根據此報告，這個現象的淨效應就是已然吃緊的中國水資源到了本世紀中期，可能會減少五%。降雨的不規則變動，不只會導致農業出現重大變化，還可能使基礎設施承受始料未及的沉重壓力。除了造成中國的環境或經濟風險，這類改變還牽涉到國安問題。目前的河川水流和水量若持續變動，接下來可能會在中國南部邊界沿線引發跨國水資源爭奪戰，以及跨國遷徙情形激增，從而引爆國際糾紛和衝突。

一如這份二〇一五年報告所示，民間和官方都意識到這些問題的嚴重。政府開始處理問題，制定嚴格的標準和宏大的目標，例如規定減少發電燃煤量與裝設較無汙染的燃煤發電機，以改善大城市極差的空氣品質。二〇一五年，中國聲稱用煤量已比前一年少了八%。政府提高了車輛廢氣排放標準和能源效率，也用無人機揪出違反廢氣排放法規的工廠。二〇一四年《環境保護法》修訂，為一九八九年以來首次。修訂後的法規對汙

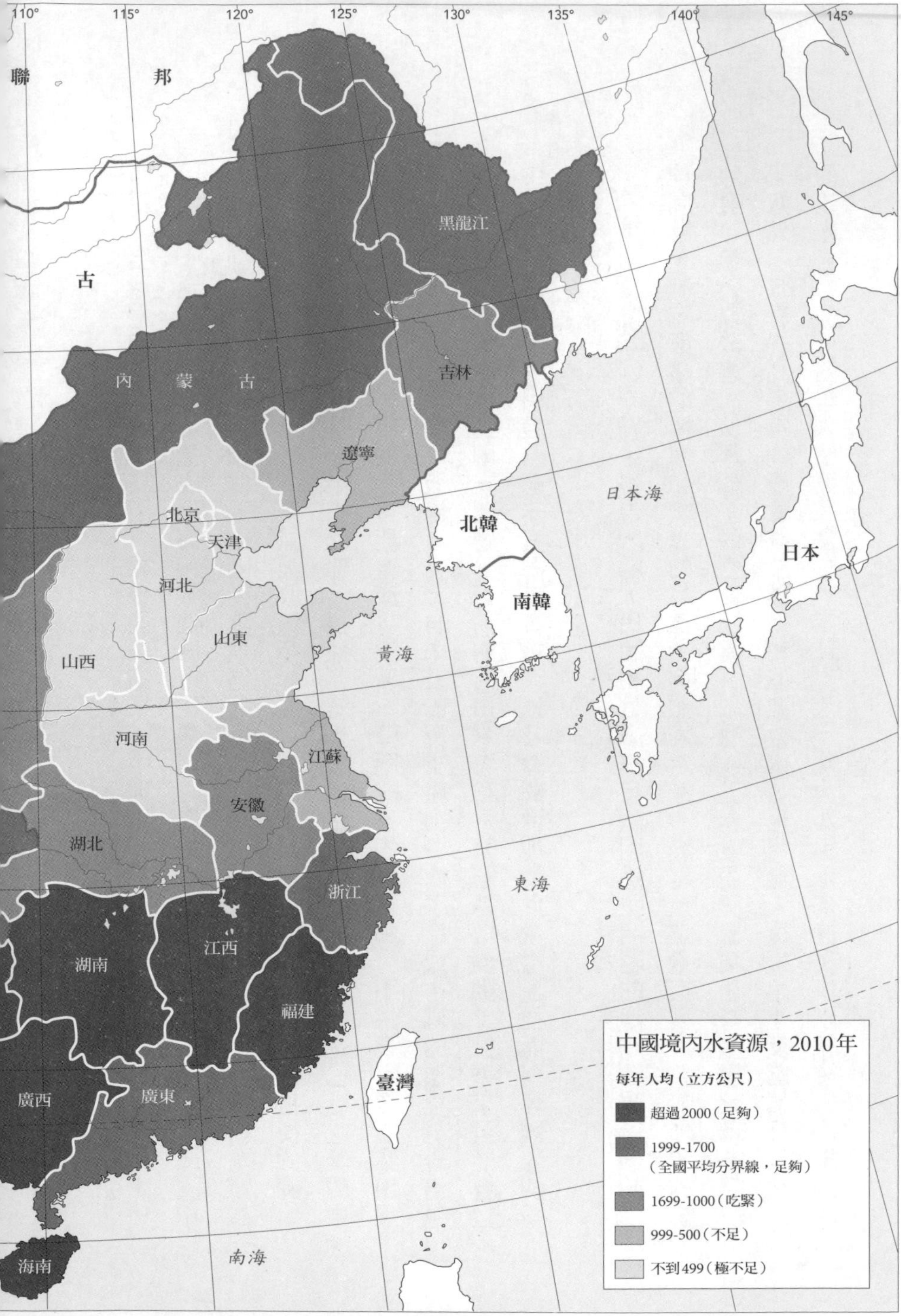

110°
115°
120°
125°
130°
135°
140°
145°
聯
邦
古
黑龍江
吉林
內
蒙
古
遼寧
日本海
北京
北韓
天津
日本
河北
南韓
山東
山西
黃海
河南
江蘇
安徽
湖北
浙江
東海
湖南
江西
福建
中國境內水資源，2010年
每年人均（立方公尺）
臺灣
廣西
廣東
超過2000（足夠）
1999-1700
（全國平均分界線，足夠）
1699-1000（吃緊）
999-500（不足）
海南
南海
不到499（極不足）

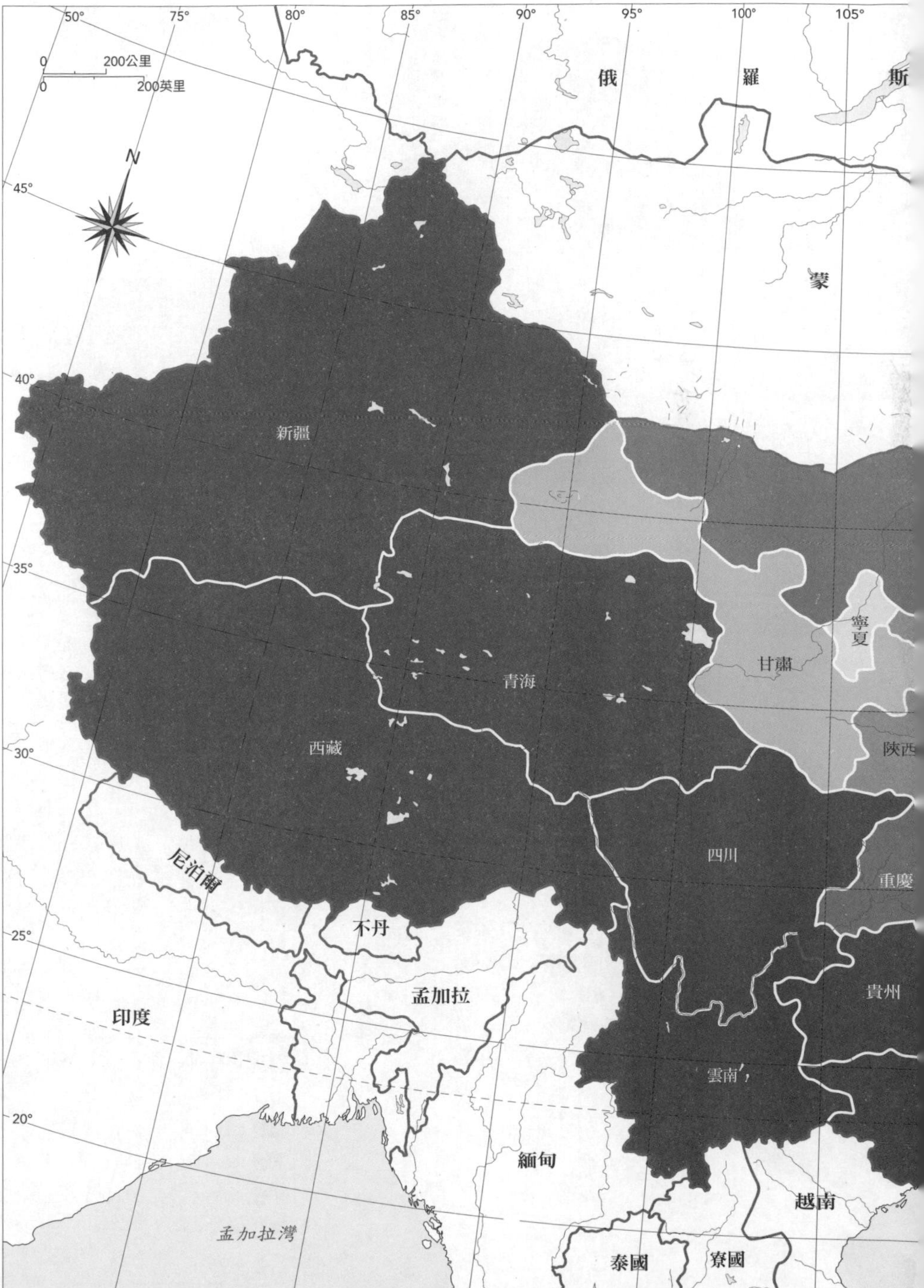
50°
75°
80°
85°
90°
95°
100°
105°
0
200公里
0
200英里
N
45°
40°
35°
30°
25°
20°
俄
羅
斯
蒙
新疆
寧夏
甘肅
青海
西藏
陝西
四川
重慶
尼泊爾
不丹
孟加拉
貴州
印度
雲南
緬甸
越南
孟加拉灣
泰國
寮國

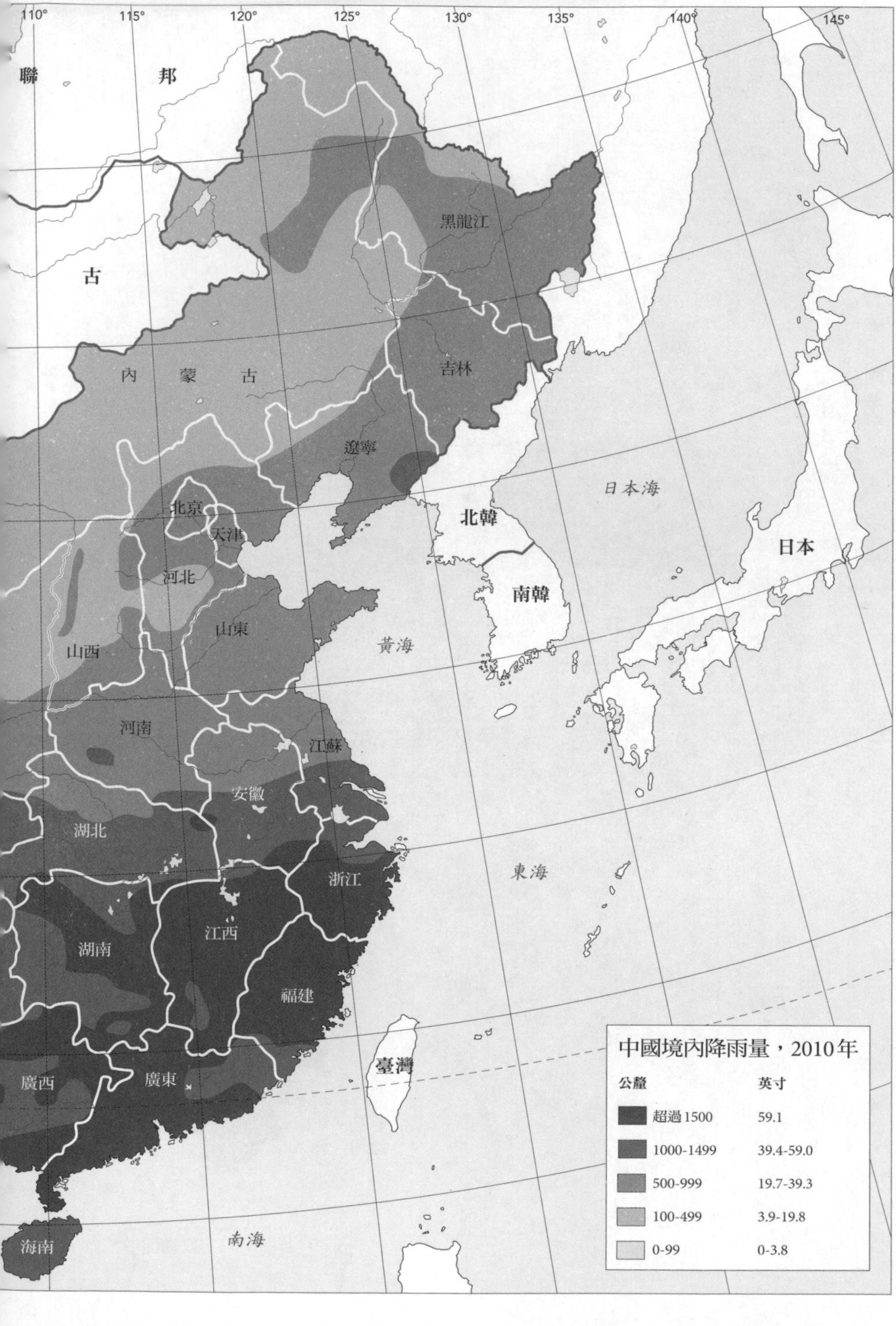
110°
115°
120°
125°
130°
135°
140°
145°
聯
邦
古
內
蒙
古
黑龍江
吉林
遼寧
北京
天津
河北
山東
山西
河南
江蘇
安徽
湖北
浙江
江西
湖南
福建
廣西
廣東
海南
臺灣
北韓
南韓
日本
日本海
黃海
東海
南海
中國境內降雨量，2010年
公釐
英寸
超過1500
59.1
1000-1499
39.4-59.0
500-999
19.7-39.3
100-499
3.9-19.8
0-99
0-3.8

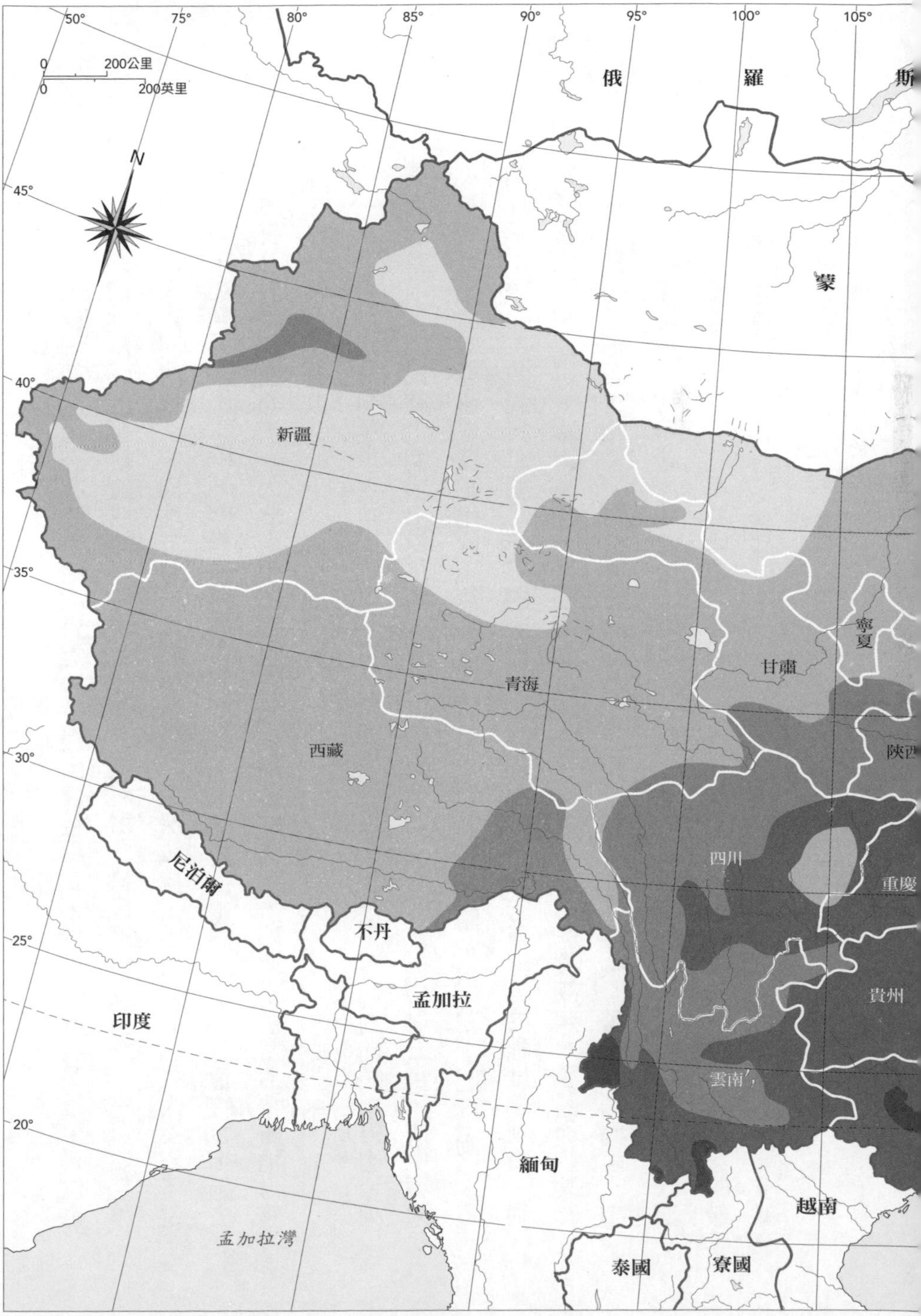

50°
75°
80°
85°
90°
95°
100°
105°
0
200公里
0
200英里
N
45°
40°
35°
30°
25°
20°
俄
羅
斯
蒙
新疆
寧夏
甘肅
青海
西藏
陝西
四川
重慶
尼泊爾
不丹
孟加拉
印度
貴州
雲南
緬甸
越南
孟加拉灣
泰國
寮國

染製造者罰款，甚至允許非政府組織對違法者提出公益訴訟，以加強環境保護。新法也規定地方官員為自己管轄區域的環境優劣負責，然而由於執行不力或疏忽，許多規定和目標經常未得到落實。中國地方當局沒有嚴格執行環保法規，因為他們有些人投資了當地公司，從轄區中不受限制的經濟發展得到利益。[48]中國政治體制的地方分權特質，過去屢屢有助於中國在經濟上大展身手，卻也有一個嚴重的弊病，即北京常常無法讓地方官員落實中央的政策。

官方的無作為和怠惰，在中國激發出蓬勃的環境抗議運動。[49]憂心的問題未得到令人滿意的處理，國民就上網或上街抗議，讓政府聽到他們的心聲。二〇一五年，前中國中央電視臺記者柴靜將自費拍攝的紀錄片《穹頂之下》，放在網路上播放，大為轟動。[50]這部片子由評論、訪談與工廠走訪等內容構成，詳細記錄中國空氣汙染的程度和威脅，揭露了國營能源公司、煉鋼業者、煤廠造成的汙染，並指出環境保護部無力懲罰那些大汙染源。影片發布不到三天，觀看次數就超過一億五千萬。中國民眾也發動公眾示威，抗議興建燃煤電廠、化學廠、煉油廠、垃圾焚化廠之類的設施。根據一名前中共中央政法委員會主要成員的說法，環境問題已經超越非法強徵土地，成為中國社會動盪不安的最大根源。[51]二〇一二年八月，一群以中產階級為主的抗議民眾正面對抗鎮暴警察，要求關閉中國東北部大連市的一家石化廠，人數據估計達一萬兩千。當地政府遭遇環境抗爭運動，被迫退讓。這場大連的示威行動大致平和。然而一年後，有人在網路上貼出中國西南部四川省什邡市的照片，可看到抗議者流血和警察釋放催淚瓦斯的情景。抗議的緣由是某家公司計劃耗資十六億美元在當地興建一座銅冶煉廠。如果建成了，那會是世界上最大的冶煉廠之一。激烈的抗議導致當地官員不只暫停這項工程，還永久取消了建造計畫。

其他助長不安與公共抗議的事件，包括最近十年間的一連串醜聞與人禍；這些事件揭露了高速成長的危害和政府的弊病，例如疏於管理監督、執法效率不佳、貪汙、收賄、圖利，以及政府官員普遍無能、處事不當。這類公共危機粉碎了中國人民的信心，也為政治制度招來許多非議。上述事件包括二〇〇八年的毒奶粉事件、二〇一一年的一次高速火車追撞事故與二〇一五年的天津住宅區爆炸事件。

二〇〇八年，甘肅省有十六名嬰兒被診斷出腎結石。[52]他們都喝過同一個廠牌的奶粉，後來這款奶粉被發現遭到有毒的工業化合物三聚氰胺汙染。四個月後，中國各地回報因為喝了毒奶粉而患病的嬰兒估計有三十萬。腎臟受損造成了六死。三鹿集團，中國最大的乳製品製造商之一，被認定是禍首。但是隨著這樁醜聞愈滾愈大，有更多中國的乳製品公司受牽連。二〇〇八年毒奶粉事件是中華人民共和國歷史上最嚴重的食品安全醜聞之一。為了因應，中國政府於二〇〇九年六月頒行食品安全法，禁止使用未經核准的食品添加物。此法也促成國務院食品安全委員會成立，從國家層級幫助食品安全法規的跨省協調與執行。二〇一三年三月，國家食品藥品管理總局成立，是集中食品藥品安全相關職責的正部級機關。中國為強化食品安全所做的努力，因為水汙染和土壤汙染猖獗，使得任務更加艱鉅。遭重金屬汙染的稻米和蔬菜，嚴重威脅人民健康。清除重金屬預料會耗資龐大，而且要花上數十年。儘管政府在毒奶粉事件過後採取果決行動，但消費者對中國乳製品的信心依舊極度薄弱。

二〇一一年溫州市鐵路事故的調查，也揭露了類似問題。[53] 一列停在溫州附近的火車遭另一列火車撞上，六節車廂脫軌，其中兩節從高架橋墜落。此事故導致四十人死亡，一九一人受傷。中國想把高速鐵路打造成國家科技與工業進步的象徵，這個希望卻因此次事故而受到重挫。網路上群情激憤，直到政府主管機關出手審查國內新聞媒體才平息。後來，中國調查人員將這次追撞事故歸咎於一連串疏失，包括設計瑕疵、招標舞弊，以及應當確保安全品質的安檢人員失誤。管理及監督不周，與官員圖利和貪汙有關。大多是國營的鐵路業，被認為是中國最敗壞的部門之一，養成了貪腐文化。「中國高鐵之父」

暨前鐵道部副總工程師張曙光遭免職及逮捕，促使中國政府決定在鐵路業發起反腐運動。二〇〇九年之後的幾年間，共有十三名國營鐵路公司的高官和高階經理人遭到調查，原因是貪汙和在涉及驚人鉅額資金的弊案裡濫用權力謀取個人金錢利益。這種集體貪汙之所以能發展，要歸因於這項國家獨占事業不透明，並且欠缺強大的外部制衡。

最後，二〇一五年中國北方天津市的倉庫大爆炸事件奪走了一七三條人命，損壞一萬七千多間民宅。[54]證據顯示官員瀆職和經常出現違反安全規定的情事，是造成這次事故的主因。由於事故激起的公憤高漲，政府開始發布這家倉儲公司「瑞海國際物流」業者的相關資料。兩名藏身公司幕後刻意隱瞞自己實際控有公司股份的高階主管，似乎承認利用與政府官員的私交取得倉庫所在地的使用許可，無視法令明確禁止將危險化學品存放在距離住宅區一公里以內的地方。這兩名高階主管於二〇一二年成立瑞海，但是以其他人的名義持有公司股份，以免利益衝突之事曝光。

整個改革時期，中共都難以在減少繁文縟節和執行保護環境、工人及公共衛生的規定之間取得平衡。黨官的工作鮮少受到公眾監督，所以偶爾才會因為忽略規定而受罰，而且通常是出了事才罰。但只要對經濟成長有功，他們就可指望得到升遷和發展機會。於是，監督往往馬虎，安全規定往往遭到漠視或略過。公司利用官員管理鬆散並透過政商關係，使其營運免受勞動法規或環境法規的相關監督。這也造成惡劣工作環境愈來愈普遍。工人必須長時間工作。有些工廠據說把門鎖上，以防工人離開生產設施。根據官方統計，二〇〇四、二〇〇五這兩年有超過二十六萬三千五百人死於工業事故。光是煤礦業，二〇〇五年就有近六千名礦工身亡。從政府自己的計算來看，將近十年過後，也就是二〇一四年，每年死於工業事故的人數超過六萬八千——每天兩百人——其中多數人貧窮、弱勢，而且身處離新興城市很遠的地方。[55]

工人、村民、災民頻頻抗議，顯示社會的不滿和公憤高漲。[56]在一項對全國兩萬人進行採樣調查的大型研究中，公務員貪汙和財富分配不公被認為是當今中國最重大的兩個社會問題。[57]在每一樁醜聞和事故中，政府高層官員都歸咎於他人，拒絕負起責任。但是還有一個更系統性的問題：那些醜聞揭露了中國沒能在轉型到市場經濟的過程中建立有效的監管制度。政府處理醜聞時是憑藉由上而下、以國家為中心、具管制性的法律手段，但是這種做法並沒有充分解決中國的管理問題。沒有強健的公民社會、自由且具社會責任意識的媒體和獨立的司法體系來作為執行安全法規的資訊來源和約束力量，中國可能無法建立健全又可長可久的管控能力。

儘管民主化一詞是黨的禁忌，關於民主化和公民參與的討論卻從未消失。中國的民主牆運動雖然在一九八一年遭到壓制，然而有部分運動人士遷到海外，在國外創立了民主牆運動。一九八九年，民主化的問題差點瓦解中共政權。民主化的討論從未停止，例如二〇〇八年十二月有一群人（起初是三〇三人，據說後來增加到七千多人）發表一份名為「零八憲章」的聯名請願書，就再度證明了這件事。這份請願書為中國共產黨擬定了民主化的道路，起草此憲章並獲頒二〇一〇年諾貝爾和平獎的劉曉波，於二〇一七年七月在獄中過世。三十年來，由中國經濟奇蹟引發的社會不平等和貪腐現象不斷增加，劉曉波則致力於為如何在這樣的背景下打造更公義、更透明、治理更良善的社會找尋解答。憲章簽署人的解答是以差額選舉、法治、尊重人權的民主制度為基礎，但是也要兼顧更公平的財富分配、環境保護，以及照顧弱者。

不過，社會運動人士的人口組成也有了顯著的改變。一九七九年民主牆運動和一九八九年天安門事件，參與者以青年和學生為主。《零八憲章》原件的簽署人，則有非常多出身自中產階級與高學歷專業背景。這想必是中共所不樂見的情況。中共的正當性建立在經濟成長、推動民族主義和告訴中國人民沒有比黨更好的選擇等辭令上。中共藉以保住政權的方法之一，是提供新興中產階級入黨機會、特殊待遇和穩定生活來安撫他們對混亂的憂心，藉此拉攏他們。對某些中產階級成員來說，這並不管用。愈來愈多中產階級成員要求良好的治理，以及在影響到他們自身與居住區的決策過程中發聲的權利。

社會主義理想的破滅始於毛澤東時代後期，並導致中國國內外學者有時會以「價值真空」稱之的情況出現。作家余華（1960-）以譏諷口吻論道：「中國從毛澤東政治掛帥的單色時代來到了鄧小平經濟至上的雜色時代。文革時期我們經常說：『寧要社會主義的草，也不要資本主義的苗。』今天的中國，我們已經分不清什麼是屬於資本主義的，什麼是屬於社會主義的；或者說在今天的中國，草和苗已經成為了同一種植物。」[58]在他看來，這導致「當代中國社會倫理道德的缺失和價值觀的混亂，也是中國社會最近三十年片面發展之後引發的後遺症之一……我們也就生活在一個不認真的社會裡，或者說生活在一個不講原則的社會裡」。[59]中國社會已經習慣於遵從一個壓倒性的強大公共意識形態，無論結局是好是壞。當這個意識形態消失後，人民便渴望找到某種道德信仰體系，當作他們自身日常生活中做決定的準則和判定是非對錯的依據。[60]晚近中國經濟繁榮的這些年，賺錢和物欲填補了那個空位，成為最受矚目的公共價值觀。私人消費和娛樂領域擴大的現象，清楚可見於從室內裝潢到瘋籃球的種種消遣中。[61]

經歷過物資匱乏的毛澤東時代，後來的大量消費和物質充裕肯定令人滿意，但也只是到某種程度而已。由於對物欲的追求引發種種無恥失德行為和社會不公情況，加上這些現象間或是與特殊權力管道掛勾，人民於是開始尋找更好的東西。基本的是非觀念在中國傳統裡根深蒂固。許多人在網路上表示對金錢至上的社會感到不安，無論錢是靠哪種方式取得。在好幾個方面，中國人民都因為一些大問題而深深苦惱：我們可以就哪些準則達成共識？我們可以怎麼落實那些準則？在二十一世紀初期，我們希望「做人」的意義是什麼？身為中國人又意味著什麼？

經濟改革和道德真空為各式各樣的宗教活動帶來了大好的重振機會，包括算命、祭祖、廟會節慶、上教堂或清真寺、葬禮儀式、朝聖、民間教派、頌經，以及印製和散布道德教化書籍。宗教的迅速壯大，令人嘆為觀止。中國擁有世界上最多的佛教徒，天主教與基督教徒迅速增加，穆斯林群體擴大，道教宮廟也很活躍。[62]自一九四九年沉寂將近四十年後，宗教活動再度興起，成為中國日常生活的一個重要部分。

綜觀中國歷史，許多動亂都是因「邪教」而起，例如白蓮教起事或太平天國起事。異端教派向來被當權者視為大患。這一歷史遺緒促使黨國對各種宗教信仰和活動心存懷疑。於是，二十一世紀初始之際席捲中國的宗教潮，在中共內部引起了高度的政治關注。

毫不意外，政府遲遲才對大量的新興宗教團體給予官方承認。一般來說，只要宗教不跨越政治界線，政府都會容忍。但是如果宗教團體越界，政府即予以鎮壓。法輪功就是個好例子。[63]這個宗教在一九九二年從一股氣功熱潮中崛起，結合了氣功——亦即呼吸與冥想的技巧——和倫理學。法輪功信徒認為練功能讓他們更健康，最終悟道。法輪功很快就成為中國最大的氣功組織之一，在一九九〇年代中期的全盛時期有二萬八二六三個練功點、一千九百個輔導站，以及三十九個輔導總站。政府一直容許法輪功活動，直到一九九九年四月下旬，大批法輪功學員在北京中南海前和平示威。示威者抗議他們在中國新聞媒體上看到的法輪功負面報導。示威結束後，政府便開始極力打壓這個團體。

中國社會的發展偏離社會主義，導致許多事物商品化，使勞動力、土地、自然、物體都受到漫無節制擴張的市場影響，也令社會的規範基礎產生重大改變。正義、尊嚴、權利的標準和勞動的價值有了根本的變化。商品化和商業化造成的這些道德後果——在西方的討論中往往被忽視，因為西方的討論偏重在經濟利益與經濟制度的作用——導致制度性規範出現分歧，也導致舊的馬克思主義及新的市場—自由主義，兩種新舊論述與意識形態尷尬並存。哲學家慈繼偉以強烈的言詞描述了這個沒有得到解決的糟糕狀態：

> 日常的共存與合作規範——不管是道德性、法律性還是管理性的——遭到大舉違反，規模令人震驚……這類基本規範遭違反，已導致太多食品（嬰兒配方奶粉和所謂的

地溝油都是極顯著的例子）、醫藥、水及交通不安全的實例，更遑論煤礦場……我所說的道德危機，是指許多人未能遵守大致上得到公眾認可的社會共存與合作的規則……有了這樣的道德危機觀念，中國在後毛澤東時代的道德危機同時也是社會秩序危機一事，也就不足為奇。[64]

這是制度性規範薄弱和知識不斷流動的時代，因此對於想要涉入和參與各種社會運動的中國民眾來說，也是令人對政治痛心的時刻。[65]在此之前，網路媒體或其他地方從未有過這麼多熱烈的討論，讓公眾利益得以對社會衝突和政治衝突的結果發揮更大的影響力。這些討論提供了中國民眾豐富的道德與認知資源，促使他們發表意見、表態反對政府。然而與此同時，政治改革的空白和後烏托邦時代令人困惑的複雜情勢，使許多當代中國人惴惴不安。儘管有經濟成就與民族自豪，他們仍覺得中國是個陷入困境、前途未卜的脆弱國家。

✣✦✣

一九七〇年代後期，鄧小平領導的政府發動一連串改革，以促進國家發展、振興經濟。中國揚棄毛澤東主政時的計畫經濟體制和自給自足政策，成為全世界第一大貿易經濟體和第二大外來直接投資收受國。這個國家自展開經濟改革以來的成長，在全球經濟史上前所未見。[65]從來沒有其他國家成長得像中國這麼迅速，而且持續這麼久。到了二〇一三年，中國的經濟規模以實際價值計算，已經是一九七八年的二十五倍。因此，中國在全球GDP所占比例成長為原來的四倍多，從不到三%劇增為一二%，後來又增加到二〇一五年的一四．八%。中國的名目GDP成長了七十五倍以上。在這期間，中國一路超越六個先進工業國，成為全世界第二大經濟體。當然，由於人口眾多，中國的人均排名通常遠低於第二，然而在人均所得方面還是有進步。一九八〇年時，中國是低所得經濟體，名列世界最窮國家之一。到了二〇一六年，中國已是中高所得國家，人均所得一萬二千四百美元，世界排名第一〇六。[66]

中國的改革時期，正逢運輸、通信、資訊管理成本迅速減少而促成全球化邁入新階段。因此，國際市場提供給中國的機會，遠比二戰後在其他時期提供給其他國家的機會要多得多。中國的發展極度仰賴開放的全球市場，以及資本和貨物不受限制的跨國流動。改革開放政策使中國的經濟偏重於對本地或世界上其他區域所生產的零件進行勞力密集的最終組裝，中國工人因此獲益（他們的勞動力就是他們最大的資產），中國也成為每個亞洲國家的最大貿易夥伴。這促成工資上漲和國內消費增加。對外貿易和外來投資造福了那些將品質標準往全球水準提升的企業，也促使中國公司開始廣泛提高產品的品質，從而使愈來愈多中國製品能夠在國內外市場與其他產品競爭。

一九七八年以來的經濟成長，使中國得以在世界上逐步發揮愈來愈無孔不入的經濟影響力，還有愈來愈強大的軍隊作為後盾。有了財富，中國便大規模強化海軍軍力。中國建造了航母、精密飛彈和先進潛艇，發展出來的資訊戰能力也對西方在亞洲和全世界的軍事支配地位構成挑戰。中國開始追求實現它的全球野心，姿態來勢洶洶，無可避免將挑戰全球的權力平衡。

改革開放政策的基礎是透過漸進的制度改革，將愈來愈高的靈活性和開放性注入死板的中央集權經濟體制。改革使中國得以擺脫經濟當中造成貧窮的無效率制度模式，踏上經濟高速成長之路。更大的包容性和開放性，為熱中創新又勤奮的農民及企業家提供了創業和拓展事業的新機會，久而久之也會令效率不彰且浪費成性的中國國營部門相形

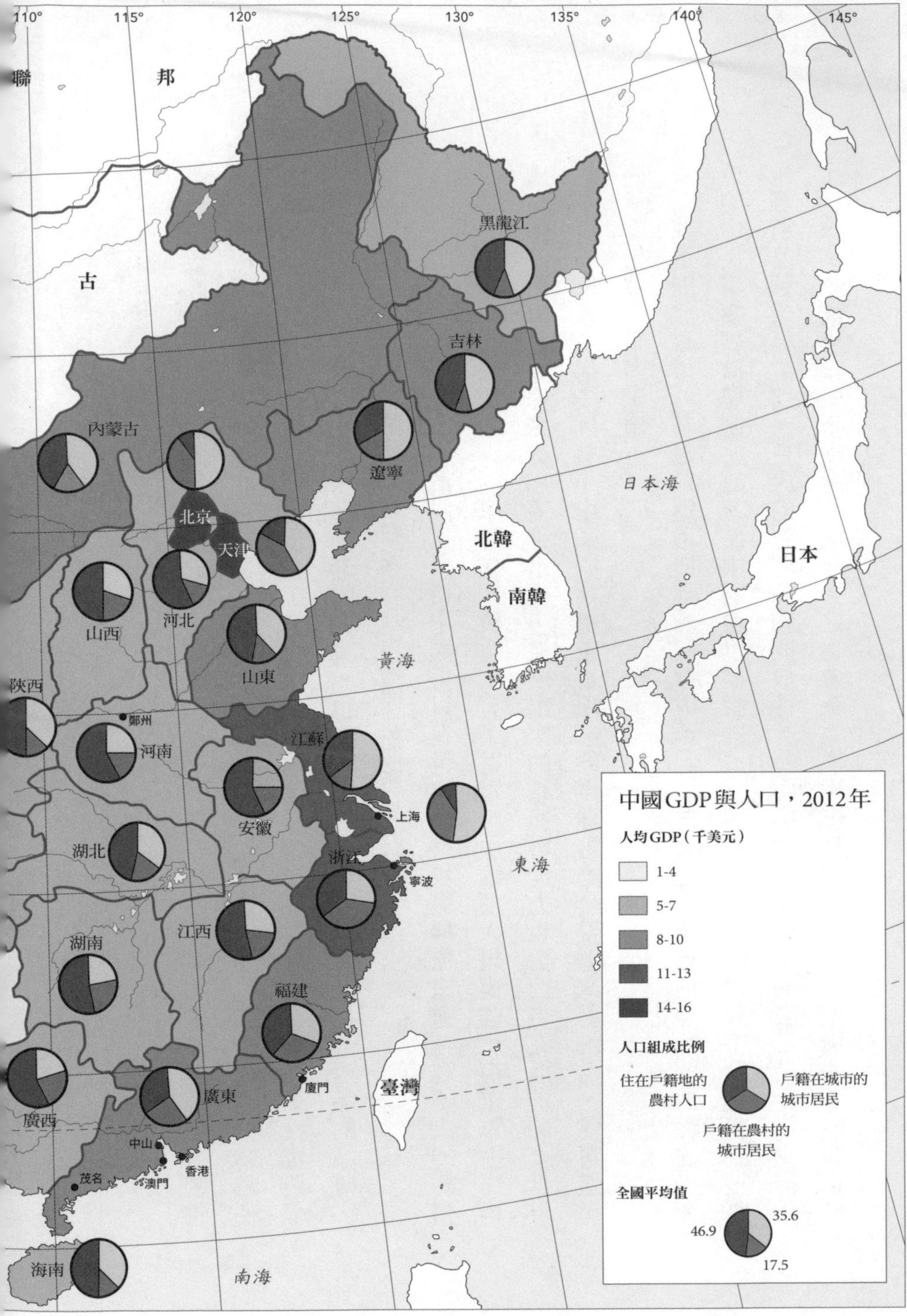
中國GDP與人口，2012年
人均GDP（千美元）
1-4
5-7
8-10
11-13
14-16
人口組成比例
住在戶籍地的農村人口
戶籍在城市的城市居民
戶籍在農村的城市居民
全國平均值
35.6
46.9
17.5
黑龍江
吉林
遼寧
內蒙古
北京
天津
河北
山西
山東
陝西
河南
鄭州
江蘇
安徽
上海
湖北
浙江
寧波
湖南
江西
福建
廈門
廣東
廣西
中山
澳門
香港
茂名
海南
臺灣
北韓
南韓
日本
日本海
黃海
東海
南海
聯
邦
古
110°
115°
120°
125°
130°
135°
140°
145°

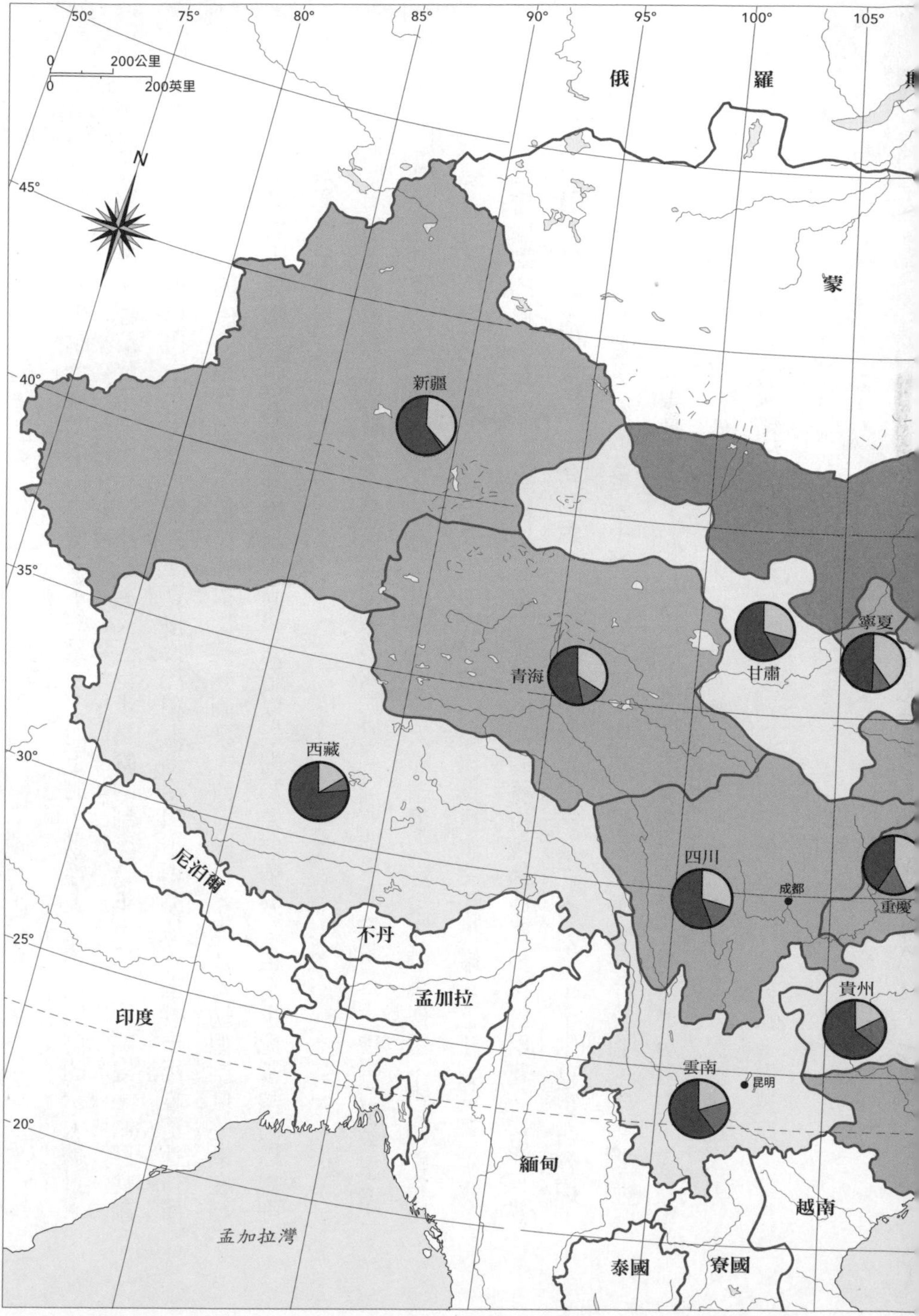

50°
75°
80°
85°
90°
95°
100°
105°
0
200公里
0
200英里
N
45°
40°
35°
30°
25°
20°
俄
羅
蒙
新疆
青海
甘肅
寧夏
西藏
四川
成都
重慶
貴州
雲南
昆明
尼泊爾
不丹
孟加拉
印度
緬甸
越南
泰國
寮國
孟加拉灣

失色。總的來說，推動中國經濟改革的是由下而上的主動性，而不是高層的宏大願景。具體明確的經濟政策很重要，小心翼翼、步步為營的制度改革更是其中關鍵。制度性創新包含：市場自由化；逐步對外來直接投資和海外出口市場開放；創立市場經濟運作所不可或缺的中央銀行業務與稅務機構；提升商業—政府關係；以及廣納型制度逐漸在經濟領域中興起，而且這些制度儘管尚未完全以規則為運作依據，也至少比較傾向以規則為運作依據。

然而，嚴峻的挑戰依然存在。中國的成長於二〇一四年開始放緩，顯示「世界工廠」模式在經濟上或許無法長久。這個模式也導致大範圍環境汙染，帶來似乎不再為社會所接受的沉重代價。最大的挑戰變成中國必須逐漸揚棄重工業和低端、低工資的製造業。政府面臨的風險很高：中共必須在改弦更張的同時維持經濟成長並創造財富，以確保黨會繼續得到人民支持。換句話說，驅動中國政府下決策的是社會安定——不是只有經濟。

中國仍然缺少一個在資本主義市場經濟裡很重要的制度性支柱：奉行私有財產制；一般認為這是處理商品生產、服務提供，以及經濟與金融資源分配時最有效率、最公道的方式。私有制存在於中國經濟裡且愈來愈普及，但在重工業和銀行、保險、批發等特定的服務業裡，仍然相對少見。經營私人公司必須符合的管制、法律和金融規定，往往比國營企業更嚴格。雖然國營企業私有化的速度在一九九七年之後加快了，但政府對於將大型國營企業私有化相當遲疑。在整個改革時期，相較於市場自由化和對外開放的腳步，國營部門所有權的結構改變，無論是就政策目標還是就經濟現實來看，都是有限的。國營部門的規模，相對於非國營企業而言是縮小了，從絕對角度來看卻幾無縮減。政府依舊堅持保住國營部門，而且國營部門也受惠於與國際金融市場和民間出口部門連結。中國持續支持國營企業一事，與西方對自由市場經濟應運作方式的理論和觀念，明顯背道而馳。

中國的市場轉型還有另一個不變的特點，就是缺乏政治自由化，但這不表示中國的政治體制一成不變。中國仍是一黨專政的威權統治國家，但是一九七八年之後，黨不再追求激進轉型和烏托邦式的目標。中國共產黨或許已經變成徒有「共產」之名而無其實。文職公務員體系的改革逐漸淘汰舊的幹部制，讓行政更加專業、更能當責。地方選舉和黨內民主提升了整個政治體制的當責程度。鄧小平去世後，「強人」政治也隨之告終。但是在二〇一二年，中共卻出現將國家主席習近平重新樹立為「領導核心」這個令人困惑的意圖。政治情勢隨時都有可能變得比以往更嚴厲，或許還會更敏感。

這樣的來回往復，證明中國政府顯然尚未接受實際存在的政治與社會轉變，也拒絕建立制度來改革政治體制，連延後都不肯。經濟快速自由化加上政治看似一成不變，使得許多人以國家領導下的威權式資本主義來形容中國的發展特徵——一種被各界認為很脆弱且無法長久的治國方式。讓人民參與政治決策這個問題一直沒有得到解決，是連串政治危機的根源。一九七九年的民主牆、一九八九年由學生領導的民主運動、二〇〇八年的《零八憲章》請願，以及一些較小規模的衝突，都為黨的統治帶來嚴峻挑戰。

中國會在什麼時候、用什麼方式擁抱更能容許參與也更具正當性的體制，以及黨是否捱得過這個過程，是探究中國的政治未來時必須提出的主要問題。中國已發展出健全的商品市場，但仍缺乏自由的觀念市場。隨著現代經濟愈來愈著重知識基礎和仰賴創新，自由交換想法所帶來的好處變得極大無比，而抑制這件事的代價則可能變得非常高。[67] 中國大有可能在未來的幾十年內擁抱政治自由化，一如在一九七八年之後擁抱市場自由化。這或許會促成自由民主體制或多黨體制，也或許不會。然而從一九七八年後的歷史演變，可以得出一個蠻篤定的結論：多元程度和人民參與政治生活的程度若未提高，較能持久且穩定的發展似乎就難以想像，往後也很可能出現政治危機。

還有幾個因素和論點，指出中國需要持續進行制度性改革。中國社會變得多樣且多元，與此同時，社會緊張和衝突也有所增加。中國的經濟不平等程度甚至超越美國。馬克思主義的意識形態幾乎已經徹底瓦解，逐漸被物欲和強勢的民族主義取代。大批勞動力從鄉村遷移到城市的現象仍方興未艾。市場經濟高度競爭造成的壓力在摧毀傳統家庭。政治腐敗程度來到史上新高。環境退化來到對人體健康危害愈來愈大的程度。這些因素催生出帶有批判性的熱烈討論、不確定感，以及公開表達的民怨。民眾的抗議、示威和請願增加，有部分是中國社會與經濟大幅改頭換面引起的。網路讓中國人民愈來愈能抒發政治觀點、參與政治討論。然而，中國政府核心的治理缺陷也助長了社會動盪。牢不可破的公私企業利益集團掌控了許多制度，並把政策結果操作成對自身有利，卻損害了公共利益。反腐運動試圖解決這個危急的情勢，卻未必能長期奏效。況且，中國民眾缺乏獨立的政治制度讓他們可以參與攸關他們生活的決定。他們也缺乏完全獨立的法律制度讓他們可以解決對地方官員的不滿。於是，人民上街抒發怨氣，而非透過正規的法律和政治制度。

本章所描述的經濟成就，並非某個宏大的「中國模式」的產物，也不是對既有世界秩序的系統性挑戰，更不是另一條替代發展道路。[68]反倒是一些具體因素、步步為營的見機行事政策、歷史遺產，還有全球機會所造成的結果。中國崛起時要克服的最大挑戰，是找出一個會釋放歷史潛力的方案。中國的歷史優勢包含了相對成熟的前現代中國制度、中國對菁英和教育的重視，以及中國運作複雜行政與經濟體制的經驗。當今的中國制度，例如全國大學招生考試，都有深厚的歷史淵源。從這個角度來看凸顯了中國歷史遺產在其當前發展上扮演的中心角色，認識到過去影響了未來——不是因為中國的主事者消極被動，受傳統擺布，而是因為他們發覺以過去為師是必要、有用且可取的。他們借鑑過去是為了在刻意追求制度變革時，以及思考發展或採用制度和組織革新時，幫助他們決定如何在新的情勢下運作。中國社會制度的歷史遺產與廣泛採用多種新穎制度性改革的創新作為，最終讓中國得以為某些長年的難題（尤其是在經濟方面，但在社會福利和基礎建設等其他方面也有）找到適當的制度性解決辦法。

中國的改革讓這個國家成為全球經濟與社會秩序很重要且根本的一部分，因此中國正在努力解決的問題中有許多也關係到全球各地，後果也是全球性的。中國給全球秩序帶來了獨特的歷史優點，同時也帶來了獨特的歷史缺點。由於世界各個市場與經濟體休戚與共，一個大國的失衡現象不可能只限於該國，最後必定會波及其他地方。因此當中國成為全球舞臺上無所不在的龐大勢力後，也正在把風險輸出到世界各地。中國前所未見但不平均的高速發展，為中國和全球市場帶來了巨大的利益，然而中國現今社會與經濟的翻天覆地變化，暗示這種發展可能遲早都要告終。中國，以及世界，最終都要學會共存於一個比較樸實而能夠長久維持的現實裡。

誌謝

為何動筆寫新中國史？現在有許多人覺得當今之世是全球秩序激烈變動而令人不安的時期，和十八、十九世紀伴隨歐洲現代化而出現的時期類似。與此同時，過去所謂西方的權威、吸引力和公信力已經衰落。西方不再是世上其他地方的人所仰望的希望明燈，世界發展的方向也變得不那麼清楚。世界進入一個更加反覆無常、前景更難預料的階段，爭論和衝突隨之擴散開來。中國重返中心位置，是造成這些全球重大轉變的主要推手之一。中國的崛起已使全球局勢改觀。在經濟上，還有在政治、科學與文化上，中國都建立起明確的全球影響力，對西方在戰後的支配地位構成挑戰。中國為世界提供新的機會和衝勁，但也帶來新的風險，因為中國不只輸出貨物，也無可避免地將失衡狀態和不確定性一併輸出。

中國晚近的驚人發展，以一套獨特的制度為基礎；這套制度難以和其他國家的制度做比較，也未得到外界充分理解。我認為，要理解中國特有的制度規範，有賴於對歷史進行深入探索。歷史在中國的演變過程中扮演著重要角色，與此同時，中國新舊制度的混合與堆疊也在世界各地促成變異制度和替代制度。變化一開始不明顯，但當遇到中國歷史上的重大時刻和轉捩點而交互影響時，就會凸顯出來。

然而有很長一段時間，西方歷史學家和社會科學家所抱持的看法與此背道而馳。他們認為中國遲早會在他們稱之為「合流」（convergence）的過程中採用西方的模式和制度。如今，我們有理由高度懷疑合流是否真的正在將中國（或者其他任何地區）大幅往西方世界拉近。全球各地打造和重建起來的連結及交易與日俱增，但是那種認為這類現象會造就單一世界或行動一致的全球村的樂觀，不知為何愈來愈淡。反倒是憤慨和困惑已在各地蔓延開來。

這些新事態，連同中國的快速演變和世界的巨大轉變，促使當今學界從歷史視角重新檢視傳統敘事，並且重新思考如何定義今日世界。本書撰寫目的就是希望能為這個探索企圖盡一份心力。

撰寫新的中國現代史之所以成為必要之事，還有第二個理由。中國史研究已是史學界的顯學。過去二、三十年間，我們看到美國、歐洲、中國、臺灣出版了非常多學術著作。探討現代中國的一手和二手資料大量出現，帶來了重大挑戰，因為這使得戰後時期一直主宰中國史領域的假設和研究方式受到愈來愈多質疑。探討中國社會發展的新學術社群，已然站在全新的立足點上來執行他們以中國文化史、社會史、知識史為題的研究計畫。如此浩大的新研究能量所產生的新見解，意味著僅僅三十到四十年前寫成的中國史都已不再能反映現今的知識發展水準，連與中國現代史最密切相關的面向都無法予以充分掌握。

這些考量和擔憂促使我開始寫新的中國史。從二〇一一年動筆的時候起，就是一個艱鉅任務的開始。爬梳有增無減的文獻資料，並將其中看似迥然相異的觀點綜合起來，是極大的挑戰。由於要參考的書籍文章多不勝數，想從中煉製出一套新的敘事來講述中國現代史，也同樣困難。我確信自己沒能充分處理好正在蓬勃發展的中國研究的許多面向，包括這個研究領域內的許多子題，但我下了很大的功夫把最重要的研究成果和解釋融會貫通。艱辛程度不下於推動巨石的薛西弗斯。

在此一令人振奮的新研究領域裡走這麼一遭，我受益良多，眼界大開。我因此清楚認識到中國史研究領域在最近數十年已完備到何種程度。我確信由於中國實在太重要，我們不能躲在狹隘的專業領域後面。我們必須繼續努力將這個國家錯綜複雜的歷史以全面和最新的樣貌呈現，即使這件事格外艱鉅且風險極大，即使必然會有瑕疵和觀點分歧。為本書做研究時，我大多倚賴歐洲、美國、中國和其他國家學界所發表的豐富二手文獻資料，不過偶爾會在有必要時加入自己原創的研究心得。我對這個主題一直深深著迷，所以對於多年來可以將時間和心力投入我所看重的工作中，我感到慶幸和感激。

研究的過程中，我很幸運能得到大量幫助。沒有這些幫助，我不可能完成這本書。許多機構給了我慷慨的支持和受到啟迪的機會。二〇一三年十二月至二〇一四年五月，我受邀作客於上海華東師範大學並得到該校資助，因此得以寫出本書第二與第三部的初稿。同事杜英熱心為我安排居留事宜，我甚為感激。從二〇一二年起，史丹福大學胡佛研究所一連好幾個夏季都允許我在其所內進行研究，以及使用該所本身和史丹福大學內豐富且寶貴的學術資源。二〇一五年，我得到胡佛研究所圖書館和檔案館慷慨的夏季研究補助金，得以寫出第四部的初稿，在此我要衷心表達感謝之意。二〇一六與二〇一七年，我們也辦了兩次以中國現代史為主題的胡佛研究所—柏林自由大學（Freie Universität）聯合研討會。我要特別感謝 Eric Wakin 和林孝庭的協力。德國研究基金會（German Research Foundation）支持三個研究專案，讓我有機會和研究生一起做特定專題研究，例如五四運動（從二〇一一做到二〇一六年）與中華人民共和國早期治理（從二〇一二做到二〇一七年）。後者是共同研究中心（Collaborative Research Center）更大規模的七〇〇號專案的一部分；這個專案以治理為研究主題，由Thomas Risse主持。Risse和Tanja Börzel一直給我很大的啟發，我在這些專案裡的同事Yan He、Vanessa Bozzay、Hajo Frölich、Suy Lan Hopman及Anja Blanke亦然。德國研究基金會的資助也讓我能夠多次前往美國與中國的檔案館和圖書館。基金會的第三筆補助金讓我可以免去教學工作，專心研究。福斯汽車基金會（Volkswagen Foundation）、美國學術團體聯合會（ACLS）／蔣經國基金會、柏林愛因斯坦基金會（Einstein Foundation in Berlin）及柏林自由大學國際合作中心（the Center for International Cooperation at Freie Universität Berlin）為在柏林（二〇一一年）、香港（二〇一一年）、漢諾威（二〇一四年）、柏林（二〇一六年）舉辦的數場研討會提供了經費，從而讓我有機會和學界同僚討論特定的歷史議題。

我也非常幸運能有許多學界同僚慷慨撥出時間，與我分享專門知識。一些主要觀點得自我在中國與同事的交談，尤其是其中一批極為優秀、博學的歷史學家，包括張濟順、楊奎松、沈志華、馮筱才、許紀霖、王海光、韓鋼、汪暉、茅海建、牛大勇。我從他們那裡學到很多，很感謝他們撥冗相助。我也因為中國研究領域裡來自歐洲、美國、香港各學術機構的許多同僚給我建議、跟我做思想交流而受益良多。我們在研討會和會議上認識，而後在共進晚餐時或其他場合有長時間的交談。我非常感謝他們給我的知識，包括馬德斌、徐國琦、Frank Dikötter、Christian Henriot、Tom Gold、Andrew Nathan、王德威、熊秉真、Glen Tiffert、Matthew Johnson、Julia Strauss、William C. Kirby、Martin Dimitroff、Prasenjit Duara、Sabine Dabringhaus、Felix Wemheuer、Steve Smith、Susanne Weigelin-Schwierdzig及Felix Boecking。

許多全球史學者令人振奮的大作，對我的研究工作影響很大；我要特別指出Fred Cooper、Sebastian Conrad、Stefan Rinke和Andreas Eckert。一些鑽研俄羅斯史的學者針對所謂的中國特色提出發人深思的疑問，從而也有助於我。我要感謝Paul Gregory、Stephen Kotkin、Amir Weiner、Mark Harrison、Deborah Kaple、Jörg Baberowski、Robert Service與Jane Burbank。在柏林自由大學，有多位同僚是值得信賴且予我啟發的談話對象。研究主題著重於制度的東亞研究所（Graduate School for East Asian Studies）同僚，帶我認識了制度主義（institutionalism）的理論。我要特別感謝Verena Blechinger-Talcott、Eun-Jeung Lee和Gregory Jackson。二〇一五和二〇一六年，我在柏林自由大學的課堂上用了本書數章的初稿，請學生發表意見，結果收到許多有益且獨到的見解，令我又驚又喜。修訂本書時，那些回應讓我受益良多。

Hajo Frölich、Nicolas Schillinger、Lena Weseman、Jessica Bathe-Peters、Lu Tian、Benjamin Wegener、Susanne Eberman與Siyuan He在不同階段助我完成查證、參考書目、校對等特定工作。我非常感謝他們的投入和一流的工作表現。在此我必須大大感謝原稿的兩位審稿人。我何其榮幸，能有兩位最優秀的中國史學者葉文心和Tim Cheek為原稿把關。他們以深厚的學養、心力和一絲不苟的態度完成這份繁重的工作，令我深感敬佩。他們鉅細靡遺的評論和建議，讓我受惠甚鉅，本書內容因此而大有改善。葉文心常常不吝與我分享她過人的學識和睿智，她多年來給我的啟發，非他人所能及。當然，本書若還有錯誤和缺失，都是我一人的責任。

我要特別感謝哈佛大學出版社編輯Kathleen McDermott長期以來付出的支持和熱心——還有耐心，因為我未能按照最初談定的期限交稿。Julia Kirby不知疲累、仔細周到、展現創意的文稿編輯工作，是本書得以完成所不可或缺，幫助我把本書寫得更容易閱讀，在許多方面也更明瞭。我非常感謝她出色的表現。本書封面主圖則由藝術家邱志傑慷慨提供。

最後才說但同樣重要的是，我要感謝我家人和親友堅定不移的支持。我的小孩

Sophia、Clara和Julius這些年來對我展現出極大的耐心，諒解我不在他們身邊陪伴，一再以他們的溫暖和風趣回報我。我的另一半Julia不只始終給我溫柔的支持，還仔細閱讀整份原稿，提供寶貴意見，並且花很長的時間與我討論中國史。她一針見血的提問和能看出前後矛盾的銳眼，使我免於犯下許多錯誤。她也陪我出了好多趟遠門，多次當我的後盾。我深深感謝她的協助和她對我的信心，尤其要感謝她讓我的人生有意義且圓滿。

注釋

敬告讀者：哈佛大學出版社創立了一個網站，存放本書中的地圖並提供與本書有關的額外資料，包括更新頻繁的進階閱讀書單、完整參考書目、詞彙表和其他資訊，例如重要人物的資料。網址為http://www.makingchinamodern.com/.

第三部　改造中國

1 Li Zhisui and Anne F. Thurston, *The Private Life of Chairman Mao: The Memoirs of Mao's Personal Physician* (New York: Random House, 1996), 52.

第七章　社會主義式改造：一九四九～一九五五年

1 引用自Alexander Pantsov and Steven I. Levine, *Mao: The Real Story* (New York: Simon and

Schuster, 2012), 372.

2 Odd A. Westad, *Decisive Encounters: The Chinese Civil War, 1946–1950* (Stanford, CA: Stanford University Press, 2004), 121.

3 Andrew G. Walder, *China Under Mao: A Revolution Derailed* (Cambridge, MA: Harvard University Press, 2015), 100.

4 正當性是「一種普遍的看法或假定，認為某個實體的作為，在一些由社會構築的規範、價值觀、信仰和定義體系中，是可取、合宜，或者恰當的」。Mark C. Suchman, "Managing Legitimacy: Strategic and Institutional Approaches," *Academy of Management Review* 20.3 (1995): 571–610, here 574. 建立正當性的主要方式有兩種，一種是透過認可與同意，稱為「輸入性正當性」（input legitimacy）；另一種是透過提供安全、食品、福利等重要服務，稱為「輸出性正當性」（output legitimacy）。缺乏正當性，政府制度必然不穩定、無法預測，而且時時處於不安穩的狀態。

5 Frank Dikötter, *The Tragedy of Liberation: A History of the Chinese Revolution* (New York: Bloomsbury Press, 2013), 23; Pantsov and Levine, *Mao*, 356–358.

6 Nara Dillon, "New Democracy and the Demise of Private Charity in Shanghai," in *Dilemmas of Victory: The Early Years of the People's Republic of China*, ed. Jeremy Brown and Paul G. Pickowicz (Cambridge, MA: Harvard University Press, 2007), 80–102; Frederic Wakeman, " 'Cleanup': The New Order in Shanghai," in *Brown and Pickowicz, Dilemmas of Victory*, 80–102.

7 Kenneth Lieberthal, *Revolution and Tradition in Tientsin, 1949–1952* (Stanford, CA: Stanford University Press, 1980), 40–41.

8 Lieberthal, *Revolution and Tradition*, 50–51；亦可見Elizabeth J. Perry, "Masters of the Country? Shanghai Workers in the Early People's Republic," in *Brown and Pickowicz, Dilemmas of Victory*, 59–79.

9 Elizabeth J. Perry and Sebastian Heilmann, *Mao's Invisible Hand: The Political Foundations of Adaptive Governance in China* (Cambridge, MA: Harvard University Asia Center, 2011).

10 天津市民政局，〈關於收容處理乞丐工作的總結〉（一九四九年九月二十日），收於天津市檔案館編，《天津解放》（北京：中國檔案出版社，二〇〇九），頁三三二—三三五；轉引自Vanessa Bozzay碩士論文"Refugee Governance in Tianjin, 1945–1957", Freie Universität Berlin, 2014, 37.

11 Bozzay, "Refugee Governance," 38.

12 天津市民政局，〈關於天津市慈善團體的調查工作綜合報告〉（一九四九年四月八日），天津市檔案館，X0065-Y-000034-001，英譯可參見Bozzay, "Refugee Governance," 31.

13 Lieberthal, *Revolution and Tradition*, 4.

14 Robert Bickers, *Out of China: How the Chinese Ended the Era of Western Domination* (London: Allan Lane, 2017), 270–282.

15 Du Ying, "Shanghaiing the Press Gang: The Maoist Regimentation of the Shanghai Popular Publishing Industry in the Early PRC (1949–1956)," *Modern Chinese Literature and Culture* 26.2 (2014): 89–141.

16 Perry, "Masters of the Country?" 59.

17 Christian Henriot, "'La Ferméture': The Abolishing of Prostitution in Shanghai, 1949–1958," *China Quarterly* 142 (1995): 467–486; Zhou Yongming, *Anti-Drug Crusades in Twentieth-Century China: Nationalism, History, and State Building* (Lanham, MD: Rowman and Littlefield, 1999); Lu Hong, Terance D. Miethe, and Liang Bin, *China's Drug Practices and Policies: Regulating Controlled Substances in a Global Context* (Farnham, Surrey, UK: Ashgate, 2009).

18 Mao Tse-tung, "On New Democracy," in *Selected Works of Mao Tse-tung* (Beijing: Foreign Languages Press, 1967), 2:339–384.

19 Mao, "On the People's Democratic Dictatorship," *Selected Works*, 4:411–424.

20 Mao, "On the People's Democratic Dictatorship," *Selected Works*, 4:417–418.

21 Walder, *China Under Mao, 101–104; Kenneth Lieberthal, Governing China: From Revolution through Reform* (New York: W.W. Norton, 2004), 173–179.

22 Zheng Shiping, *Party vs. State in Post-1949 China: The Institutional Dilemma* (Cambridge: Cambridge University Press, 1997).

23 Timothy Cheek, "Introduction: The Making and Breaking of the Party State in China," in *New Perspectives on State Socialism in China*, ed. Julian Chang, Timothy Cheek, and Tony Saich (Armonk, NY: M.E. Sharpe, 1997), 3–19.

24 Andrew J. Nathan and Andrew Scobell, *China's Search for Security* (New York: Columbia University Press, 2012), 192.

25 Shen Zhihua and Li Danhui, *After Leaning to One Side: China and Its Allies in the Cold War* (Washington, DC: Woodrow Wilson Center Press, 2011); Odd A. Westad, *Cold War and Revolution: Soviet-American Rivalry and the Origins of the Chinese Civil War, 1944–1946* (New York: Columbia University Press, 1993), 176; Chen Jian, *Mao's China and the Cold War* (Chapel Hill: University of North Carolina Press, 2001).

26 Mao, "On the People's Democratic Dictatorship," *Selected Works*, 4:415.

27 Thomas P. Bernstein and Hua-yu Li, eds., *China Learns from the Soviet Union, 1949–Present* (Lanham, MD: Lexington Books, 2010), 1–26.

28 Odd A. Westad, *Restless Empire: China and the World since 1750* (New York: Basic Books, 2012), 429; Odd A. Westad, *Brothers in Arms: The Rise and Fall of the Sino-Soviet Alliance, 1945–1963* (Washington, DC: Woodrow Wilson Center Press with Stanford University Press, 1998).

29 Deborah Kaple, "Agents of Change: Soviet Advisors and High Stalinist Management in China,

1949–1960," *Journal of Cold War Studies* 18:1 (Winter 2016): 1–26.

30 Hung Chang-Tai, *Mao's New World: Political Culture in the Early People's Republic of China* (Ithaca, NY: Cornell University Press, 2011), 25–50; Hung Wu, *Remaking Beijing: Tiananmen Square and the Creation of a Political Space* (Chicago: University of Chicago Press, 2005).

31 談論韓戰的文獻資料很多，重要書籍包括Shen Zhihua, *Mao, Stalin and the Korean War: Trilateral Communist Relations in the 1950s* (New York: Routledge, 2012); Shen Zhihua and Xia Yafeng, *Mao and the Sino-Soviet Partnership, 1945–1959: A New History* (Lanham, MD: Lexington Books, 2015); Chen Jian, *China's Road to the Korean War* (New York: Columbia University Press, 1994); Chong Chae-ho, *Between Ally and Partner: Korea-China Relations and the United States* (New York: Columbia University Press, 2007); Bruce Cumings, *The Origins of the Korean War*, 2 vols. (Princeton, NJ: Princeton University Press, 1981); David Halberstam, *The Coldest Winter: America and the Korean War* (New York: Hyperion, 2007); Li Xiaobing, Yu Bin, and Allan Reed Millett, *Mao's Generals Remember Korea* (Lawrence: University Press of Kansas, 2001); Richard A. Peters and Li Xiaobing, *Voices from the Korean War: Personal Stories of American, Korean, and Chinese Soldiers* (Lexington: University Press of Kentucky, 2004); William Whitney Stueck, *The Korean War: An International History* (Princeton, NJ: Princeton University Press, 1995); Zhang Shu Guang, *Mao's Military Romanticism: China and the Korean War, 1950–1953* (Lawrence: University of Kansas Press,

1995); Allen S. Whiting, *China Crosses the Yalu: The Decision to Enter the Korean War* (New York: Macmillan, 1960); Max Hastings, *The Korean War* (New York: Simon and Schuster, 1987); Burton Ira Kaufman, *The Korean Conflict* (Westport, CT: Greenwood, 1999); Zhang Xiaoming, *Red Wings over the Yalu: China, the Soviet Union, and the Air War in Korea* (College Station: Texas A&M University Press, 2002); William Whitney Stueck, *The Korean War in World History* (Lexington: University Press of Kentucky, 2010).

32 Pantsov and Levine, *Mao*, 375.

33 Dikötter, *Tragedy of Liberation*, 142.

34 Shen, *Mao, Stalin and the Korean War*, 175–177.

35 Jay Taylor, *The Generalissimo: Chiang Kai-Shek and the Struggle for Modern China* (Cambridge, MA: Belknap Press of Harvard University Press, 2009), 420. 亦可見Steven M. Goldstein, "The United States and the Republic of China, 1949–1978: Suspicious Allies" (working paper, Asia-Pacific Center, Institute for International Studies, Stanford University, February 2000), 5–26.

36 陳雲，〈抗美援朝開始後財經工作的方針〉，收於中共中央文獻研究室編，《建國以來重要文獻選編》（北京：中央文獻出版社，一九九二），第一冊，頁四六九。

37 毛澤東，〈關於加速進行土改等問題致中南局等電〉，收於中央檔案館編《共和國走過的路：建國以來重要文獻專題選集》（北京：中央文獻出版社，一九九一），頁二一九。

38 〈社論〉，《人民日報》，一九四九年三月十七日。

39 本段和接下來數個段落的根據為Klaus Mühlhahn, *Criminal Justice in China: A History* (Cambridge, MA: Harvard University Press, 2009), 178–185.

40 Albert P. Blaustein, *Fundamental Legal Documents of Communist China* (South Hackensack, NJ: F.B. Rothman, 1962), 215–221.

41 Mao Zedong, "On Ten Major Relationships," in *The Writings of Mao Zedong, 1949–1976*, ed. Michael Y. M. Kau and John K. Leung (Armonk, NY: M.E. Sharpe, 1992), 2:57.

42 Klaus Mühlhahn, " 'Repaying Blood Debt': The Chinese Labor Camp System during the 1950s," in *The Soviet Gulag: Evidence, Interpretation, and Comparison*, ed. Michael David-Fox (Pittsburgh: University of Pittsburgh Press, 2016), 250–267. Yang Kuisong, "Reconsidering the Campaign to Suppress Counterrevolutionaries," *China Quarterly* 193 (2008): 102–121，有提到人數。

43 引自Mühlhahn, *Criminal Justice in China,* 182.

44 Julia C. Strauss, "Paternalist Terror: The Campaign to Suppress Counterrevolutionaries and Regime Consolidation in the People's Republic of China, 1950–1953," *Comparative Studies in Society and History* 44 (2002): 80–105, here 97.

45 運動有數個種類，根據深入社會的程度和鎖定的群體來區分；見Julia Strauss, "Morality, Coercion and State Building by Campaign in the Early PRC: Regime Consolidation and After,

1949–1956," *China Quarterly* 188 (2006): 891–219. 接下來我主要著重於兩類運動：一九五〇至一九五三年的群眾運動，以及透過官僚體系進行、針對特定社會或職業群體、經常發生但規模較小的運動。這兩種運動都動用到人民法庭。

46 見Shao Chuan Leng, *Justice in Communist China* (Dobbs Ferry, NY: Oceana Publications, 1967), 35–39.

47 Ibid., 36.

48 刑期超過五年的判決，需經省政府核准。

49 Dikötter, *Tragedy of Liberation*, 162; Michael M. Sheng, "Mao Zedong and the Three-Anti Campaign (November 1951 to April 1952): A Revisionist Interpretation," *Twentieth-Century China* 32.1 (2006): 56–80.

50 本段與下一段根據以下文章寫成：Yang Kuisong, "Communism in China, 1919–1976," in *The Oxford Handbook of the History of Communism*, ed. Stephen A. Smith (Oxford: Oxford University Press, 2014), 220–229, here 226–227.

51 官方文件常提到共有八十萬反革命分子遭處決。一九五七年，毛澤東本人說一九五〇至一九五三年鎮反運動期間，有七十萬人被殺。一九五四至一九五七年間，又有七萬人被當成反革命處決。他也承認有錯殺無辜之事；見Roderick MacFarquhar, Eugene Wu, and Timothy Cheek, eds., *The Secret Speeches of Chairman Mao: From the Hundred Flowers to the Great Leap Forward*

(Cambridge, MA: Council on East Asian Studies, Harvard University, 1989), 142；亦可見Yang, *Reconsidering the Campaign*; Michael Dutton, *Policing Chinese Politics: A History* (Durham, NC: Duke University Press, 2005), 167.

52 Aminda M. Smith, "The Dilemma of Thought Reform," *Modern China* 39.2 (2013): 203–234.

53 Mühlhahn, *Criminal Justice in China*, 223–230.

54 Mühlhahn, *Criminal Justice in China*, 269.

55 Gregory Ruf, *Cadres and Kin: Making a Socialist Village in West China, 1921–1991* (Stanford, CA: Stanford University Press, 1998), 86–87描述了土改運動期間，大約五十名地主集體受審並遭處決之事。

56 一九五〇與一九五一年，毛澤東數次撰文談「鎮壓、清算反革命運動」；見Mao, *The Writings of Mao*, 1:189, 112. 對於此運動開始失控，他表示心中愈來愈不安。他看到兩種危險：左傾和右傾。在他看來，某些地方對付反對分子似乎走火入魔，有些地方則又太寬大。於是他時而要求不能亂搞，時而又要求進行更快更狠的懲罰。無論如何，毛澤東頻頻發表意見一事，說明了這個運動非常難控制。

57 正如Julia Strauss針對群眾運動所主張的，「革命國家的地區和地方層級」是重要的受眾之一；Strauss, "Paternalist Terror," 85.

58 James Z. Gao, *The Communist Takeover of Hangzhou: The Transformation of City and Cadre, 1949–1954*

(Honolulu: University of Hawai'i Press, 2004), 138–140.

59 Jerome Alan Cohen, *The Criminal Process in the People's Republic of China, 1949–1963: An Introduction* (Cambridge, MA: Harvard University Press, 1968), 20; Bing Ngeow Chow, "The Residents' Committee in China's Political System: Democracy, Stability, Mobilization," *Issues & Studies* 48 (2012): 71–126.

60 Gao, *The Communist Takeover*, 138–140.

61 見陶駟駒，《新中國第一任公安部長——羅瑞卿》（北京：群眾出版社，一九九六），頁一〇四。

62 David Bray, *Social Space and Governance in Urban China: The Danwei System from Origins to Reform* (Stanford, CA: Stanford University Press, 2005), 104; Morris L. Bian, *The Making of the State Enterprise System in Modern China: The Dynamics of Institutional Change* (Cambridge, MA: Harvard University Press, 2005); Tiejun Cheng and Mark Selden, "The Construction of Spatial Hierarchies: China's Hukou and Danwei Systems," in *New Perspectives on State Socialism in China*, ed. Timothy Cheek et al. (Armonk, NY: M.E. Sharpe, 1997), 23–50.

63 Andrew Walder, "Industrial Reform in China: The Human Dimension," in *The Limits of Reform in China*, ed. Ronald A. Morse (Boulder, CO: Westview Press, 1983), 59–60.

64 Yang Kuisong, "How a 'Bad Element' Was Made: The Discovery, Accusation, and Punishment of Zang Qiren," in *Maoism at the Grassroots: Everyday Life in China's Era of High Socialism*, ed. Jeremy

Brown and Matthew D. Johnson (Cambridge, MA: Harvard University Press, 2015), 19–50; Jeremy Brown, "Moving Targets: Changing Class Labels in Rural Hebei and Henan, 1960–1979," in *Brown and Johnson, Maoism at the Grassroots*, 51–76; Elizabeth J. Perry, "Studying Chinese Politics: Farewell to Revolution?" *China Journal* 57 (January 2007): 1–22.

65 Timothy Cheek, *Propaganda and Culture in Mao's China: Deng Tuo and the Intelligentsia* (Oxford: Clarendon Press, 1997); Merle Goldman and Leo Ou-Fan Lee, eds., *An Intellectual History of Modern China* (Cambridge: Cambridge University Press, 2002); Edward Gu and Merle Goldman, eds., *Chinese Intellectuals between State and Market* (London: Routledge, 2004); Matthew D. Johnson, "Beneath the Propaganda State: Official and Unofficial Cultural Landscapes in Shanghai, 1949–1965," in *Brown and Johnson, Maoism at the Grassroots*, 199–229.

66 以下諸段落根據Du, *Shanghaiing the Press Gang*寫成。

67 Mi Zhao, "State Capitalism and Entertainment Markets: The Socialist Transformation of Quyi in Tianjin, 1949–1964," *Modern China* 44.5 (2018): 525–556.

68 Wang Ban, "Revolutionary Realism and Revolutionary Romanticism," in *The Columbia Companion to Modern Chinese Literature*, ed. Kirk A. Denton (New York: Columbia University Press, 2016), 237–244.

69 Chao Chin, "Introducing Hao Ran," *Chinese Literature* 4 (1974): 98–99. 亦可見Richard King,

Milestones on a Golden Road: Writing for Chinese Socialism, 1945–80 (Vancouver: UBC Press, 2013); Bonnie S. McDougall and Paul Clark, *Popular Chinese Literature and Performing Arts in the People's Republic of China, 1949–1979* (Berkeley: University of California Press, 1984).

70 見許紀霖，《大時代中的知識分子》（北京：中華書局，二〇一二），頁二四一—二五二。

71 Chen Yinghong, *Creating the "New Man": From Enlightenment Ideals to Socialist Realities* (Honolulu: University of Hawai'i Press, 2009); Theodore Hsi-en Chen, *Thought Reform of the Chinese Intellectuals* (Hong Kong: Hong Kong University Press, 1960), 54–56, 62–69; Timothy Cheek, *The Intellectual in Modern Chinese History* (Cambridge: Cambridge University Press, 2015).

72 引自Eddy U, "The Making of Chinese Intellectuals: Representations and Organization in the Thought Reform Campaign," *China Quarterly* 192 (2007): 971–989.

73 Martin Whyte, *Small Groups and Political Rituals in China* (Berkeley: University of California Press, 1974).

74 Hsu Cho-yun, *China: A New Cultural History* (New York: Columbia University Press, 2012), 554–555.

75 近年西方對土改的研究甚少：Louis G. Putterman, *Continuity and Change in China's Rural Development: Collective and Reform Eras in Perspective* (New York: Oxford University Press, 1993); John Wong, *Land Reform in the People's Republic of China: Institutional Transformation in Agriculture*

(New York: Praeger, 1973); Anita Chan, Richard Madsen, and Jonathan Unger, *Chen Village: The Recent History of a Peasant Community in Mao's China* (Berkeley: University of California Press, 1992).

76 Strauss, "Paternalist Terror," 97.

77 林蘊暉，《向社會主義過渡：中國經濟與社會的轉型（1953-1955》（香港：香港中文大學當代中國文化研究中心，二〇〇九），頁三二—四四。

78 Zhang Xiaojun, "Land Reform in Yang Village: Symbolic Capital and the Determination of Class Status," *Modern China* 30 (2004): 3–45; Walder, *China Under Mao*, 51–53.

79 羅平漢，〈土改與中共執政地位的確定〉，《二十一世紀》第一一一期（二〇〇九）：四八—五四；高王凌、劉洋，〈土改的極端化〉，《二十一世紀》第一一一期（二〇〇九）：三六—四七。

第八章　大躍進：一九五五～一九六〇年

1 見Elizabeth J. Perry, *Anyuan: Mining China's Revolutionary Tradition* (Berkeley: University of California Press, 2012).

2 Wang Fei-Ling, *Organization through Division and Exclusion: China's Hukou System* (Stanford, CA: Stanford University Press, 2005); Cheng Tiejun and Mark Selden, "The Origins and Social

Consequences of China's Hukou System," *China Quarterly* 139 (1994): 644–668.

3 Jeremy Brown, *City versus Countryside in Mao's China: Negotiating the Divide* (New York: Cambridge University Press, 2012), 32–33.

4 本段裡的引文出自天津人民委員會，〈天津市動員盲目流津人口回鄉工作總結報告〉，一九五六年四月十四日，天津市檔案館，X0053-C-001002-018，頁七〇；轉引自Vanessa Bozzay碩士論文"Refugee Governance in Tianjin, 1945–1957", Freie Universität Berlin, 2014, 37. 亦可見Greg Rohlf, *Building New China, Colonizing Kokonor: Resettlement to Qinghai in the 1950s* (Lanham, MD: Lexington Books, 2016).

5 此制度到了二〇一四年才廢除。見Zhang Zhanxin and Hou Huili, "Intensified Reform of the Labor Market and Abolishment of the Rural-Urban Divide," in *Chinese Research Perspectives on Population and Labor*, ed. Cai Fang (Boston: Brill, 2014), 1:185–207.

6 Sara L. Friedman, "Women, Marriage and the State in Contemporary China," in *Chinese Society: Change, Conflict and Resistance*, ed. Elizabeth J. Perry and Mark Selden (London: Routledge, 2010), 148–170, here 149; Sara L. Friedman, *Intimate Politics: Marriage, the Market, and State Power in Southeastern China* (Cambridge, MA: Harvard University Asia Center, 2006); Susan L. Glosser, *Chinese Visions of Family and State, 1915–53* (Berkeley: University of California Press, 2003); Yan Yunxiang, *Private Life under Socialism: Love, Intimacy, and Family Change in a Chinese Village, 1949–99*

(Stanford, CA: Stanford University Press, 2003); Neil J. Diamant, *Revolutionizing the Family: Politics, Love, and Divorce in Urban and Rural China, 1949–68* (Berkeley: University of California Press, 2000).

7 Linda Benson, *China Since 1949* (London: Routledge 2002), 27–28.

8 Vincent Goossaert and David A. Palmer, *The Religious Question in Modern China* (Chicago: University of Chicago Press, 2011), 152–164; Rebecca A. Nedostup, *Superstitious Regimes: Religion and the Politics of Chinese Modernity* (Cambridge, MA: Harvard University Asia Center, 2009); Wang Xiaoxuan, "The Dilemma of Implementation: The State and Religion in the People's Republic of China," in *Maoism at the Grassroots: Everyday Life in China's Era of High Socialism*, ed. Jeremy Brown and Matthew D. Johnson (Cambridge, MA: Harvard University Press, 2015), 259–279.

9 S. A. Smith, "Redemptive Religious Societies and the Communist State, 1949 to the 1980s," in *Brown and Johnson, Maoism at the Grassroots*, 340–364.

10 Thomas S. Mullaney, *Coming to Terms with the Nation: Ethnic Classification in Modern China* (Berkeley: University of California Press, 2011).

11 Mullaney, *Coming to Terms*, 80, 90.

12 Mao Zedong, "On the People's Democratic Dictatorship," in *Selected Works of Mao Tse-tung* (Peking:

Foreign Languages Press, 1967), vol. 4, 421, 411–421.

13 Sherman Cochran, ed., *The Capitalist Dilemma in China's Communist Revolution* (Ithaca, NY: East Asia Program, Cornell University, 2014)當中有針對企業家和公司在一九四九年之後的遭遇所做的個案研究。

14 Thomas Bernstein and Hua-Yu Li, "Introduction," in *China Learns from the Soviet Union, 1949–Present*, ed. Thomas Bernstein and Hua-Yu Li (Lanham, MD: Rowman and Littlefield, 2010), 1–24, here 9.

15 Li Hua-yu, *Mao and the Economic Stalinization of China, 1948–1953* (Lanham, MD: Rowman and Littlefield, 2006).

16 引用自Li, *Mao and the Economic Stalinization*, 135.

17 Robert K. Cliver, "Surviving Socialism: Private Industry and the Transition to Socialism in China, 1945–1958," in "Rethinking Business History in Modern China," ed. Wen-hsin Yeh, Klaus Mühlhahn, and Hajo Frölich, special issue, *Cross-Currents: East Asian History and Culture Review* 4.2 (2015): 694–722; Robert K. Cliver, " 'Red Silk': Labor, Capital, and the State in the Yangzi Delta Silk Industry, 1945–1960"（博士論文，Harvard University, 2007）.

18 Dwight H. Perkins, "The Centrally Planned Command Economy (1949–84)," in *Routledge Handbook of the Chinese Economy*, ed. Gregory C. Chow and Dwight H. Perkins (Abingdon, Oxon,

UK: Routledge, 2015), 41–54; Barry Naughton, *The Chinese Economy: Transitions and Growth* (Cambridge, MA: MIT Press, 2007).

19 一九五四年《中華人民共和國憲法》序言，http://en.pkulaw.cn/display.aspx?cgid=52993&lib=law.

20 Suzanne Weigelin-Schwiedrzik, "The Distance between State and Rural Society in the PRC: Reading Document No. 1," *Journal of Environmental Management* 87.2 (2008): 216–225, here 217.

21 本段參考了以下著作對蘇聯計畫經濟的探討：Daron Acemoglu and James A. Robinson, *Why Nations Fail* (New York: Random House, 2012), chapter 5.

22 Mao Zedong, "Two Talks on Mutual Aid and Co-Operation in Agriculture, October and November 1953," *Selected Works*, 5:132.

23 Frederick C. Teiwes, *Politics at Mao's Court: Gao Gang and Party Factionalism in the Early 1950s* (Armonk, NY: M.E. Sharpe, 1990).

24 Mao Zedong, "The Question of Agricultural Cooperation," in *Sources of Chinese Tradition: From 1600 through the Twentieth Century*, 2nd ed., comp. Wm. Theodore de Bary and Richard Lufrano (New York: Columbia University Press, 2000), 2:458–459.

25 Liu Yu, "Why Did It Go So High? Political Mobilization and Agricultural Collectivisation in China," *China Quarterly* 187 (2006): 732–742.

26 Jean C. Oi, *State and Peasant in Contemporary China: The Political Economy of Village Government*

(Berkeley: University of California Press, 1989), 15–16.

27 Frank Dikötter, *Tragedy of Revolution: A History of the Chinese Revolution, 1945–57* (London: Bloomsbury, 2017), 219.

28 Felix Wemheuer, "Collectivization and Famine," in *The Oxford Handbook of the History of Communism*, ed. Steven A. Smith (Oxford: Oxford University Press, 2014), 417–418.

29 Ezra Vogel, *Deng Xiaoping and the Transformation of China* (Cambridge, MA: Belknap Press of Harvard University Press, 2011), 111.

30 Zhu Dandan, *1956: Mao's China and the Hungarian Crisis* (Ithaca, NY: East Asia Program, Cornell University, 2013).

31 Y. Y. Kueh, *Agricultural Instability in China, 1931–1990: Weather, Technology, and Institutions* (Oxford: Clarendon Press 1995), 355. 也見中華人民共和國國家發展和改革委員會的《中國應對氣候變化國家方案》（二〇〇七年六月）：http:// en.ndrc.gov.cn/newsrelease/200706/P020070604561191006823.pdf.

32 Mao Zedong, "On Ten Major Relationships," *The Writings of Mao Zedong 1949–1976*, ed. Michael Y. M. Kau et al. (Armonk, NY: M.E. Sharpe, 1992), 2:56–57.

33 見Mao Zedong, "On Correctly Handling Contradictions among the People," in *The Writings of Mao*, 2:308–350.

34 Mao, "On Ten Major Relationships," *The Writings of Mao*, 2:45.

35 Roderick MacFarquhar, *The Hundred Flowers Campaign and the Chinese Intellectuals* (New York: Praeger, 1960).

36 Qu Anping, "Article in Guangming Daily," *Sources of Chinese Tradition*, 446–466.

37 Lin Xiling, "Speech at the Open-Air Forum of Beijing University, May 23," *Sources of Chinese Tradition*, 468.

38 Andrew J. Nathan and Andrew Scobell, *China's Search for Security* (New York: Columbia University Press, 2014), 75; Jeremy Scott Friedman, *Shadow Cold War: The Sino-Soviet Competition for the Third World* (Chapel Hill: University of North Carolina Press, 2015); Lorenz M. Lüthi, *The Sino-Soviet Split: Cold War in the Communist World* (Princeton, NJ: Princeton University Press, 2010); Odd A. Westad, *Brothers in Arms: The Rise and Fall of the Sino-Soviet Alliance, 1945–1963* (Washington, DC: Woodrow Wilson Center Press, 1998).

39 Yang Jisheng, "The Three Red Banners: Sources of the Famine," in *Tombstone: The Untold Story of Mao's Great Famine*, trans. Stacy Mosher and Guo Jian, ed. Edward Friedman, Guo Jian, and Stacy Mosher (New York: Straus and Giroux, 2012), 87–112; Felix Wemheuer, *Famine Politics in Maoist China and the Soviet Union* (New Haven, CT: Yale University Press, 2014); Felix Wemheuer and Kimberley E. Manning, *Eating Bitterness: New Perspectives on China's Great Leap Forward and Famine*

(Vancouver: UBC Press, 2011); Frank Dikötter, *Mao's Great Famine: The History of China's Most Devastating Catastrophe, 1958–62* (New York: Walker and Co., 2010); Gail Hershatter, *The Gender of Memory: Rural Women and China's Collective Past* (Berkeley: University of California Press, 2011); Frederick Teiwes with Warren Sun, *China's Road to Disaster* (Armonk, NY: M. E. Sharpe, 1998).

40 有一篇引人注目的報導：Shahid Javed Burki, *A Study of Chinese Communes, 1965* (Cambridge, MA: East Asian Research Center, Harvard University, 1969)，作者於一九六五年參訪了一處人民公社。

41 Mao Zedong, "Talks at Beidaihe Conference, 19 August 1958," in T*he Secret Speeches of Chairman Mao: From the Hundred Flowers to the Great Leap Forward*, ed. Roderick MacFarquhar, Timothy Cheek, and Eugene Wu (Cambridge, MA: Council on East Asian Studies, Harvard University, 1989), 412.

42 Dwight H. Perkins, "China's Prereform Economy in World Perspective," in *China's Rise in Historical Perspective* , ed. Brantly Womack (Lanham MD: Rowman & Littlefield 2010), 122–123.

43 Andrew G. Walder, "Bending the Arc of Chinese History: The Cultural Revolution's Paradoxical Legacy," *China Quarterly* 12 (2016): 613–631, here 625.

44 Ralph Thaxton, *Catastrophe and Contention in Rural China* (Cambridge: Cambridge University Press, 2008); Hershatter, *The Gender of Memory*; Chen Yixin, "When Food Became Scarce," *Journal*

of Historical Studies 10 (2010): 117–165; Anthony Garnaut, "The Geography of the Great Leap Famine," *Modern China* 40 (2014): 315–348.

45 彭希哲計算出十四省有兩千三百萬人死亡。Peng, "Demographic Consequences of the Great Leap Forward in China's Provinces," *Population and Development Review* 13.4 (1987): 639–670, here 649. Ansley Coale推斷有一六五〇萬人死亡，Basil Ashton則計算出死了三千萬人，少生了三千萬人。Ashton and Kenneth Hill, "Famine in China, 1958–1961," *Population and Development Review* 10 (1984): 613–645, here 614. Jasper Becker根據中國政府的一項內部調查，估計死亡人數為四千三百萬至四千六百萬。Becker, *Hungry Ghosts: China's Secret Famine* (London: Murray, 1996), 272.

46 Gao Wenqian, *Zhou Enlai: The Last Perfect Revolutionary: A Biography* (New York: Public Affairs, 2007), 188.

47 Examples abound in Dikötter, *Mao's Great Famine*.

第九章　打倒一切：一九六二～一九七六年

1 引文是《人民日報》的新聞標題：一九六六年六月一日〈牛鬼蛇神〉、一九六七年一月一日〈進行到底〉。毛澤東到了過世前幾個月才檢討並提到文革的兩個錯誤：「一、打倒一切，二、全面內戰。」不過他接著說，這兩件事原則上「對」，而且「是個鍛鍊」，只是有些措施和政策太過火了，「把人往死裡打」，「這不好」。見毛澤東，〈毛澤東重要指示〉，收於《建國以來毛澤東文稿》（北京：中央文獻出版社，一九九八），第十三冊：一九六九年一月至一九七六年七月，頁四八八。

2 周恩來在一九六四年十二月對第三次全國人民代表大會的工作報告中闡述了此政策。Frederick Teiwes認為「四個現代化」口號最早是毛澤東提出的，後來毛揚棄現代化綱領，改走階級鬥爭路線。見Frederick C. Teiwes, *Politics and Purges in China* (Armonk, NY: M. E. Sharpe, 1993), 438, 485.

3 Shang Changfeng, "Emergency Measures Taken during the Three-Year-Period of Economic Difficulty," in *Selected Essays on the History of Contemporary China*, ed. Zhang Xingxing (Leiden: Brill, 2015), 71–92，其中八〇頁提到一九六一至一九六三年的城市人口減少了兩千六百萬。

4 Frank Dikötter, *The Cultural Revolution: A People's History, 1962–1976* (New York: Bloomsbury Press, 2016), 10–26; Roderick MacFarquhar and Michael Schoenhals, *Mao's Last Revolution* (Cambridge, MA: Belknap Press of Harvard University Press, 2006), 8; Hu Angang, *Mao and the Cultural Revolution*, vol. 1, *Mao's Motivation and Strategy* (Honolulu: Silkroad Press, 2017), 58–59.

5 Stuart Schram, *Mao Tse-tung Unrehearsed* (Harmondsworth, UK: Penguin Books, 1974), 173–174.

6 Hu Angang, *Mao and the Cultural Revolution*, 65n120.

7 引言出自財政部長薄一波，由翟強譯成英文。見Qiang Zhai, "Mao Zedong and Dulles's 'Peaceful Evolution' Strategy: Revelations from Bo Yibo's Memoirs," *Cold War International History Project Bulletin* 6–7 (1995–1996): 230.

8 引自Yang Jisheng, *Tombstone: The Untold Story of Mao's Great Famine*, trans. Stacy Mosher and Guo Jian, ed. Edward Friedman, Guo Jian, and Stacy Mosher (New York: Straus and Giroux, 2012), 502.

9 Hu Angang, *Mao and the Cultural Revolution*, 25.

10 Felix Wemheuer, *Famine Politics in Maoist China and the Soviet Union* (New Haven, CT: Yale University Press, 2014), 168–173.

11 John W. Garver, *Protracted Contest: Sino-Indian Rivalry in the Twentieth Century* (Seattle: University of Washington Press, 2001).

12 Xiaofei Tian, "The Making of a Hero: Lei Feng and Some Issues of Historiography," in *The People's Republic of China at 60: An International Assessment*, ed. William C. Kirby (Cambridge, MA: Harvard Asia Center 2011), 283–295.

13 引自Hu Angang, *Mao and the Cultural Revolution*, 116。亦可見Daniel Leese, *Mao Cult: Rhetoric and Ritual during China's Cultural Revolution* (Cambridge: Cambridge University Press, 2011) 以及Alexander A. Cook (ed.), *Mao's Little Red Book: A Global History* (Cambridge: Cambridge

University Press, 2014) 收錄的專文。

14 Sergey Radchenko, *Two Suns in the Heavens: The Sino-Soviet Struggle for Supremacy, 1962–1967* (Washington, DC: Woodrow Wilson Center Press, 2009).

15 Barry Naughton, "The Third Front: Defence Industrialization in the Chinese Interior," *China Quarterly* 115 (1988): 351–386.

16 Rosemary Foot, *The Practice of Power: US Relations with China since 1949* (Oxford: Clarendon Press, 1995), 183–184; Morton H. Halperin, *China and the Bomb* (New York: Praeger, 1965).

17 Mao Zedong, *On Khrushchev's Phony Communism and Its Historical Lessons for the World* (Beijing: Foreign Languages Press, 1964). 亦可見 *The Cold War through Documents: A Global History* , ed. Edward H. Judge, John W. Langdon (Lanham MD: Rowman and Littlefield, 2018), 200–201.

18 Yang Kuisong, "Changes in Mao Zedong's Attitude toward the Indochina War, 1949–1973" (Working Paper 34, Cold War International History Project, Woodrow Wilson International Center for Scholars, Washington, DC, 2002).

19 MacFarquhar and Schoenhals, *Mao's Last Revolution*, 32.

20 引用自 Hu, *Mao and the Cultural Revolution*, 176.

21 MacFarquhar and Schoenhals, *Mao's Last Revolution*, 52

22 MacFarquhar and Schoenhals, *Mao's Last Revolution*, 57. 大字報張數見頁六七。

23 引自 Hu, *Mao and the Cultural Revolution*, 195.

24 Jonathan Unger, *Education under Mao: Class and Competition in Canton Schools, 1960–1980* (New York: Columbia University Press, 1980).

25 MacFarquhar and Schoenhals, *Mao's Last Revolution*, 60.

26 MacFarquhar and Schoenhals, *Mao's Last Revolution*, 90.

27 Decision of the CCP Central Committee Concerning the Great Proletarian Cultural Revolution, in *Sources of Chinese Tradition: From 1600 through the Twentieth Century*, 2nd ed., comp. Wm. Theodore de Bary and Richard Lufrano (New York: Columbia University Press, 2000), 2:474–475.

28 Rae Yang, *Spider Eaters: A Memoir* (Berkeley: University of California Press, 1997), 123.

29 幾部回憶錄都生動描述了這場襲捲中國社會的動亂：Jung Chang, *Wild Swans: Three Generations of Chinese Women* (New York: Simon and Schuster, 1991); Nien Chen, *Life and Death in Shanghai* (London: Grafton, 1986); Anchee Min, *Red Azalea* (New York: Pantheon, 1994); Tingxing Ye, *A Leaf in the Bitter Wind: A Memoir* (Toronto: Doubleday Canada, 1997).

30 Ma Bo, *Blood Red Sunset: A Memoir of the Chinese Cultural Revolution* (New York: Viking, 1995).

31 Wu Yiching, *The Cultural Revolution at the Margins: Chinese Socialism in Crisis* (Cambridge, MA: Harvard University Press, 2014).

32 Liu Shucheng, *Chinese Economic Growth and Fluctuations* (Abingdon, Oxon, UK: Routledge, 2017),

91, figure 8.1.

33 Su Yang, *Collective Killings in Rural China during the Cultural Revolution* (Cambridge: Cambridge University Press, 2011), 37–38.

34 關於知青，見Michel Bonin, *The Lost Generation: The Rustication of China's Educated Youth* (Hong Kong: Chinese University of Hong Kong Press, 2013); Thomas P. Bernstein, *Up to the Mountains and Down to the Villages: The Transfer of Youth from Urban to Rural China* (New Haven, CT: Yale University Press, 1977); Michel Bonin, "Restricted, Distorted but Alive: The Memory of the Lost Generation of Chinese Educated Youth," in "Red Shadows: Memories and Legacies of the Chinese Cultural Revolution," ed. Patricia M. Thornton, Sun Peidong, and Chris Berry, special issue, *China Quarterly* 227 (2016): 154–174.

35 Su, *Collective Killings*; Yang Kuisong, "How a 'Bad Element' Was Made: The Discovery, Accusation, and Punishment of Zang Qiren," in *Maoism at the Grassroots: Everyday Life in China's Era of High Socialism*, ed. Jeremy Brown and Matthew D. Johnson (Cambridge, MA: Harvard University Press, 2015), 19–50.

36 Tan Hecheng, *The Killing Wind: A Chinese County's Descent into Madness during the Cultural Revolution* (New York: Oxford University Press, 2017).

37 Joel Andreas, *Rise of the Red Engineers: The Cultural Revolution and the Origins of China's New Class*

(Stanford, CA: Stanford University Press, 2009), 188–210.

38 Chris Buckley, "Zhang Tiesheng: From Hero Under Mao to 'Hero of Wealth,' " August 18, 2014, https://sinosphere.blogs.nytimes.com/2014/08/18/zhang-tiesheng-from-hero-under-mao-to-hero-of-wealth/. Jiaqi Yan and Gao Gao, *Turbulent Decade: A History of the Cultural Revolution* (Honolulu: University of Hawai'i Press, 1996), 418–419對此有更完整、更複雜的說明。

39 Barbara Mittler, *A Continuous Revolution: Making Sense of Cultural Revolution Culture* (Cambridge, MA: Harvard University Asia Center, 2012); Richard King et al., eds., *Art in Turmoil: The Chinese Cultural Revolution, 1966–76* (Vancouver: UBC Press, 2010).

40 Dikötter, *The Cultural Revolution*, 270–300有更多例子。

41 Andrew G. Walder and Yang Su, "The Cultural Revolution in the Countryside: Scope, Timing and Human Impact," *China Quarterly* 173 (March 2003): 82–107, here 95; Su, *Collective Killings*, 37.

42 Ma Jisen, *The Cultural Revolution in the Foreign Ministry of China* (Hong Kong: Chinese University Press, 2004).

43 MacFarquhar and Schoenhals, *Mao's Last Revolution*, 308–323.

44 Gao Wenqian, Peter Rand, and Lawrence R. Sullivan, *Zhou Enlai: The Last Perfect Revolutionary: A Biography* (New York: Public Affairs, 2007), 212.

45 Frederick C. Teiwes and Warren Sun, *The End of the Maoist Era: Chinese Politics During the Twilight of the Cultural Revolution, 1972 –1976* (Armonk NY: M.E. Sharpe, 2007)對此時期的複雜情勢有完整說明：也見Ezra F. Vogel, *Deng Xiaoping and the Transformation of China* (Cambridge, MA: Belknap Press of Harvard University Press, 2011), 91–183. 接下來的段落參考以下著作較為簡短的論述寫成：Kenneth Pletcher (ed.), *The History of China* (Chicago: Britannica Educational Pub, 2011), 331–336.

46 這次審判的完整記述，見Alexander C. Cook, *The Cultural Revolution on Trial: Mao and the Gang of Four* (Cambridge: Cambridge University Press, 2017).

47 Andrew Walder, "Bending the Arc of Chinese History: The Cultural Revolution's Paradoxical Legacy," in Thornton, Sun, and Berry, *Red Shadows*, 15–33.

48 Alexander Pantsov and Steven I. Levine, *Mao: The Real Story* (New York: Simon and Schuster, 2012), 359.

49 Pantsov and Levine, *Mao*, 356–358.

50 Hannah Arendt, *The Origins of Totalitarianism* (New York: Harcourt, Brace and Co., 1951), 391, 419.

51 Frederick C. Teiwes, *Leadership, Legitimacy, and Conflict in China: From a Charismatic Mao to the Politics of Succession* (Armonk, NY: M.E. Sharpe, 1984).

第四部 中國崛起

1 Ezra Vogel, *Deng Xiaoping and the Transformation of China* (Cambridge, MA, Harvard University Press, 2013), 201.

2 關於中國在東南亞海域的造島活動，見Center for Strategic and International Studies, "Asia Maritime Transparency Initiative." Accessed March 29, 2016. https://amti.csis.org/island-tracker/.

3 Paul Gregory and Robert Stuart, "China, Party Dictatorship, Markets and Socialism," in *The Global Economy and Its Economic Systems* (Mason, OH: South-Western Cengage Learning, 2014), 427.

第十章 改革開放：一九七七～一九八九年

1 關於一九七〇年代，見Akira Iriye, *Global Community: The Role of International Organizations in the Making of the Contemporary World* (Berkeley: University of California Press, 2002); Samuel Moyn, *The Last Utopia: Human Rights in History* (Cambridge, MA: Harvard University Press, 2010); Niall Ferguson et al., eds., *The Shock of the Global: The 1970s in Perspective* (Cambridge, MA: Belknap

University Press, 1989), 95–136.

8 Alexander Pantsov and Steven I. Levine, *Deng Xiaoping: A Revolutionary Life* (Oxford: Oxford University Press, 2015), 328.

9 Deng Xiaoping, "Emancipate the Mind, Seek Truth from Facts and Unite as One in Looking to the Future," in *Selected Works of Deng Xiaoping* (1975–1982), ed. Editorial Committee for Party Literature, Central Committee of the Communist Party of China (Beijing: Foreign Languages Press, 1984), 2:151–165, here 165.

10 Li Cheng, *China's Leaders: The New Generation* (Lanham, MD: Rowman and Littlefield, 2001), 34–41.

11 Andrew Nathan, "China: The Struggle at the Top," *New York Review of Books*, February 9, 2017.

12 Alan Lawrence, *China since 1919: Revolution and Reform: A Sourcebook* (London: Routledge, 2004), 220–222.

13 Barry Naughton, *Growing Out of the Plan: Chinese Economic Reform, 1978–1993* (Cambridge: Cambridge University Press, 1995); Susan Shirk, *The Political Logic of Economic Reform in China* (Berkeley: University of California Press, 1993).

14 Zhao Ziyang, *Prisoner of the State: The Secret Journal of Zhao Ziyang*, trans. and ed. Bao Pu, Renee Chiang, and Adi Ignatius (New York: Simon and Schuster, 2009), 122–123.

15 Warren I. Cohen, *America's Response to China: A History of Sino-American Relations*, 5th ed. (New York: Columbia University Press, 2010), 215–231.

16 Linda Yueh, *The Economy of China* (Cheltenham, UK: Edward Elgar, 2010), 27; Wu Jinglian, *Understanding and Interpreting Chinese Economic Reform* (Mason, OH: Thomson / South-Western, 2005), 57.

17 Office of the CCP Dehong Dai Nationality and Qingbo Autonomous Zhou Committee, "Several Questions in Strengthening and Perfecting the Job Responsibility Systems of Agricultural Production," November 7, 1980, in *Sources of Chinese Tradition: From 1600 through the Twentieth Century*, 2nd ed., comp. Wm. Theodore de Bary and Richard Lufrano (New York: Columbia University Press, 2000), 2:494–495.

18 引用自David Zweig, *Freeing Chinese Farmers: Rural Restructuring in the Reform Era* (Armonk, NY: M.E. Sharpe, 1997), 150–153. 見《中國統計年鑑——一九八五》（北京：中國統計出版社，一九八五），頁四七七；《中國統計年鑑——一九八三》（北京：中國統計出版社，一九八三），頁三八六。

19 Yuen Yuen Ang, *How China Escaped the Poverty Trap* (Ithaca, NY: Cornell University Press, 2016), 95.

20 Nicholas R. Lardy, *Markets over Mao: The Rise of Private Business in China* (Washington, DC:

Peterson Institute for International Economics, 2014).

21 Mantzopoulos and Shen, *The Political Economy of China's Systemic Transformation*, 57–58.

22 Ezra F. Vogel, *Deng Xiaoping and the Transformation of China* (Cambridge, MA: Belknap Press of Harvard University Press, 2011), 418–419.

23 Loren Brandt and Thomas Rawski, introduction to *China's Great Economic Transformation* (Cambridge: Cambridge University Press, 2008), 10.

24 Wu, *Understanding and Interpreting*, 114.

25 Xu Chenggang, "The Fundamental Institutions of China's Reforms and Development," *Journal of Economic Literature* 49.4 (2011): 1076–1151; Jean C. Oi, *Rural China Takes Off: Institutional Foundations of Economic Reform* (Berkeley: University of California Press, 1999).

26 Maurice Meisner, *Mao's China and After: A History of the People's Republic of China* (New York: The Free Press), 463.

27 Julian B. Gewirtz, *Unlikely Partners: Chinese Reformers, Western Economists, and the Making of Global China* (Cambridge, MA: Harvard University Press, 2017).

28 Michael S. Duke, *Blooming and Contending: Chinese Literature in the Post-Mao Era* (Bloomington: Indiana University Press, 1985); David C. Lynch, *After the Propaganda State: Media, Politics, and "Thought Work" in Reformed China* (Stanford, CA: Stanford University Press, 1999). 亦可見David

Der-wei Wang, ed., *A New Literary History of Modern China* (Cambridge, MA: Belknap Press of Harvard University Press, 2017) 中關於一九八〇年代的各章節。

29 Michel Hockx, "The Involutionary Tradition in Modern Chinese Literature," in Kam Louie, ed., *The Cambridge Companion to Modern Chinese Culture* (Cambridge: Cambridge University Press, 2008), 244–249.

30 Joseph Fewsmith, *China Since Tiananmen: The Politics of Transition* (Cambridge: Cambridge University Press, 2001), 12.

31 Su Xiaokang and Wang Luxiang, *Deathsong of the River: A Reader's Guide to the Chinese TV Series Heshang*, trans. Richard W. Bodman and Pin P. Wan (Ithaca, NY: East Asia Program, Cornell University, 1999).

32 Wei Jinsheng, "The Fifth Modernization—Democracy, 1978," *Sources of Chinese Tradition: From 1600 through the Twentieth Century*, 2nd ed., comp. Wm. Theodore de Bary and Richard Lufrano (New York: Columbia University Press, 2000), 2:499.

33 Timothy Cheek, *The Intellectual in Modern Chinese History* (Cambridge: Cambridge University Press, 2015), 262–315.

34 Liu Binyan and Perry Link, *People or Monsters? And Other Stories and Reportage from China after Mao* (Bloomington: Indiana University Press, 1983).

35 Fang Lizhi, "Democracy, Reform, and Modernization," in *Bringing Down the Great Wall: Writings on Science, Culture and Democracy in China*, ed. and trans. James H. Williams (New York: Knopf, 1991), 157–188.

36 重要的研究論著包括Philip J. Cunningham, *Tiananmen Moon: Inside the Chinese Student Uprising of 1989* (Lanham, MD: Rowman and Littlefield, 2014); Zhao Dingxin, *The Power of Tiananmen: State-Society Relations and the 1989 Beijing Student Movement* (Chicago: University of Chicago Press, 2004); Suzanne Ogden, *China's Search for Democracy: The Student and Mass Movement of 1989* (Armonk, NY: M.E. Sharpe, 1992); Tony Saich, ed., *The Chinese People's Movement: Perspectives on Spring 1989* (Armonk, NY: M.E. Sharpe, 1990); Jonathan Unger, ed., *The Pro-Democracy Protests in China: Reports from the Provinces* (Armonk, NY: M.E. Sharpe, 1991).

37 Eddie Cheng, based on Chai Ling, "Document of 1989: Hunger Strike Manifesto," Standoff at Tiananmen blog, posted May 12, 2009, http://www.standoffattiananmen.com/2009/05/document-of-1989-hunger-strike.html.

38 Zhao, *Prisoner of the State*, 30.

39 Zhao, *Prisoner of the State*, 32–33.

40 Zhang Liang, Andrew J. Nathan, and Perry Link, *The Tiananmen Papers* (New York: Public Affairs, 2001), 477.

41 Jean-Philippe Béja, *The Impact of China's 1989 Tiananmen Massacre* (London: Routledge, 2011).

42 Wang Hui, "The Year 1989 and the Historical Roots of Neoliberalism in China," in *The End of Revolution: China and the Limits of Modernity* (London: Verso, 2009), 37.

第十一章 整體推進：一九九〇～二〇一二年

1 Wu Jinglian, *China's Long March toward a Market Economy* (San Francisco: Long River Press, 2005), 40.

2 David L. Shambaugh, *China's Communist Party: Atrophy and Adaptation* (Washington, DC: Woodrow Wilson Center Press, 2008).

3 Joseph Fewsmith, "China Politics 20 Years Later," in *Socialism Vanquished, Socialism Challenged: Eastern Europe and China, 1989–2009*, ed. Nina Bandelj and Dorothy J. Solinger (Oxford: Oxford University Press, 2012), 44–60. 最佳的概述是Joseph Fewsmith, *China since Tiananmen: From Deng Xiaoping to Hu Jintao* (New York: Cambridge University Press, 2008).

4 Bruce Dickson, *Red Capitalists in China: The Party, Private Entrepreneurs, and Prospects for Political Change* (Cambridge: Cambridge University Press, 2003), 103.

5 Wang Xiaoqi, *China's Civil Service Reform* (London: Routledge, 2012); John P. Burns, "Civil Service

Reform in China," *OECD Journal on Budgeting* 7.1 (2007): 1–25.

6 Kevin J. O'Brien and Han Rongbin, "Path to Democracy? Assessing Village Elections in China," *Journal of Contemporary China* 18.60 (2009): 359–378; Gunter Schubert and Anna L. Ahlers, *Participation and Empowerment at the Grassroots: Chinese Village Elections in Perspective* (Lanham, MD: Lexington Books, 2012).

7 Deng Xiaoping, "Excerpts from Talks Given in Wuchang, Shenzhen, Zhuhai and Shanghai, January 18 to February 21, 1992," in *Selected Works of Deng Xiaoping*, vol. 3, *1982–1992* (Beijing: Foreign Languages Press, 1994), 358–370, here 358.

8 18th Central Committee, "Decision of the CPC Central Committee on Certain Issues in Establishing a Socialist Market Economy System," *Beijing Review* 36, no. 47 (Nov. 22–28, 1993): 12–31.

9 Barry Naughton, "The 1989 Watershed in China: How the Dynamics of Economic Transition Changed," in *Bandelj and Solinger, Socialism Vanquished*, 125–146.

10 Qian Yingyi and Wu Jinglian, "China's Transition to a Market Economy: How Far across the River?" in *How Far across the River? Chinese Policy Reform at the Millennium*, ed. Nicholas C. Hope, Dennis T. Yang, and Li M. Yang (Stanford, CA: Stanford University Press, 2003), 31–64.

11 Loren Brandt and Thomas Rawski, *China's Great Economic Transformation* (Cambridge: Cambridge

University Press, 2008), 17–18.

12 Susan H. Whiting, *Power and Wealth in Rural China: The Political Economy of Institutional Change* (Cambridge: Cambridge University Press, 2001); Li Hongbin and Zhou Li-An, "Political Turnover and Economic Performance: The Incentive Role of Personnel Control in China," *Journal of Public Economics* 89 (2005): 1743–1762.

13 Deliah Davin, *Internal Migration in Contemporary China* (Basingstoke, UK: Macmillan, 1999); Chan Kam Wing and Zhang Li, "The Hukou System and Rural-Urban Migration in China: Processes and Changes," *China Quarterly* 160 (1999): 818–855.

14 Song Ligang, "State and Non-State Enterprises in China's Economic Transition," in *Routledge Handbook of the Chinese Economy*, ed. Gregory C. Chow and Dwight H. Perkins (London: Routledge, 2015), 188–193; Ross Garnaut et al., *China's Ownership Transformation: Process, Outcomes, Prospects* (Washington, DC: International Finance Corporation and the World Bank, 2005).

15 數據取自China Labor Bulletin, Reform of State-owned Enterprises in China, 19/12/2007, https://clb.org.hk/content/reform-state-owned-enterprises-china#part1_3.

16 Brandt and Rawski, *China's Great Economic Transformation*, 13.

17 Robert F. Ash, David L. Shambaugh, and Seiichir Takagi, *China Watching: Perspectives from*

Europe, Japan and the United States (London: Routledge, 2007), 219.

18 Rosemary Foot, *Rights Beyond Borders: The Global Community and the Struggle over Human Rights in China* (Oxford: Oxford University Press, 2000); Ann Kent, *China, the United Nations, and Human Rights* (Philadelphia: University of Pennsylvania Press, 1999).

19 中國曾於一九八六年申請加入當時的關稅暨貿易總協定，但是入會談判因天安門事件而中斷。見Peter Nolan, *China and the Global Economy: National Champions, Industrial Policy, and the Big Business Revolution* (Houndmills, UK: Palgrave, 2001).

20 Andrew J. Nathan and Andrew Scobell, "What Drives Chinese Foreign Policy?" in *China's Search for Security* (New York: Columbia University Press, 2012), 3–36; Michael D. Swaine, *America's Challenge: Engaging a Rising China in the Twenty-First Century* (Washington, DC: Carnegie Endowment for International Peace, 2011), 32; Avery Goldstein, *Rising to the Challenge: China's Grand Strategy and International Security* (Stanford, CA: Stanford University Press, 2005), 118.

21 Wu Guoguang and Helen Lansdowne, introduction to *China Turns to Multilateralism: Foreign Policy and Regional Security* (London: Routledge, 2008), 1–18; Evan S. Medeiros, *China's International Behavior: Activism, Opportunism, and Diversification* (Santa Monica, CA: RAND, 2009); Chi-Kwan Mark, *China and the World since 1945: An International History* (London: Routledge, 2012), 118; Joshua Kurlantzick, *Charm Offensive: How China's Soft Power Is Transforming the World* (New Haven,

CT: Yale University Press, 2007).

22 Amardeep Athwal, *China-India Relations: Contemporary Dynamics* (New York: Routledge, 2007); John W. Garver, *Protracted Contest: Sino-Indian Rivalry in the Twentieth Century* (New Delhi: Oxford University Press, 2001).

23 Maria Hsia Chang, *Return of the Dragon: China's Wounded Nationalism* (Boulder, CO: Westview Press, 2001), 177–179. 關於愛國主義教育運動，見 Zhao Suizheng, "A State-Led Nationalism: The Patriotic Education Campaign in Post-Tiananmen China," *Communist and Post-Communist Studies* 31 (1998): 287–302.

24 Jiang Zemin, "Speech at the Meeting Celebrating the 80th Anniversary of the Founding of the Communist Party of China," July 1, 2001, http://www.china.org.cn/e-speech/a.htm.

25 Hu Jintao, "Speech at a Meeting Commemorating the 90th Anniversary of the Communist Party of China," July 1, 2011, http://www.chinadaily.com.cn/china/19thcpcnationalcongress/2011-07/01/content_29714325.htm.

26 Fewsmith, *China since Tiananmen*, 186.

27 Chang, *Return of the Dragon* , 178.

28 William A. Callahan, *China: The Pessoptimist Nation* (Oxford: Oxford University Press, 2010), 31–90; Zhao Suisheng, *A Nation-State by Construction: Dynamics of Modern Chinese Nationalism*

(Stanford, CA: Stanford University Press, 2004); Peter Hays Gries, *China's New Nationalism: Pride, Politics, and Diplomacy* (Berkeley: University of California Press, 2004).

29 Klaus Mühlhahn, " 'Flourishing China': The Normative Dimension," *China Heritage Quarterly* 26 (June 2011), http://www.chinaheritagequarterly.org/features.php?searchterm=026_muhlhahn.inc&issue=026; Shen Yipeng, *Public Discourses of Contemporary China: The Narration of the Nation in Popular Literatures, Film, and Television* (New York: Palgrave Macmillan, 2015); Christopher R. Hughes, *Chinese Nationalism in the Global Era* (London: Routledge, 2006).

30 Peter Hays Gries, "Popular Nationalism and the State Legitimation in China," in *State and Society in 21st Century China: Crisis, Contention and Legitimation*, ed. Peter Hays Gries and Stanley Rosen (New York: Routledge Curzon, 2004), 180–194; Zhao Suisheng, "Chinese Intellectuals' Quest for National Greatness and Nationalistic Writing in the 1990s," *China Quarterly* 152 (1997): 725–745.

31 Geremie R. Barmé, *In the Red: On Contemporary Chinese Culture* (New York: Columbia University Press, 1999), 62–98.

32 Barry Naughton, "The Dynamics of China's Reform Era Economy," in *The Rise of China in Historical Perspective, ed. Brantley Womack* (Lanham, MD: Rowman and Littlefield), 129–148.

33 Naughton, "The Dynamics of China's Reform Era Economy", 132.

34 James Riedel, Jin Jing, and Gao Jian, *How China Grows: Investment, Finance, and Reform* (Princeton,

NJ: Princeton University Press, 2007), 36–69; Mary Elizabeth Gallagher, *Contagious Capitalism: Globalization and the Politics of Labor in China* (Princeton, NJ: Princeton University Press, 2005), 30–32.

35 Huang Yasheng, "China's Inbound and Outbound Foreign Direct Investment," in *Chow and Perkins, Routledge Handbook*, 222–234.

36 Huang Yasheng, *Selling China: Foreign Direct Investment during the Reform Era* (Cambridge: Cambridge University Press, 2003), 2–6.

37 Paul Gregory and Robert C. Stuart, "China, Party Dictatorship, Markets and Socialism," in *The Global Economy and Its Economic Systems* (Mason, OH: South-Western Cengage Learning, 2014), 447.

38 Barry Naughton, "The Transformation of the State Sector: SASAC, the Market Economy, and the New National Champions," in *State Capitalism, Institutional Adaptation, and the Chinese Miracle*, ed. Barry Naughton and Kellee S. Tsai (Cambridge: Cambridge University Press, 2015), 46–72.

39 Jiang Binbin, "China National Petroleum Corporation (CNPC): A Balancing Act between Enterprise and Government," in *Oil and Governance*, ed. David G. Victor (Cambridge: Cambridge University Press, 2011), 379–417.

40 Sarah Eaton, *The Advance of the State in Contemporary China: State-Market Relations in the Reform Era*

(Cambridge: Cambridge University Press, 2016); Barry Naughton, "China's Economic Policy Today: The New State Activism," *Eurasian Geography and Economics* 52 (2011): 313–329.

41 Loren Brandt and Eric Thun, "Competition and Upgrading in Chinese Industry," in *Naughton and Tsai, State Capitalism*, 154–199.

42 World Bank, World Development Indicators, 2015, "Household Final Consumption Expenditure (% of GDP)" [Data file], https://data.worldbank.org/indicator/NE.CON.PETC.ZS?locations=CN.

43 Naughton, "China's Economic Policy Today."

44 Shi Li, Hiroshi Sato, and Terry Sicular, "Rising Inequality in China: Key Issues and Findings," in *Rising Inequality in China: Challenges to a Harmonious Society* , ed. Shi Li, Hiroshi Sato, Terry Sicular (Cambridge: Cambridge University Press, 2013), 3.

45 Christian Göbel, *The Politics of Rural Reform in China: State Policy and Village Predicament in the Early 2000s* (London: Routledge, 2010).

46 William C. Hsiao, "Correcting Past Health Policy Mistakes," *Daedalus* 143 (2014): 53–68.

47 Qin Shao, *Shanghai Gone: Domicide and Defiance in a Chinese Megacity* (Rowman and Littlefield, 2013).

48《中華人民共和國物權法》，http://english.www.gov.cn/services/investment/2014/08/23/content_281474982978047.htm.

49 William C. Kirby, "The Chinese Century? The Challenges of Higher Education," *Daedalus* 143:2 (Spring 2014): 145–156.

50 Ministry of Education of the PRC, Number of Students of Formal Education by Type and Level, http://en.moe.gov.cn/Resources/Statistics/edu_stat2017/national/201808/t20180808_344698.html; National Center for Education Statistics, Fast facts https://nces.ed.gov/fastfacts/display.asp?id=372.

51 Boston Consulting Group, "Made in America, Again: Why Manufacturing Will Return to the US," August 2011, https://www.bcg.com/documents/file84471.pdf.

第十二章　雄心與焦慮：當前中國

1 習近平，〈決勝全面建成小康社會奪取新時代中國特色社會主義偉大勝利〉，二〇一七年十月十八日在中國共產黨第十九次全國代表大會上的講話，http://www.xinhuanet.com/english/download/Xi_Jinping%27s_report_at_19th_CPC_National_Congress.pdf.

2 晚近探討習近平政府的專著包括Carl F. Minzner, *End of an Era: How China's Authoritarian Revival Is Undermining Its Rise* (New York, NY: Oxford University Press, 2018); Li Cheng, *Chinese Politics in the Xi Jinping Era: Reassessing Collective Leadership* (Washington, DC: Brookings Institution Press,

2016); Pei Minxin, *China's Crony Capitalism: The Dynamics of Regime Decay* (Cambridge, MA: Harvard University Press, 2016).

3 〈中共中央關於全面深化改革若干重大問題的決定〉，二〇一三年十一月十二日通過，二〇一四年一月十六日刊登於中國網（China Internet Information Center）：http://www.china.org.cn/china/third_plenary_session/2014-01/16/content_31212602.htm.

4 Barry Naughton, "Is China Socialist?" *Journal of Economic Perspectives* 31.1 (2017): 3–24.

5 林韻詩，〈習近平：空談誤國 實幹興邦〉，財新網，二〇一二年十一月三十日，https://china.caixin.com/2012-11-30/100466950.html.

6 見Geremie R. Barmé, "Chinese Dreams (Zhongguo Meng)," in *Civilising China*, ed. Geremie R. Barmé and Jeremy Goldkorn, *China Story Yearbook 2013* (Canberra: Australian Centre on China in the World, Australian National University, 2013), 6–8.

7 Susan L. Shirk, *China: Fragile Superpower: How China's Internal Politics Could Derail Its Peaceful Rise* (Oxford: Oxford University Press, 2007).

8 John Garver, *China's Quest: The History of the Foreign Relations of the People's Republic of China* (Oxford: Oxford University Press, 2016), 674–704.

9 見Clifford Kraus and Keith Bradsher, "China's Global Ambitions, Cash and Strings Attached," *The New York Times* , July 24, 2015.

10 二〇〇五至二〇一五年間，中國對外投資了六千四百億美元。見World Bank, World Development Indicators, 2016, "Foreign Direct Investment, Net Outflows (BoP, current $)" [Data file], https://data.worldbank.org/indicator/BM.KLT.DINV.CD.WD?end=2015&locations=CN&start=2005.

11 Howard W. French, *China's Second Continent: How a Million Migrants Are Building a New Empire in Africa* (New York: Vintage Books, 2014); David Hamilton Shinn and Joshua Eisenman, *China and Africa: A Century of Engagement* (Philadelphia: University of Pennsylvania Press, 2012); Deborah Brautigam, *The Dragon's Gift: The Real Story of China in Africa* (Oxford: Oxford University Press, 2009); Julia C. Strauss and Martha Saavedra, *China and Africa: Emerging Patterns in Globalization and Development* (Cambridge: Cambridge University Press, 2009); Larry Hanauer and Lyle J. Morris, *Chinese Engagement in Africa: Drivers, Reactions, and Implications for U.S. Policy* (Santa Monica, CA: RAND Corporation, 2014).

12 中國一天從非洲運走一百三十萬桶原油，相當於中國原油進口量的兩成三。Eleanor Albert, "China in Africa," Backgrounder, Council on Foreign Relations, last modified July 12, 2017, https://www.cfr.org/china/china-africa/p9557.

13 Gastón Fornés and Alan Butt Philip, *The China-Latin America Axis: Emerging Markets and the Future of Globalisation* (Basingstoke, UK: Palgrave Macmillan, 2012); Alex E. Fernández Jilberto and

Barbara Hogenboom, *Latin America Facing China: South-South Relations beyond the Washington Consensus* (New York: Berghahn Books, 2010).

14 James Bellacqua, *The Future of China-Russia Relations* (Lexington: University Press of Kentucky, 2010).

15 Andrew J. Nathan and Andrew Scobell, "Military Modernization: From People's War to Power Projection," in *China's Search for Security* (New York: Columbia University Press, 2014), 278–317; Richard D. Fisher, *China's Military Modernization Building for Regional and Global Reach* (Westport, CT: Praeger Security International, 2008); David L. Shambaugh, *Modernizing China's Military: Progress, Problems, and Prospects* (Berkeley: University of California Press, 2002); Andrew Scobell, *China's Use of Military Force: Beyond the Great Wall and the Long March* (Cambridge: Cambridge University Press, 2003).

16 Jane Perlez, "China to Raise Military Spending, but Less than in Recent Years," *The New York Times*, March 4, 2017.

17 David Shambaugh, *China Goes Global: The Partial Power* (Oxford: Oxford University Press, 2014), 1–13.

18 Rick Gladstone, "Shenzhen: The City Where China's Transformation Began," *The New York Times*, December 21, 2015.

19 Fong Mei, *One Child: The Story of China's Most Radical Experiment* (Boston: Houghton Mifflin Harcourt, 2016); Kay Ann Johnson, *China's Hidden Children: Abandonment, Adoption and the Human Costs of the One-Child Policy* (Chicago: University of Chicago Press, 2016); Susan Greenhalgh, *Just One Child: Science and Policy in Deng's China* (Berkeley: University of California Press, 2008); Susan Greenhalgh and Edwin A. Winckler, *Governing China's Population: From Leninist to Neoliberal Biopolitics* (Stanford, CA: Stanford University Press, 2005).

20 一九五〇與六〇年代也實施過類似的運動，見Thomas Scharping, *Birth Control in China 1949–2000: Population Policy and Demographic Development* (London: Routledge, 2003). World Bank, World Development Indicators, 2016, "Fertility Rate, Total (births per woman)" [Data file], https://data.worldbank.org/indicator/SP.DYN.TFRT.IN?locations=CN.

21 Feng Wang, Gu Baochang, and Cai Yong, "The End of China's One-Child Policy," *Studies in Family Planning* 47.1 (2016): 83–86.

22 National Bureau of Statistics of China, "China Statistical Yearbook 2017," http://www.stats.gov.cn/tjsj/ndsj/2017/indexeh.htm.

23 Deborah S. Davis, "Demographic Challenges for a Rising China," *Daedalus* 143 (2014): 26–38.

24 Esther C. L. Goh, *China's One-Child Policy and Multiple Caregiving: Raising Little Suns in Xiamen* (London: Routledge Curzon, 2011).

25 Charis Loh and Elizabeth J. Remick, "China's Skewed Sex Ratio and the One-Child Policy," *China Quarterly* 222 (2015): 295–319.

26 World Bank, World Development Indicators, 2016, "Sex Ratio at Birth (male births per female births)" [Data file], https://data.worldbank.org/indicator/SP.POP.BRTH.MF?end=2015&locations=CN&start=1982 .

27 關於這個得到充分探究的主題，重要著作包括Beatriz Carrillo García, *Small Town China: Rural Labour and Social Inclusion* (Abingdon, UK: Routledge, 2011); Chan Kam Wing and Zhang Li, "The Hukou System and Rural-Urban Migration in China: Processes and Changes," *China Quarterly* 160 (1999): 818–855; Leslie T. Chang, *Factory Girls: From Village to City in a Changing China* (New York: Spiegel and Grau, 2008); Delia Davin, *Internal Migration in Contemporary China* (Basingstoke, UK: Macmillan, 1999); C. Cindy Fan, *China on the Move: Migration, the State, and the Household,* Routledge Studies in Human Geography 21 (New York: Routledge, 2008); Lee Ching Kwan, *Against the Law: Labor Protests in China's Rustbelt and Sunbelt* (Berkeley: University of California Press, 2007); Rachel Murphy, *How Migrant Labor Is Changing Rural China* (Cambridge: Cambridge University Press, 2002); Dorothy J. Solinger, *Contesting Citizenship in Urban China: Peasant Migrants, the State, and the Logic of the Market* (Berkeley: University of Cali fornia Press, 1999); Wang Fei-ling, "Reformed Migration Control and New Targeted People: China's Hukou

System in the 2000s," *China Quarterly* 177 (2004): 115–132; Linda Wong, "Chinese Migrant Workers: Rights Attainment Deficits, Rights Consciousness, and Personal Strategies," *China Quarterly* 208 (2011): 870–892; Yan Hairong, *New Masters, New Servants: Migration, Development, and Women Workers in China* (Durham, NC: Duke University Press, 2008); Martin K. Whyte, ed., *One Country, Two Societies: Rural-Urban Inequality in Contemporary China* (Cambridge, MA: Harvard University Press, 2010).

28 Cai Yong, "China's New Demographic Reality: Learning from the 2010 Census," *Population and Development Review* 39 (2013): 371–396. 二〇一七年數據來自中國國家統計局，《中國統計年鑑——二〇一七》，http://www.stats.gov.cn/tjsj/ndsj/2017/indexeh.htm.

29 Mark Selden and Elizabeth Perry, "Introduction: Reform, Conflict and Resistance in Contemporary China," in *Chinese Society: Change, Conflict and Resistance,* ed. Mark Selden and Elizabeth Perry, 3rd ed. (London: Routledge 2010), 6.

30 World Bank, World Development Indicators, 2016, "Urban Population" [Data file], https://data.worldbank.org/indicator/SP.URB.TOTL?locations=CN.

31 Mary Elizabeth Gallagher, "China's Workers Movement and the End of the Rapid-Growth Era," *Daedalus* 143.2 (2014): 81–95; Mary Elizabeth Gallagher, *Contagious Capitalism: Globalization and the Politics of Labor in China* (Princeton, NJ: Princeton University Press, 2011).

32 Martin King Whyte, "Soaring Income Gaps: China in Comparative Perspective," *Daedalus* 143.2 (2014): 39–52; Li Shi, Hiroshi Sato, and Terry Sicular, eds., *Rising Inequality in China: Challenges to a Harmonious Society* (Cambridge: Cambridge University Press, 2013); John Knight, *Inequality in China: An Overview* (Washington, DC: World Bank, 2013); Wang Feng, *Boundaries and Categories: Rising Inequality in Post-Socialist Urban China* (Stanford, CA: Stanford University Press, 2008); Azizur Rahman Khan and Carl Riskin, *Inequality and Poverty in China in the Age of Globalization* (Oxford: Oxford University Press, 2001); Carl Riskin, Zhao Renwei, and Li Shi, eds., *China's Retreat from Equality: Income Distribution and Economic Transition* (Armonk, NY: M.E. Sharpe, 2001).

33 Lee, *Against the Law*, xii. Ching Kwan Lee, "State and Social Protest," *Daedalus* 143.2 (2014): 124–134.

34 見Colin Macheras, *China's Ethnic Minorities and Globalisation* (London: Routledge Curzon, 2003), 38.

35 Hu Jintao, "Hold High the Banner of Socialism with Chinese Characteristics ... ," Report to the 17th Party Congress of the CPC, October 15, 2007, https://www.chinadaily.com.cn/china/2007-10/24/content_6204564.htm.

36 Grace Cheng, "Interpreting the Ethnicization of Social Conflict in China: Ethnonationalism,

Identity, and Social Justice," in *Social Issues in China: Gender, Ethnicity, Labor, and the Environment*, ed. Hao Zhidong and Chen Sheying (New York: Springer, 2013), 127–144.

37 Gardner Bovingdon, *The Uyghurs: Strangers in Their Own Land* (New York: Columbia University Press, 2010); Michael Dillon, *Xinjiang—China's Muslim Far Northwest* (London: Routledge Curzon, 2004); S. Frederick Starr, *Xinjiang: China's Muslim Borderland* (Armonk, NY: M.E. Sharpe, 2004); Warren W. Smith, *Tibet's Last Stand? The Tibetan Uprising of 2008 and China's Response* (Lanham, MD: Rowman and Littlefield, 2010); Warren W. Smith, *China's Tibet? Autonomy or Assimilation* (Lanham, MD: Rowman and Littlefield, 2008); Melvyn C. Goldstein, *The Snow Lion and the Dragon: China, Tibet, and the Dalai Lama* (Berkeley: University of California Press, 1999).

38 Bian Yanjie, John R. Logan, and Shu Xiaoling, "Wage and Job Inequalities in the Working Careers of Men and Women in Tianjin," in *Redrawing Boundaries, Work, Households, and Gender in China*, ed. Barbara Entwisle and Gail Henderson (Berkeley: University of California Press, 2000), 111–133; Arianne M. Gaetano, *Out to Work: Migration, Gender, and the Changing Lives of Rural Women in Contemporary China* (Honolulu: University of Hawai'i Press, 2015); Liu Jieyu, *Gender and Work in Urban China: Women Workers of the Unlucky Generation* (London: Routledge, 2007); Tamara Jacka, *Rural Women in Urban China: Gender, Migration, and Social Change* (Armonk, NY: M.E. Sharpe, 2005); Rebecca Matthews and Victor Nee, "Gender Inequality and Economic Growth in

Rural China," *Social Science Research* 29 (2000): 606–632.

39 Hsing You-tien and Lee Ching Kwan, *Reclaiming Chinese Society: The New Social Activism* (London: Routledge, 2010); Yang Guobin, *The Power of the Internet in China: Citizen Activism Online* (New York: Columbia University Press, 2009); Peter Ho and Richard L. Edmonds, *China's Embedded Activism: Opportunities and Constraints of a Social Movement* (London: Routledge, 2008).

40 關於這些新事態，見Sarah Biddulph, *The Stability Imperative: Human Rights and Law in China* (Cambridge: Cambridge University Press, 2015); Wang Yuhua, *Tying the Autocrat's Hands: The Rise of the Rule of Law in China* (New York: Cambridge University Press, 2015); Stanley B. Lubman, *The Evolution of Law Reform in China: An Uncertain Path* (Cheltenham, UK: Edward Elgar, 2012); Randall P. Peerenboom, *Judicial Independence in China: Lessons for Global Rule of Law Promotion* (Cambridge: Cambridge University Press, 2010); Klaus Mühlhahn, *Criminal Justice in China: A History* (Cambridge, MA: Harvard University Press, 2009); Randall P. Peerenboom, *China's Long March towards the Rule of Law* (Cambridge: Cambridge University Press, 2002).

41 Chen Xi, *Social Protest and Contentious Authoritarianism in China* (New York: Cambridge University Press, 2012); Cai Yongshun, *Collective Resistance in China: Why Popular Protests Succeed or Fail* (Stanford, CA: Stanford University Press, 2010); Kevin J. O'Brien, *Popular Protest in China* (Cambridge, MA: Harvard University Press, 2008); Kevin O'Brien and Li Lianjiang, *Rightful*

Resistance in Rural China (New York: Cambridge University Press, 2006).

42 Elizabeth J. Perry, "Growing Pains: Challenges for a Rising China," *Daedalus* 143:2 (April 2014): 5–13.

43 Perry Link, *Richard Madsen, and Paul Pickowicz, Restless China* (Lanham, MD: Rowman and Littlefield, 2013), 3–4.

44 Elizabeth Economy, "Environmental Governance in China: State Control to Crisis Management," *Daedalus* 143 (2014): 184–197; Robert Marks, *China: Its Environment and History* (Lanham, MD: Rowman and Littlefield, 2012), 312–318; Judith Shapiro, *China's Environmental Challenges* (Cambridge: Polity Press, 2012); Elizabeth Economy, *The River Runs Black: The Environmental Challenge to China's Future* (Ithaca, NY: Cornell University Press, 2004); Kristen A. Day, ed., *China's Environment and the Challenge of Sustainable Development* (Armonk, NY: M.E. Sharpe, 2005); Judith Shapiro, *Mao's War against Nature: Politics and the Environment in Revolutionary China, Studies in Environment and History* (Cambridge: Cambridge University Press, 2001); Anne Lora-Wainwright, *Fighting for Breath: Living Morally and Dying of Cancer in a Chinese Village* (Honolulu: University of Hawai'i Press, 2013).

45 Joseph Kahn and Jim Yardley, "As China Roars, Pollution Reaches Deadly Extremes," *The New York Times* , August 26, 2017.

46 Xinhua, "China Alerted by Serious Soil Pollution, Vows Better Protection," Xinhua Insight, China's Daily Online, April 17, 2014, http://en.people.cn/90882/8602018.html.

47 Chris Buckley, "Chinese Report on Climate Change Depicts Somber Scenarios," *The New York Times*, November 29, 2015.

48 Rachel E. Stern, *Environmental Litigation in China: A Study in Political Ambivalence* (Cambridge: Cambridge University Press, 2013).

49 Andrew C. Mertha, *China's Water Warriors: Citizen Action and Policy Change* (Ithaca, NY: Cornell University Press, 2008).

50 "Under the Dome: Air Pollution in China," documentary by Chai Jing, June 10, 2016, https://www.youtube.com/watch?v=pUY7nixXdNE .

51 Daniel K. Gardner, "China's Environmental Awakening," *New York Times*, September 14, 2014.

52 Huang Yanzhong, *Governing Health in Contemporary China* (New York: Routledge, 2013), 126–134.

53 Yu Hong, "Railway Sector Reform in China: Controversy and Problems," *Journal of Contemporary China* 96 (2015): 1070–1091.

54 Dan Levin, "Chinese Report Details Role of Political Connections in Tianjin Blasts," *The New York Times*, August 19, 2015.

55 Chris Buckley, Andrew Jacobs, and Javier C. Hernández, "Behind Deadly Tianjin Blast, Shortcuts

and Lax Rules," *The New York Times*, August 31, 2015.

56 Lee, *Against the Law*.

57 樊浩等著，《中國大眾意識形態報告》（北京：中國社會科學出版社，二〇一二）。

58 Hua Yu, *China in Ten Words* (New York: Gerald Duckworth and Co., 2012), 153.

59 Ibid., 221.

60 Link, Madsen, and Pickowicz, *Restless China*, 3.

61 Elizabeth Croll, *China's New Consumers* (New York: Routledge, 2006); Deborah Davis, *The Consumer Revolution in China* (Berkeley: University of California Press, 2000).

62 Ian Johnson, *The Souls of China: The Return of Religion after Mao* (New York: Pantheon, 2017); Vincent Goossaert and David A. Palmer, *The Religious Question in Modern China* (Chicago: University of Chicago Press, 2012); Adam Y. Chau, *Religion in Contemporary China: Revitalization and Innovation* (Milton Park, UK: Routledge, 2011); Yoshiko Ashiwa and David L. Wank, *Making Religion, Making the State: The Politics of Religion in Modern China* (Stanford, CA: Stanford University Press, 2009).

63 James W. Tong, *Revenge of the Forbidden City: The Suppression of the Falungong in China, 1999–2005* (Oxford: Oxford University Press, 2009); David Ownby, *Falun Gong and the Future of China* (Oxford: Oxford University Press, 2008).

64 Ci Jiwei, *Moral China in the Age of Reform* (Cambridge: Cambridge University Press, 2014), 14–15. 亦可見Gloria Davies, *Worrying about China: The Language of Chinese Critical Inquiry* (Cambridge, MA: Harvard University Press, 2007), 60–67.

65 Lee, *Against the Law*, xii.

66 Central Intelligence Agency, "The World Factbook," China: Economy, Overview, https://www.cia.gov/library/publications/the-world-factbook/geos/ch.html.

67 Ronald H. Coase and Ning Wang, *How China Became Capitalist* (New York: Palgrave Macmillan, 2012); Regina M. Abrami, William C. Kirby, and F. W. McFarlan, *Can China Lead? Reaching the Limits of Power and Growth* (Boston: Harvard Business Review Press, 2014).

68 Hung Ho-fung, *The China Boom: Why China Will Not Rule the World* (New York: Columbia University Press, 2016)針對世人對中國蓬勃發展的常見誤解，有精闢的探討。

Summit
春山之巔
O12

從清帝國到習近平：中國現代化四百年（下）

Making China Modern: From the Great Qing to Xi Jinping

作　　者　余凱思（Klaus Mühlhahn）
譯　　者　黃中憲
總 編 輯　莊瑞琳
責任編輯　盧意寧
行銷企畫　甘彩蓉
美術設計　徐睿紳
內文排版　丸同連合 Un-Toned Studio
編輯協力　向淑容

出　　版　春山出版有限公司
地　　址　11670 臺北市文山區羅斯福路六段297號10樓
電　　話　02-29318171
傳　　真　02-86638233

總 經 銷　時報文化出版企業股份有限公司
地　　址　33343 桃園市龜山區萬壽路二段351號
電　　話　02-23066842

製　　版　瑞豐電腦製版印刷股份有限公司
初版一刷　2022年2月

定　　價　560元

春山出版
Email　SpringHillPublishing@gmail.com
Facebook　www.facebook.com/springhillpublishing/

填寫本書線上回函

國家圖書館預行編目資料

從清帝國到習近平：中國現代化四百年（下）/ 余凱思（Klaus Mühlhahn）作；黃中憲譯－
初版－臺北市：春山出版有限公司，2022.02　冊；　公分－（春山之巔；12）
譯自：Making China Modern : from the Great Qing to Xi Jinping.
ISBN 978-626-95556-8-0(下冊：平裝)－
1.CST: 中國史
610　　110022026

CHINA
World as a Perspective
世界作為一種視野